自己懂不求人

购车·养车·用车

赵英勋
丁礼灯 ◎主编

机械工业出版社
CHINA MACHINE PRESS

内 容 简 介

当汽车快速进入家庭作为必备的代步工具时，如何了解汽车、选购汽车、使用汽车、养护汽车，已成为大众的热门话题。如果自己懂车，则可以在购车、用车、养车方面不求人，甚至可以帮助别人。本书系统地介绍购车、用车、养车的基础知识，包括购车篇、用车篇、养车篇，全书以问答的形式诠释了理性购车的方法、合理用车的技巧、正确养车的秘诀。

本书内容丰富、图文并茂、通俗易懂、可操作性强，能使读者在较短时间内做到自己懂车不求人，并能得心应手地去选好车、用好车、护好车。

本书适合广大车主和汽车爱好者阅读使用。

图书在版编目（CIP）数据

自己懂不求人：购车养车用车一本就够／赵英勋，丁礼灯主编.
—北京：机械工业出版社，2015.10（2025.1重印）
ISBN 978－7－111－51835－8

Ⅰ.①自⋯　Ⅱ.①赵⋯②丁⋯　Ⅲ.①汽车-选购-基本知识②汽车-车辆保养-基本知识　Ⅳ.①F766②U472

中国版本图书馆 CIP 数据核字（2015）第 245810 号

机械工业出版社（北京市百万庄大街 22 号　邮政编码 100037）
策划编辑：赵海青　　责任编辑：赵海青　丁　锋
责任校对：赵　蕊　　责任印制：单爱军
北京虎彩文化传播有限公司印刷
2025 年 1 月第 1 版·第 5 次印刷
169mm×239mm·17.75 印张·341 千字
标准书号：ISBN 978－7－111－51835－8
定价：69.00 元

电话服务	网络服务
客服电话：010-88361066	机 工 官 网：www.cmpbook.com
010-88379833	机 工 官 博：weibo.com/cmp1952
010-68326294	金 书 网：www.golden-book.com
封底无防伪标均为盗版	机工教育服务网：www.cmpedu.com

FOREWORD

前 言

随着家庭轿车普及率的提高和汽车保有量的增加,使用汽车已不再只属于少数汽车专业技术人员的工作范畴,越来越多的人开始涉足这一行业。为了更好地合理使用汽车,广大汽车车主和汽车爱好者愿意更多地了解和掌握购车、用车、养车的基础知识,如汽车性能、汽车购置、汽车理赔、汽车驾驶、汽车合理使用、汽车应急处理、汽车维护、汽车常见故障排除等。他们深刻地认识到,这些知识在汽车运用实际中非常有用,如果能进行系统的学习,使自己懂车,则在购车、用车、养车方面会做到得心应手,省心、省钱不求人。但现实中,这些知识零碎而不全面、杂乱而不系统、深奥而不易懂,要想掌握这些知识谈何容易。为此,本书特将实用性、操纵性很强的有关购车、用车、养车方面的知识,系统地、有机地融合在一起,以满足广大汽车使用者、爱好者的需要。

本书全面系统地介绍购车、用车、养车的基础知识,包括购车篇、养车篇、用车篇,全书以问答的形式诠释了理性购车的方法、合理用车的技巧、正确养车的秘诀。

购车篇主要介绍汽车选购基础、汽车选购准备、新车选购方法及二手车选购指南方面的问题。

养车篇主要介绍汽车养护基础知识、汽车美容与装饰、汽车的简易检查与养护、汽车用品及选购方面的问题。

用车篇主要介绍汽车驾驶技巧、走合期用车、自动变速器的使用、汽车油液的合理选用、汽车轮胎的正确使用、经济用车、正确安全用车、特殊条件用车、应急情况用车、常见故障处理及汽车理赔方面的问题。

本书以实用为中心,以现代汽车为对象,以最新理论资料为依据,以您懂车为目的,对购车、用车、养车的常识、经验、方法、技巧等热点问题进行了详细的回答,对理性购车、安全用车、经济用车、合理用车等重点问题进行了充分的论述,对现代轿车电控系统、自动变速器、汽车新技术、汽车使用性能等难点问题进行了深入的说明。

本书内容丰富、图文并茂、深入浅出、通俗易懂、可操作性强，能很好地适应各种层次的读者。希望本书的出版，能对所有的读者有所帮助，愿您成为买车行家、用车高手、养车专家。愿本书成为广大汽车使用者、爱好者的良师益友。

本书由赵英勋、丁礼灯任主编，席敏、龙华任副主编。第一编由丁礼灯、杨界平编写，第二编由龙华，张建峰编写，第三编由席敏、赵英勋编写。由于作者水平所限，书中难免存在不足和错误，敬请同行及各位读者赐教指正。

CONTENTS

目 录

前 言

第一篇　购车篇

朋友，也许您正准备选购汽车。那么，在琳琅满目的车市里，面对价格、品质、花样款式各有千秋的私家车时，如何才能购到一款心仪的爱车？本篇愿作为您的选车顾问，从了解汽车基础知识入手，到熟悉汽车品牌、汽车购置准备以及汽车购置方法等方面为您解答问题。

一、汽车选购基础／2

1. 家用汽车主要有哪些类型？／2
2. 轿车的级别如何划分？／3
3. 豪华轿车的主要特征是什么？／5
4. 选四驱车好还是二驱车好？／6
5. 三厢式轿车与两厢式轿车各有何特点？／7
6. 轿车配手动变速器好还是自动变速器好？／8
7. 什么是车辆识别代号？／9
8. 如何确定汽车的生产年份？／9
9. 汽车电子组合仪表有什么作用？／10
10. 如何识读轿车仪表信息？／11
11. 怎样理解发动机排量、最大净功率、最大转矩？／15
12. 什么是汽车的最高车速？／16
13. 什么是汽车的加速时间？／16
14. 什么是汽车的最大爬坡度？／17
15. 如何评价汽车动力性？／18
16. 发动机为何采用多气门？／19
17. 什么是可变配气系统？它有什么作用？／20
18. 发动机为什么要涡轮增压？涡轮增压汽车有何特点？／21
19. 什么是汽车的燃油经济性？如何评价？／21
20. 怎样理解汽车官方油耗？／22

V

21. 什么是汽车制动性？制动性评价指标是什么？／23
22. 如何评价汽车的制动性能？／24
23. 汽车紧急制动时车轮抱死为什么不好？／25
24. 什么是防抱死制动系统？它有何作用？／26
25. 汽车配装 ABS 后有哪些优点？／27
26. 什么是制动力分配系统？它有何作用？／28
27. 什么是制动辅助系统？它有何作用？／28
28. 盘式制动器有哪些优点？／29
29. 什么是悬架？它有何作用？／30
30. 什么是非独立悬架、独立悬架？各有何特点？／30
31. 什么是被动悬架、主动悬架？各有何特点？／31
32. 什么是汽车的行驶平顺性？它的主要影响因素有哪些？／32
33. 什么是 SUV 汽车？SUV 汽车有何特点？／32
34. 什么是汽车的操纵稳定性？／33
35. 如何评价汽车的操纵稳定性？／33
36. 什么是汽车防滑转系统？它有何作用？／34
37. 汽车配装防滑转系统后有哪些优点？／35
38. 什么是巡航控制系统？它有何作用？／36
39. 使用巡航控制系统有哪些优点？／37
40. 什么是电子稳定程序系统？它有何作用？／38
41. 使用电子稳定程序系统有哪些优点？／39

二、汽车选购准备／40

1. 购买新车需要缴纳哪些费用？／40
2. 什么是汽车保险？汽车保险的种类有哪些？／40
3. 什么是车辆交强险？／41
4. 什么是第三者责任险？／41
5. 怎样确定第三者责任险赔偿限额？／42
6. 如何选择合适的险种？／42
7. 如何选择合适的保险公司？／43
8. 汽车投保的基本方式有哪些？／43

9. 如何办理汽车保险？／44
10. 家用轿车的年均费用需多少？／45
11. 如何选择汽车的品牌？／45
12. 是买新款车型还是成熟车型？／46
13. 根据购车的用途如何选择车型？／46
14. 怎样考察汽车的安全性？／46
15. 怎样考察汽车的使用经济性？／48
16. 怎样考察汽车的动力性？／48
17. 怎样考察汽车的舒适性？／49
18. 怎样选择汽车的流线形？／49
19. 怎样选择汽车的颜色？／50
20. 如何选择适合自己的汽车？／52
21. 购置汽车时如何进行市场调研？／54
22. 如何选择汽车经销商？／55

三、新车选购方法／56

1. 如何检查汽车外表？／56
2. 如何检查车门的开与关？／57
3. 如何检查车轮和轮胎？／58
4. 如何检查汽车的遥控钥匙？／58
5. 怎样检查车内设施的完好性？／58
6. 怎样检查电气系统？／60
7. 怎样检查发动机舱和行李舱？／62
8. 怎样检查发动机性能和响声？／63
9. 怎样路试检查汽车性能？／63

四、二手车选购指南／65

1. 为什么买二手车？／65
2. 二手车购买的原则是什么？／66
3. 哪些二手车坚决不能买？／66
4. 为什么买保值率高的二手车？／67
5. 哪些二手车的保值率比较高？／68
6. 怎样估算二手车的价值？／68
7. 怎样检查二手车外表？／69
8. 怎样查看车身变形？／70
9. 怎样检查二手车内部设施？／71

10. 怎样检查二手车发动机技术状况？/73
11. 怎样检查二手车传动系统？/75
12. 怎样检查二手车制动系统？/77
13. 怎样检查二手车转向系统？/77
14. 怎样检查二手车行驶系统？/78
15. 怎样检查二手车的乘坐舒适性？/78

第二篇 养车篇

一、汽车养护基础知识/80

1. 什么是汽车养护？为什么要养护？/80
2. 汽车养护分哪几个级别？/80
3. 汽车养护的要求有哪些？/81
4. 汽车何时需要养护？/82
5. 日常养护的内容主要有哪些？/82
6. 什么是汽车美容？汽车为什么要美容？/83
7. 汽车美容有哪几种类型？/84
8. 轿车美容的主要内容有哪些？/84
9. 什么是汽车装饰？汽车为什么要装饰？/84
10. 轿车装饰的主要内容有哪些？/85
11. 轿车室内装饰的原则是什么？/86

二、汽车美容与装饰/87

1. 车身为什么要养护？/87
2. 如何选用汽车清洗剂？/87
3. 车身清洗剂主要有哪些品种？各有何特点？/88
4. 利用清洗剂怎样除垢？/88
5. 怎样清洗车身表面？/89
6. 如何去除车身表面的污物？/90
7. 车身静电有何危害？养护中如何去除静电？/91
8. 轿车为何要适时上蜡？/91
9. 车蜡的种类有哪些？/92
10. 车蜡有哪些特性？/93

朋友，您若拥有汽车，您一定想精心养护它，希望它总是驾乘舒适、安全可靠、省心省钱、靓丽如新。怎样才能让自己做到懂车不求人？本篇愿作为您的养车顾问，从汽车的养护基础入手，到汽车美容、汽车装饰、汽车维护、汽车用品选购等方面为您解答问题。

11. 常用车蜡有哪些？/ 93
12. 怎样清除车身残蜡？/ 94
13. 怎样正确选车蜡？/ 95
14. 汽车什么时候上蜡？/ 95
15. 怎样给车身表面上蜡？/ 96
16. 车身漆面为何会失光？/ 97
17. 如何给车身表面抛光？/ 97
18. 车身为何要封釉？如何给车身漆面封釉？/ 99
19. 什么是车身镀膜？镀膜具有哪些作用？/ 100
20. 如何给车身漆面镀膜？/ 100
21. 怎样处理车身漆膜的浅划痕？/ 102
22. 怎样处理车身漆膜的中度划痕？/ 102
23. 怎样处理车身漆膜的深度划痕？/ 103
24. 怎样处理车身面漆的刮伤？/ 103
25. 鸟粪、昆虫尸体、酸雨对漆膜有何影响？/ 104
26. 怎样处理鸟粪、昆虫尸体、酸雨侵蚀的漆膜？/ 105
27. 怎样处理车身表面的锈斑？/ 106
28. 保险杠等硬塑料部件如何养护？/ 106
29. 车内仪表板如何养护？/ 107
30. 车内座椅如何养护？/ 108
31. 车身顶棚内衬如何养护？/ 108
32. 车身镀铬件如何保持光亮？/ 109
33. 汽车为什么要贴膜？/ 109
34. 如何自己动手贴车膜？/ 110
35. 汽车贴膜后应注意哪些问题？/ 111
36. 什么是底盘装甲？为什么要底盘装甲？/ 111
37. 如何给汽车安装底盘装甲？/ 112
38. 什么是发动机护板？其作用如何？/ 113
39. 如何选购发动机护板？/ 113
40. 汽车天窗有哪些功用？/ 114
41. 如何正确使用和养护汽车天窗？/ 115

三、汽车的简易检查与养护／116

1. 出车前、行车中、收车后对车辆主要检查哪些内容？/ 116
2. 空气滤清器如何维护？/ 116

3. 燃油滤清器如何维护？／117
4. 机油滤清器如何维护？／117
5. 如何检查机油的品质和油面高度？／118
6. 何时需要更换机油？／119
7. 如何更换机油？／120
8. 什么是节温器？如何检查节温器性能？／120
9. 如何检查冷却系统的电动风扇及温控开关？／121
10. 怎样更换发动机冷却液（防冻液）？／121
11. 如何判断发动机点火正时？／122
12. 如何维护火花塞？／123
13. 如何检查调整发动机气门间隙？／124
14. 怎样检查蓄电池的技术状况？／126
15. 怎样维护和更换蓄电池？／127
16. 蓄电池使用应注意哪些事项？／128
17. 如何检查、调整离合器踏板的自由行程？／128
18. 如何检查、调整制动踏板的自由行程？／129
19. 如何检查、调整制动真空助力器？／130
20. 如何检查、更换制动液？／132
21. 如何排出制动系统内的空气？／133
22. 如何检查、调整转向盘的自由转动量？／134
23. 如何检查、更换动力转向液？／136
24. 如何排出动力转向油液中的空气？／137
25. 如何检查、调整动力转向泵传动带的张紧度？／138
26. 如何检查转向操纵力、转向性能？／139
27. 什么是车轮前束？如何检查、调整？／140
28. 如何维护汽车轮胎？／141
29. 如何更换汽车轮胎？／142
30. 如何检查悬架减振器的性能？／143

四、汽车用品及选购／144

1. 什么是车载导航仪？它有什么作用？／144
2. 如何选购车载导航仪？／145
3. 什么是行车记录仪？它有什么作用？／146
4. 如何选购行车记录仪？／146

5. 如何选购汽车座垫？/ 148
6. 如何选购真皮座椅套？/ 149
7. 如何选购拖车绳？/ 149
8. 防滑链有何作用？如何选购？/ 150

第三篇　用车篇

一、汽车驾驶技巧／154

朋友，您若是驾车新手，一定会想得到教练的指点迷津；您的爱车也许有很多好的配置、有优良的性能，您一定想正确合理地使用它。怎样才能驾好车、用好车，发挥汽车的最佳使用性能？本篇愿作为您的用车顾问，引您进入丰富多彩的用车世界，这里有技艺精湛的教练，有饱经沧桑的大师，将从驾驶技巧开始，到走合期用车、自动变速器的使用、运行材料的使用、经济用车、安全用车、应急用车、汽车理赔等方面为您解答问题。

1. 上、下汽车的动作要领有哪些？/ 154
2. 如何调整驾驶座椅？/ 156
3. 如何调整转向盘？/ 157
4. 如何调整后视镜？/ 158
5. 安全带有什么作用？怎样正确使用安全带？/ 159
6. 如何保持正确的驾驶姿势？/ 159
7. 发动机起动后为什么要先暖机后起步？/ 160
8. 发动机冷却液的最佳温度是多少？/ 160
9. 手动变速器汽车怎样起步？/ 161
10. 汽车行驶时怎样换档？如何选择合适的档位？/ 162
11. 怎样通过加速踏板调节车速？/ 162
12. 怎样通过制动踏板调节车速？/ 163
13. 在坡道上怎样驾驶车辆？/ 164
14. 驾驶时怎样调控安全车速？/ 165
15. 汽车行驶时应保持多大的间距？/ 166
16. 怎样进行会车操作？/ 167
17. 怎样进行超车操作？/ 167
18. 怎样进行倒车？/ 168
19. 怎样进行预见性制动？/ 169
20. 怎样进行点制动？/ 169
21. 怎样进行紧急制动？/ 169
22. 有 ABS 的汽车制动时应注意哪些问题？/ 170
23. 怎样检查汽车 ABS 性能？/ 170
24. 使用驱动防滑转系统应注意哪些问题？/ 171
25. 如何使用电子稳定程序系统？/ 172

XI

26. 汽车巡航控制系统如何合理使用？／173

二、走合期用车／175

1. 什么是汽车走合期？走合期有多长？／175
2. 汽车为什么要有走合期？／175
3. 汽车走合期有哪些不良表现？／176
4. 汽车走合期为何要减载行驶？／176
5. 汽车走合期为何要限制最高车速？／177
6. 汽车走合期驾驶操作应注意哪些问题？／177
7. 汽车走合期满后为何必须进行走合维护？其维护的主要内容是什么？／177
8. 汽车走合期满后为何不要过度拉高速？／178

三、自动变速器的使用／179

1. 什么是自动变速器？自动变速器如何换档？／179
2. 使用自动变速器有哪些优点？／180
3. 自动变速器汽车变速杆位置如何选用？／181
4. 如何选择自动变速器的换档模式？／183
5. 如何正确使用手自一体变速器？／184
6. 自动变速器的使用应注意哪些问题？／186

四、汽车油液的合理选用／188

1. 什么是爆燃？其危害是什么？／188
2. 汽油牌号的含义是什么？／188
3. 如何选择合适的汽油牌号？／189
4. 柴油牌号的含义是什么？／189
5. 如何选择合适的柴油牌号？／190
6. 怎样了解机油性能？／190
7. 什么是单级机油？什么是多级机油？／190
8. 如何认识机油牌号？／191
9. 如何选择机油？／191
10. 什么是汽车制动液？制动液应具有哪些性能？／193
11. 如何选用汽车制动液？制动液的使用应注意哪些事项？／194

12. 发动机冷却液有哪几种？各有何特点？/ 195

13. 如何选用发动机冷却液？冷却液的使用应注意哪些事项？/ 195

五、汽车轮胎的正确使用/ 197

1. 汽车轮胎有哪几种类型？/ 197
2. 如何选配汽车轮胎？/ 199
3. 轮胎气压过高、过低有何危害？如何处理？/ 200
4. 轮胎为什么要定期换位？怎样进行换位？/ 201
5. 怎样驾驶汽车才能延长轮胎寿命？/ 201
6. 汽车使用时如何呵护汽车轮胎？/ 202
7. 何时需要更换轮胎？/ 203

六、经济用车/ 205

1. 为什么高档位行车比较省油？/ 205
2. 什么是经济车速？以什么车速行车比较经济？/ 205
3. 汽车油耗为何变大？/ 206
4. 如何维护发动机使汽车更省油？/ 206
5. 怎样维护底盘使汽车更省油？/ 208
6. 为什么在市区行车费油？/ 209
7. 小排量汽车为什么省油？/ 209
8. 手动变速器汽车为什么比自动变速器汽车省油？/ 210
9. 为什么发动机冷却液温度过高、过低都费油？/ 210
10. 为什么冬天汽车油耗高些？/ 211
11. 汽车滑行驾驶为什么省油？/ 211
12. 如何驾驶汽车省油？/ 212

七、安全、环保、舒适用车/ 214

1. 汽车安全行驶的重要条件是什么？/ 214
2. 汽车制动为什么会跑偏？/ 215
3. 汽车制动为什么会侧滑？/ 216

4. 什么是发动机制动？如何利用发动机制动？／216

5. 什么是排气制动？如何利用排气制动？／217

6. 如何提高汽车的制动性？／218

7. 如何提高汽车的行驶稳定性？／218

8. 行车时驾驶人应有怎样的安全意识？／219

9. 怎样提高驾驶技术？／219

10. 如何适应陌生的车辆？／220

11. 汽车高速行驶为何不安全？／220

12. 雨天怎样安全行车？／221

13. 雾天怎样安全行车？／222

14. 冰雪道路怎样安全行车？／223

15. 夜间怎样安全行车？／224

16. 汽车怎样安全通过桥梁？／225

17. 汽车怎样安全通过铁道？／225

18. 汽车怎样安全通过隧道、涵洞？／226

19. 汽车排放污染物主要有哪些？各自危害是什么？／226

20. 使用因素如何影响汽车的排放性能？／227

21. 如何改善汽车的排放性能？／228

22. 什么是汽车噪声？它有何危害？／228

23. 如何降低汽车的噪声？／229

24. 汽车乘坐舒适性为何会变差？／230

25. 如何提高汽车的乘坐舒适性？／231

八、特殊条件用车／232

1. 严寒季节汽车起动为何困难？／232

2. 严寒季节汽车总成磨损为何严重？／233

3. 严寒季节怎样合理起动汽车？／234

4. 严寒季节怎样驾驶汽车？／234

5. 严寒季节怎样停放汽车？／235

6. 炎热季节怎样防止发动机过热？／235

7. 炎热季节怎样防止轮胎爆胎？／236

8. 炎热季节怎样防止发动机爆燃？／236

9. 高原山区行车为何安全性较差？／237

10. 怎样改善高原山区汽车的制动性？／237

11. 高原山区条件怎样驾驶汽车？／238

九、应急情况用车 / 239

1. 汽车制动失灵怎么办？/ 239
2. 汽车转向失灵怎么办？/ 240
3. 汽车行驶爆胎怎么办？/ 241
4. 汽车行驶侧滑怎么办？/ 241
5. 汽车行驶突然熄火怎么办？/ 242
6. 汽车行驶"开锅"怎么办？/ 243
7. 汽车如何涉水行驶？/ 244

十、常见故障处理 / 246

1. 机油压力指示灯点亮怎么办？/ 246
2. 冷却液温度指示灯点亮怎么办？/ 247
3. 蓄电池充电指示灯点亮怎么办？/ 249
4. 制动系统指示灯点亮怎么办？/ 250
5. ABS 指示灯点亮怎么办？/ 251
6. 电子稳定系统（ESP）指示灯点亮怎么办？/ 251
7. 发动机控制系统指示灯点亮怎么办？/ 252
8. 制动摩擦片磨损指示灯点亮怎么办？/ 252
9. 风窗洗涤液指示灯点亮怎么办？/ 253
10. 安全气囊指示灯点亮怎么办？/ 253
11. 车门开启状态指示灯点亮怎么办？/ 254
12. 燃油存量指示灯点亮怎么办？/ 254
13. 汽车转向沉重如何处理？/ 254
14. 汽车制动失效如何处理？/ 255
15. 轮胎异常磨损如何处理？/ 257
16. 汽车乘坐舒适性不良如何处理？/ 259

十一、汽车理赔 / 261

1. 什么是车险理赔？/ 261
2. 车险理赔的原则是什么？/ 261
3. 汽车出险后保户如何报案？/ 262
4. 车险理赔流程是怎样的？/ 262
5. 车险理赔顺序是怎样的？/ 263
6. 汽车异地出险如何索赔？/ 264
7. 汽车出险后怎样快速处理？/ 264

1

自己懂不求人
购车养车用车一本就够

购车篇

朋友,也许您正准备选购汽车。那么,在琳琅满目的车市里,面对价格、品质、花样款式各有千秋的私家车时,如何才能购到一款心仪的爱车?本篇愿作为您的选车顾问,从了解汽车基础知识入手,到熟悉汽车品牌、汽车购置准备以及汽车购置方法等方面为您解答问题。

一、汽车选购基础

1. 家用汽车主要有哪些类型？

汽车通常是指不用轨道、不用架线，而用自带动力装置驱动的轮式车辆，一般具有4个或4个以上的车轮。

家用汽车是指适合于家庭成员在上班、交际、游玩、生活等活动中使用的汽车。家用汽车的类型主要有如下4种。

（1）轿车　轿车是用于载运人员及其随身物品，座位布置在两轴之间的4轮汽车，乘坐2~9个乘员（包括驾驶人）。图1-1为普通轿车。轿车是进入家庭的主要车型，其产量和保有量居各类车型之首。

（2）越野车　越野车是主要用于在非公路条件下运载人员或货物，也可用于牵引各种装备的汽车。图1-2为轻型越野车。越野车采用全轮驱动，离地间隙高、车身坚固、通过力强，能适应恶劣道路、野外行驶、爬山涉水。对于那些喜欢开车旅游和越野的家庭来说，越野吉普车较为适用。

图1-1　普通轿车　　　　图1-2　轻型越野车

（3）面包车　面包车是指前后没有突出的发动机舱和行李舱，其外观形似面包的车辆。图1-3为小型面包车。面包车外形以长方体为主,内部空间大、座椅多,与轿车相比,可以装载更多乘员和货物。面包车价格低廉,种类较多,经济实用,可作为家用代步工具、载物及做生意的实惠车型。

(4) 皮卡　皮卡是英文Pickup的音译,是一种采用轿车车头和驾驶室,同时带有敞开式货车车厢的车型。图1-4为福特皮卡,最常见的皮卡类型是双排座皮卡。皮卡的特点是既乘坐舒适,又动力强劲,且适宜载货和适应不良路面行驶。皮卡作为家用车,可用于载货、旅游、出租等。

图1-3　小型面包车　　　　　图1-4　福特皮卡

2. 轿车的级别如何划分?

选购轿车时,许多朋友非常关注轿车的级别,总想用一定的金钱来买到更高级别的轿车。但您知道吗?轿车的级别有多种划分方法。

(1) 按发动机排量划分　我国轿车级别的划分主要是以发动机排量为依据的。发动机排量是指发动机全部气缸工作容积之和,单位是升(L)。国内外一些型号的轿车,后围板或翼子板上标有1.8或2.0或2.8等符号,这是轿车发动机排量的标志。一般来说,排量越大的轿车,功率越大,其加速性能也越好,车内装饰相应设计得越高级,其轿车的级别也就越高。按排量级别划分见表1-1。

表1-1　轿车按排量划分级别

轿车级别	排量/L	车型参考	车例
微型轿车	≤1.0	奥拓、QQ、奔奔、路宝	

(续)

轿车级别	排量/L	车型参考	车　　例
普通轿车	1.0~1.6	逍客、威驰、飞度、赛欧	
中级轿车	1.6~2.5	标志408、爱丽舍、雪铁龙C5、别克-凯越	
中高级轿车	2.5~4.0	别克-林荫大道、奥迪A6、奔驰300S、皇冠3.0	
高级轿车	>4.0	红旗CA7460、凯迪拉克-野兽、林肯加长轿车	

（2）按车长、车宽划分　轿车的车长、车宽数字越大，意味着轴距、轮距越大，车内空间越大，因而轿车乘坐的舒适性、安全性就越好，故轿车的级别就越高。按长宽划分级别见表1-2。

表1-2　轿车按长宽划分级别

轿车级别	车长、车宽	车型参考
微型轿车	3.5m以下、1.6m以下	奥拓、福莱尔福星
小型轿车	4m以下、1.7m以下	新雅途、夏利
普通轿车	4.5m以下、1.8m以下	标致307、宝来
豪华轿车	5m以下、1.9m以下	奥迪A4
超豪华轿车	5m以上、1.9m以上	克莱斯勒300C

（3）按轴距、排量综合分级　根据轴距、排量、重量等参数进行综合分级，把轿车分成A、B、C、D级。字母顺序越靠后，该级别车的轴距越长、排量和重量越大，轿车的豪华程度也就越高。德国轿车级别采用这种方法，按轴距排量划分级别见表1-3。

表1-3 轿车按轴距、排量划分级别

级别名称	轿车级别	排量、轴距	车型参考
A00级	微型轿车	<1.0L、<2.2m	奥拓
A0级	小型轿车	1~1.3 L、2.2~2.3m	波罗
A级	紧凑型轿车	1.3~1.6 L、2.3~2.45m	捷达、伊兰特悦动
B级	中档轿车	1.6~2.4 L、2.45~2.6m	帕萨特、标致408
C级	高档轿车	2.4~3.0 L、2.6~2.8m	奥迪A6、别克-林荫大道
D级	豪华轿车	>3.0 L、>2.8m	奔驰S系、宝马7系、奥迪A8

> **您知道吗？**
>
> 我们在日常生活中常常听到小型车、紧凑车、中级车等车型级别的定义名称。其实这些名称本身并没有一个统一规范的定义，只是消费者以及汽车厂家依据某些标准进行的一些划分而已。不同国家甚至不同汽车厂家都有着完全不同的划分。有的是按照轴距划分，有的则是通过发动机排量来划分，划分标准可谓五花八门。而现在最被人们接受的划分标准是德国的划分标准，其标准按照轴距和排量两个指标，将轿车分为A00级、A0级、A级、B级、C级、D级6个级别。

3. 豪华轿车的主要特征是什么？

豪华轿车通常指D级车，其轴距一般在2.8m以上，发动机排量大于3.0L。比较常见的豪华车品牌有奔驰、宝马、奥迪（图1-5）、雷克萨斯等。现代轿车品牌众多，特色各异，人们对豪华车的具体概念已越来越模糊，很多人认为只要是豪华品牌生产的车型就是豪华车。其实不然，真正的豪华轿车应该具有下列主要特征。

（1）**车身结构庞大** 豪华轿车应有足够大的车身尺寸，车轴距必须在2.8m以上，而车长至少要超过4.5m，宽度至少在1.7m以上。

（2）**动力配置强劲** 豪华轿车一般采用6缸或8缸发动机，发动机功率至少在110kW以上，保证汽车动力强劲。

图1-5 豪华轿车奥迪R8

（3）**安全设施完善**　豪华轿车对安全设施有更高的要求，不仅要装备制动防抱死装置、牵引力控制系统、汽车稳定程序系统和安全气囊等主被动安全设施，还要设计出适当的防撞缓冲区。车内每一个细节在设计时都要把安全放在首位，采用加胶的安全玻璃或使用防弹玻璃；车门在碰撞时必须保证有足够的强度，且事故发生后，必须能轻易开启车门。

（4）**内部装置齐全**　豪华轿车的内部装置应完善齐全、性能良好。不但配有自动车窗、双层隔热天窗、真皮内饰、防盗门锁，还要配备自动调整和记忆功能的电动座椅、转向盘和后视镜以及电视、车载电话、导航装置、高保真数码音响。

（5）**驾乘操控舒适**　豪华轿车驾驶操作自动化程度高，能自动变速、巡航控制，转向轻便；轿车的底盘行驶系统、悬架系统优良，乘坐舒适性好。

4. 选四驱车好还是二驱车好？

四驱车（4×4）是指前后轮一起驱动，四轮都是驱动轮的汽车。四驱车的发动机动力通过传动系统（图1-6）同时传到前后驱动轮，通过路面的附着作用，产生驱动力推动汽车行驶。四驱车由于四轮驱动，因此能较好地利用路面附着条件，其驱动力大、动力性好、通过性强，一般越野车和跑车适合做成四驱车。

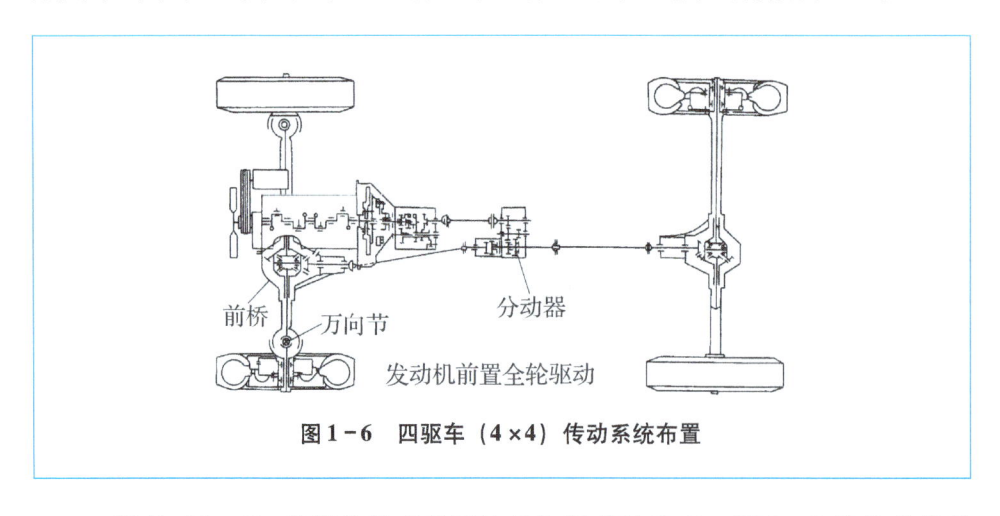

图1-6　四驱车（4×4）传动系统布置

二驱车（4×2）是指前轮或者后轮双轮驱动的汽车。图1-7为发动机前置后轮驱动汽车的传动系统布置图，其发动机动力通过离合器、变速器、传动轴、主减速器、差速器、半轴传到驱动轮（后轮），通过路面作用，驱动力推动汽车后轮，同时带动从动轮（前轮）使汽车行驶。二驱车由于二轮驱动，因此其驱动力相对较小，一般在良好路面行驶的轿车、载货汽车、客车适合做成二驱车。

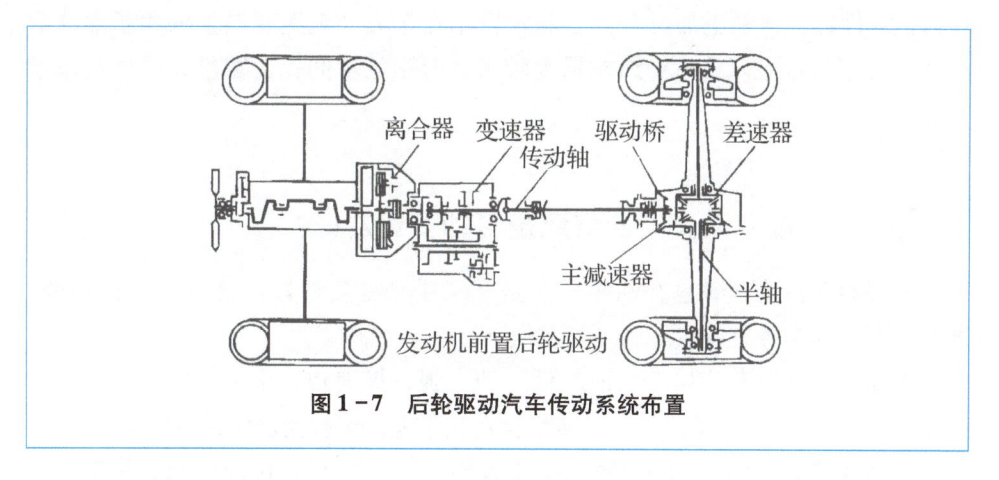

图 1-7 后轮驱动汽车传动系统布置

四驱车最大的特点是动力性好,克服外界阻力的能力强,因此,对于经常跑山路、跋山涉水行车的朋友,四驱车是很好的选择。但四驱车由于多了二轮驱动,其传动效率就会下降,因此,四驱车油耗会较大。

二驱车在良好路面行驶时,其附着条件较好,行驶阻力不大,二轮驱动的动力足够,因此,对于经常在城市和良好路面行车的朋友,二驱车是最好的选择。这时如果选择四驱车,其行驶性能与二驱车没有差别,但汽车油耗会加大,轮胎磨损会加大,同时购买四驱车的费用较高,故一般家用汽车最好买二驱车。

5. 三厢式轿车与两厢式轿车各有何特点?

轿车按结构形式分类可分为两厢式轿车和三厢式轿车,如图 1-8 所示。两厢式轿车是指发动机舱为一厢,乘员和行李为另一厢的轿车。三厢式轿车是指发动机舱、乘员舱、行李舱各占一厢的轿车。

a) 两厢式轿车   b) 三厢式轿车

图 1-8 两厢式轿车和三厢式轿车

两厢式轿车后部造型没有明显的阶梯形状,车身内部结构紧凑,汽车长度短,机动性好,驾驶更加灵活。三厢式轿车在车身外观上有明显的角折线,它是区分三厢的界限,其车身结构强度较大,行李舱空间比较宽敞,整体豪华感较强。

6. 轿车配手动变速器好还是自动变速器好?

许多朋友在选车时总在纠结轿车是配"手动变速器好还是自动变速器好"这个问题,其实各有特点。

手动变速器轿车价格低、油耗低、动力强、提速快、维护成本低。手动变速器(图1-9)轿车操控感好,能享受驾驶乐趣,但换档操作比较麻烦。

自动变速器(图1-10)轿车操作省事好开,挂上D位前进只管制动踏板和加速踏板就行了,省去了离合、换档操作的麻烦,特别在坡道上起步更能显示自动变速器轿车的优势,绝不会起步熄火,而此时手动变速器轿车就不同了,如离合器、加速踏板、驻车制动配合不当就会熄火。但自动变速器轿车价格高、油耗高、维护成本高、保值率低。

图1-9 手动变速器轿车变速杆操作示意图

图1-10 自动变速器轿车变速杆位置示意图

如果您想享受开车的乐趣,那就选手动变速器轿车;如果您追求舒适方便,那就选自动变速器轿车;如果您驾驶技术一流,那就选手动变速器轿车;如果您是驾车新手,那就选自动变速器轿车;如果您经常在市区行驶,那就选自动变速器轿车;如果您纯粹从经济角度考虑,那就选手动变速器轿车。

7. 什么是车辆识别代号？

车辆识别代号（VIN）是车辆制造商在车辆生产时指定的一组字码（图1-11），它是识别车辆的特定信息，是汽车的"身份证"。车辆识别代号在世界范围内具有很强的通用性、唯一性，任何车辆在30年内不会重号。利用车辆识别代号可以简化车辆识别信息系统，方便查找车辆的制造者，并能提高车辆故障信息反馈的准确性和效率。

车辆识别代号由三部分组成：即世界制造厂识别代号、车辆说明部分和车辆指示部分，共有17位字母或阿拉伯数字。世界制造厂识别代号通常由第1~3位字码（从左到右）组成，其组合能保证制造厂识别标志的唯一性，中国生产的汽车其第1位字码是L；车辆说明部分由第4~9位字码组成，用来表示车辆主要技术参数和性能特征，提供说明车辆一般特性的资料；车辆指示部分由第10~17位字码组成，用来表示车辆的生产年份、装配厂和生产序号。

车辆识别代号可以直接打刻在车架上，或打刻在不易拆除或更换的车辆结构件上，还可以打印在标牌上。我国生产的轿车，其车辆识别代号会永久地标示在仪表板上靠近风窗立柱的位置（图1-11），以便能从车外分辨出车辆识别代号。

图1-11　车辆识别代号及其标示位置

8. 如何确定汽车的生产年份？

购买汽车尤其是购买二手车时，总想知道汽车是哪年生产的。当您不相信汽车经销商提供的生产年份信息时，您可以利用其车辆识别代号来准确确定汽车的生产年份。

在车辆识别代号中，从左到右第10位字码代表年份，其年份代码按表1-4

的规定使用，30年循环一次。例如，某风神蓝鸟四门三厢轿车的车辆识别代号为 LGBC1AE063R000814，由表1-4可推得该车的生产年份是2003年。

表1-4　车型年份代码表

年份	代码	年份	代码	年份	代码	年份	代码
2001	1	2011	B	2021	M	2031	1
2002	2	2012	C	2022	N	2032	2
2003	3	2013	D	2023	P	2033	3
2004	4	2014	E	2024	R	2034	4
2005	5	2015	F	2025	S	2035	5
2006	6	2016	G	2026	T	2036	6
2007	7	2017	H	2027	V	2037	7
2008	8	2018	J	2028	W	2038	8
2009	9	2019	K	2029	X	2039	9
2010	A	2020	L	2030	Y	2040	A

9. 汽车电子组合仪表有什么作用？

汽车电子组合仪表（图1-12）是将各单个电子仪表有机组合在一起集中显示有关汽车行驶信息的仪表总成。汽车电子组合仪表通常由电子式车速表、里程表、百公里油耗表、发动机转速表、冷却液温度表、燃油表、油压表、气压表、车钟、警告及指示信号装置等组成，它用来显示汽车行驶的有关定量信息（如车速、里程、发动机转速、百公里油耗）和定性信息（如警告信号等），为驾驶人提供服务。

有的汽车电子组合仪表与无线传输设备结合，可与车外进行信息交流，使仪表系统具有通信和导航等功能，如电子仪表储存电子地图并装备车载 GPS 系统，可随时了解车辆行驶的具体位置、到达目的地的行驶路线等信息；电子仪表及车载无线通信系统可通过交通管理中心和汽车救助中心等获得城市交通状况信息、选择最佳行驶路线、及时得到救助等。

电子组合仪表常通过数字、文字、

图1-12　汽车电子组合仪表

曲线、图形等多种显示方式，向汽车驾驶人发出车辆行驶工况、状态等信息和各种警告信号。奥迪 R8 电子组合仪表（图 1-12）两侧分别设有车速表和发动机转速显示表，中间插入一个显示屏，其组合仪表可将车速、发动机转速、车外温度、数字时钟、日期、里程表、燃油油量、维修保养周期等数值一一显示出来。

汽车运行时，其电子组合仪表系统应处于良好的工作状态，以保证适时、准确地给驾驶人提供各种汽车运行状态信息，确保汽车高效、安全运行。

10. 如何识读轿车仪表信息？

现代轿车仪表的信息非常丰富，正确识读其仪表信息，对合理使用轿车具有重要的帮助作用。下面帮您识读轿车仪表的主要信息。

（1）发动机转速表　发动机转速表一般设置在仪表板内，与车速里程表对称地放置（图 1-13），有指针式和液晶数字显示式。发动机转速表用来显示发动机的瞬时转速。驾驶人可借助该表选择正确的档位，以保证发动机转速在正常转速范围。指针式转速表的指针指在表盘白色区时，发动机转速正常；指到红色区时，发动机转速处于危险范围，应立即放松加速踏板。在车辆走合期间要避免高转速；为提高经济性，应在所有档位和车速时都保持发动机的转速在合理的经济转速范围内。

（2）车速里程表　车速里程表是一种复合仪表，是车速表（图 1-13）、里程表和行程表的总称。电子车速表的指针或数字用来显示汽车瞬时的行驶速度（km/h）；电子里程表用来记录汽车行驶的累计里程（km）；电子行程表用来记录汽车在某一行程或某一时间内所行驶的里程（km），按下车速表下边的按钮，则记录开始，若要重新设定，则再按下按钮。

图 1-13　轿车组合仪表示意图

（3）多功能显示装置　很多高档轿车在仪表板正中设置有多功能显示装置，它可显示：外部环境温度（℃）、瞬时耗油量（L/100km）、平均耗油量（L/100km）、行驶时间（min）、行驶距离（km）、有效距离（km）、平均速度（km/h）以及 GPS 信息等。

（4）警告灯和指示灯　警告灯和指示灯用来显示特定的提示信息，以便驾驶人直观地判断汽车的运行状况是否符合要求。警告灯和指示灯一般都组装于轿车仪表板总成上，但车型不同，其组装的警告灯和指示灯的数量可能不一样。我国轿车常用的警告灯与指示灯信号标志及其意义或用途见表1-5。

表1-5 警告灯与指示灯信号标志意义

信号标志	信号名称	表示意义、用途
	冷却液温度指示灯	在点火开关接通时，车辆进行自检，该指示灯会短时间点亮，随后熄灭。该灯常亮表示发动机冷却液温度超标，应立即熄火查明原因
	机油压力指示灯	在点火开关接通时，车辆进行自检，该指示灯会短时间点亮，随后熄灭。该灯常亮表示发动机润滑系统有故障，机油压力过低，应立即熄火查明原因
	燃油存量指示灯	在点火开关接通时，车辆进行自检，该指示灯会短时间点亮，随后熄灭。如启动后该指示灯点亮，则说明车内油量已不足
	危险警告灯	该灯亮，表示已使全车的转向指示灯同时闪亮，仅有在汽车遇有危险紧急情况下才使用这一求救信号，此信号即使在点火开关关闭时仍能使用
	转向指示灯	该灯亮表示汽车将要或正在进行相应方向的转向行驶，说明相应方向的转向灯正处于开启状态
	蓄电池充电指示灯	在点火开关接通时，车辆进行自检，该指示灯会短时间点亮，随后熄灭。该灯常亮表示发电机没有向蓄电池充电，充电系统有故障，应立即停车检查
	制动系统指示灯	该指示灯平时为熄灭状态。当驻车制动被拉起后，该指示灯自动点亮。当驻车制动被放下时，该指示灯自动熄灭。该灯常亮表示制动液不足，应立即停车检查
	制动摩擦片磨损指示灯	该指示灯是用来显示制动摩擦片磨损的状况。一般该指示灯为熄灭状态，当制动摩擦片磨损过度时，该灯点亮，修复后熄灭
	ABS指示灯	在点火开关接通时，车辆进行自检，该指示灯会短时间点亮，随后熄灭。该灯常亮表示ABS发生故障，应降低车速谨慎驾驶
	制动踏板指示灯	用于自动变速器车型，提示车辆起步时踩下制动踏板后，可以由P位或N位换入各档

（续）

信号标志	信号名称	表示意义、用途
	电子稳定系统（ESP）指示灯	在点火开关接通时，车辆进行自检，该指示灯会短时间点亮，随后熄灭。行驶过程中该灯常亮表示ESP功能关闭或ESP存在故障。由于ESP是与ABS协同工作的，所以当ABS出现故障时，ESP指示灯也会亮起
	发动机控制系统指示灯	在点火开关接通时，车辆进行自检，该指示灯会短时间点亮，随后熄灭。该灯常亮表示发动机电控系统发生故障，要立即排除故障
	电子防盗装置指示灯	在点火时，自动进行汽车钥匙数据查询。此过程指示灯以短时闪亮指示。如果使用未授权的汽车钥匙，指示灯转为持续闪亮状态，汽车不能运行
	巡航状态指示灯	在点火开关接通时，车辆进行自检，该指示灯会短时间点亮，随后熄灭。设置定速巡航功能时，该指示灯点亮。
EPC	电子节气门（EPC）指示灯	在点火开关接通时，车辆进行自检，该指示灯会短时间点亮，随后熄灭。如车辆起动后仍不熄灭，则说明车辆电子节气门系统出现故障
	车门开启状态指示灯	该灯亮表示车辆的前后车门和后行李舱门有一个或几个打开，如果在行驶过程中该灯亮，必须停车检查各车门和后行李舱门是否关好
	风窗洗涤液指示灯	该指示灯常亮表示风窗玻璃洗涤液容器中的液面高度太低
	前风窗玻璃刮水器及洗涤器指示灯	该指示灯亮表示前风窗玻璃刮水器及洗涤器正在工作
	后风窗玻璃刮水器及洗涤器指示灯	该指示灯亮表示后风窗玻璃刮水器及洗涤器正在工作
	前风窗玻璃刮水器指示灯	该指示灯亮表示前风窗玻璃刮水器正在工作

（续）

信号标志	信号名称	表示意义、用途
	雪地起步模式指示灯	该指示灯亮表示自动变速器按雪地起步模式工作
	运动模式指示灯	该指示灯亮表示自动变速器按运动模式工作
	安全气囊指示灯	当点火开关旋至运转位置时，车辆进行自检，该指示灯会短时间点亮，随后熄灭。该灯常亮表示安全气囊有故障，要及时排除
	安全带指示灯	当点火开关旋至运转位置时，车辆进行自检，该指示灯会短时间点亮，随后熄灭。该灯常亮表示安全带有故障，要及时排除
	儿童安全锁指示灯	该指示灯亮表明汽车后门上的儿童安全锁已将后门锁上
	点烟器指示灯	该指示灯亮表明车厢内的点烟器正在工作
	冷、暖气风扇指示灯	该指示灯亮表示冷风、暖风风扇处于工作状态
	空气外循环指示灯	该指示灯亮表示车厢内外的空气在进行强制循环
	空气内循环指示灯	该指示灯亮表示车厢空气仅在内部流动，和车外不进行交流
	空调制冷指示灯	该指示灯亮表示空调制冷系统正在工作
	地板及迎面吹风指示灯	该指示灯亮表示冷（暖）风朝地板和迎面两方向吹
	迎面吹风指示灯	该指示灯亮表示冷（暖）风迎面吹

（续）

信号标志	信号名称	表示意义、用途
	地板及前风窗玻璃吹风指示灯	该指示灯亮表示冷（暖）风朝地板和前风窗玻璃方向吹
	前风窗玻璃除霜除雾指示灯	该指示灯亮表示前风窗玻璃正在进行除霜除雾工作
	后风窗玻璃除霜除雾指示灯	该指示灯亮表示后风窗玻璃正在进行除霜除雾工作
	灯光总开关	该指示灯亮表示灯光线路完好，可以使用所有灯光
	前照近光指示灯	该指示灯亮表示前照近光灯处于开启状态
	前照远光指示灯	该指示灯亮表示前照远光灯处于开启状态
	位置灯指示灯	该指示灯亮说明示廓灯处于开启状态
	前雾灯指示灯	该指示灯亮表示前雾灯处于开启状态
	后雾灯指示灯	该指示灯亮表示后雾灯处于开启状态
	前照灯水平调整指示灯	该指示灯亮表示前照灯水平照射位置需要调整

11. 怎样理解发动机排量、最大净功率、最大转矩？

汽车发动机排量、最大净功率、最大转矩对汽车动力性影响较大，正确理解这些参数的意义，有利于汽车的选购。

（1）排量 排量为发动机各气缸工作容积之和，其气缸工作容积是指活塞从上止点到下止点所扫过的容积。排量反映发动机吸排空气量的能力，排量越大，发动机动力性越好。

(2) **最大净功率** 功率是指单位时间（s）内所做的功，单位为kW。最大净功率是指发动机带全套附件、节气门全开时所输出的极限功率。发动机最大净功率只有在某一特定转速下才能发出，而在其他转速发出的功率都比它小。例如，标致408轿车发动机的最大净功率为103kW（6000r/min），它表示该发动机在6000r/min时可以产生最大净功率。若排量相同，而功率较大，则说明功率大的发动机是高强化发动机，或是涡轮增压发动机。通常，发动机最大净功率越大，对应汽车的最高车速也越高。

(3) **最大转矩** 发动机输出转矩是指发动机曲轴能克服外部阻力转动的能力，其单位为N·m。最大转矩是指发动机节气门全开时曲轴能对外输出的极限转矩。发动机最大转矩只有在某一特定转速下才能产生，而在其他转速能产生的转矩都比它小。例如，标致408轿车发动机的最大转矩为150N·m（4000r/min），它表示该发动机在4000r/min时可以产生最大转矩。通常在传动系统参数一定时，发动机最大转矩越大，其汽车克服道路阻力的能力越强，其爬坡能力、加速能力也越大。

高级豪华轿车因车速高，需配大排量、高功率发动机；而微型轿车因阻力小，需配小排量、低功率发动机；越野车因道路条件差，需配大转矩发动机。

12. 什么是汽车的最高车速？

汽车最高车速是指汽车在水平良好的路面（混凝土和沥青）上满载行驶所能达到的最高行驶速度（km/h）。

汽车最高车速越高，则汽车提高平均行驶速度的潜力越大，因而汽车的动力性就越好。随着汽车制造业水平的提高，汽车最高车速有增加的趋势。轿车常行驶于良好的路面，追求高的动力性，因此轿车最高车速较高，范围在140～300km/h。在我国道路条件下，轿车行驶根本达不到最高车速，但它仍是动力性的象征。货车和客车的主要技术参数是载质量或载客量，因而其最高车速相对较低，为80～130km/h，它对长途运输车辆的平均行驶速度影响最大。

13. 什么是汽车的加速时间？

汽车加速时间是指汽车在干燥、清洁、平直的良好路面上，由某一低速全力加速到某一高速所需的时间（s）。常用原地起步加速时间和超车加速时间来表示汽车的加速能力。

原地起步加速时间是指汽车由1档或2档起步,并以最大的加速强度,选择恰当的换档时机逐步换至最高档后到某一预定车速所需的时间。一般常用0→100km/h所需时间(s)来表明汽车的原地起步加速能力。原地起步加速时间越短,则使用低速档的时间就越短,汽车平均行驶速度就越高,这对市区车辆有较大影响,因此,轿车对原地起步加速时间特别重视,其加速时间短。例如,中级轿车起步从0→100km/h所需时间为10~17s;高级轿车加速时间更短,如宝马M5轿车、法拉利SA APERTA超级跑车从0→100km/h所需的时间分别为4.4s和3.6s。

超车加速时间是指用最高档或次高档由30km/h或40km/h全力加速行驶至某一高速所需的时间,它对长途运输车辆的平均行驶速度及安全行车有较大的影响。若超车加速时间越短,则表示加速性能越好,超车能力越强,超车时两车并行的行程短,行驶安全性高,平均行驶速度大。

14. 什么是汽车的最大爬坡度?

坡度是指道路坡度角正切值的百分数。最大爬坡度是指汽车在良好的路面上满载等速行驶所能通过的最大坡度,显然它就是汽车最低档时的最大爬坡度。常用最大爬坡度来反映汽车的上坡能力。

汽车的类型不同,则对最大爬坡度的要求也不一样。由于货车在各种路面上行驶,故要求具有较高的爬坡能力,一般货车的最大爬坡度在30%左右。而越野车由于在差路或无路条件下行驶,故应有更高的爬坡能力,通常越野车的最大爬坡度在60%左右,爬坡能力特强的越野车其最大爬坡度可达70%~100%,如陆虎的最大爬坡度就是100%。轿车通常在较好路面行驶,一般不强调其爬坡能力,但由于轿车1档的加速能力大,故轿车的爬坡能力也强。

汽车最大爬坡度越大,说明汽车行驶的通过性越好,它对山区行驶车辆的平均行驶速度有很大的影响。

> **您知道吗?**
>
> 汽车的实际爬坡度往往比其最大爬坡度大,这是因为汽车实际爬最大坡道时,不是等速上坡,而是减速上坡,这样可以利用惯性上坡。另外,汽车倒车上坡时,其最大爬坡度会更大,这是因为一般汽车的倒档传动比较1档的传动比大,因而其倒档具有更强的爬坡能力,这样当汽车前进爬坡过不去时,或许可用倒车爬坡通过。

15. 如何评价汽车动力性？

汽车动力性是指汽车在良好路面上直线行驶时由汽车受到的纵向外力决定的、所能达到的平均行驶速度，表示汽车以最大可能的平均行驶速度运送货物或乘员的能力。

从获得尽可能高的汽车平均行驶速度的观点出发，汽车的动力性可由汽车的最高车速、加速时间、最大爬坡度等指标评价。最高车速高，说明该车的驱动功率大，在各种路面高速行驶的可能性大，因而平均速度高，动力性好；汽车加速时间短，说明汽车在单位时间内提高汽车动能的能力强，驱动功率大，因而汽车起步较快，超车迅速，能提高汽车的平均行驶速度，动力性好；最大爬坡度大，说明汽车克服外界阻力的能力强，汽车在各种路面行驶的通过性好，具有潜在提高汽车平均行驶速度的能力，因而动力性好。

提示： 最高车速、加速时间、最大爬坡度在新车使用手册上都有说明。不同类型的汽车，对于动力性评价参数的要求会有不同：对于轿车，往往要求较高的最高车速和较短的加速时间；对于货车，则偏重考虑最高车速和最大爬坡度；对于越野车则更加关注最大爬坡度。

您知道吗？

动力性极致的轿车

人类对速度的渴求，通过巴博斯的不断突破正走向极致，2011年是巴博斯再度刷新自身速度纪录的一年。Brabus Rocket 800（图1-14）首次亮相法兰克福车展，以最高车速370km/h延续了独创神话。这款车改装自梅赛德斯CLS系列，搭载巴博斯800V12双涡轮增压发动机动力系统，可提供800hp（1hp＝746W）的最大动力与1420N·m的峰值转矩，0→100km/h加速只需3.7s，0→200 km/h加速只需9.8s，0→300km/h加速只需23.8s，所有的这些纪录都为巴博斯汽车所独占。当世界上其他豪车以100km/h加速时间作为衡量标准时，巴博斯已将300km/h加速时间作为自己加速能力的参考。

图1-14 巴博斯轿车

16. 发动机为何采用多气门？

发动机每个气缸的气门分为进气门和排气门。理论上说，在发动机排量等参数一定时，进气门越多，进气更充分，进气量越大，有利于燃烧；排气门越多，排气更彻底，有利于换气。这些会使发动机功率提高、油耗降低、排污减少。但发动机多气门时制造成本会增加，所以大多数汽车发动机每缸设置一个进气门和一个排气门，且进气门略大于排气门。

在现代轿车上，有众多新型发动机每个气缸采用5个气门（3进2排如图1-15所示）或4个气门（2进2排如图1-16所示）的多气门结构。这些汽车与传统的两气门结构相比，具有如下特点。

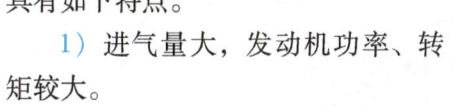

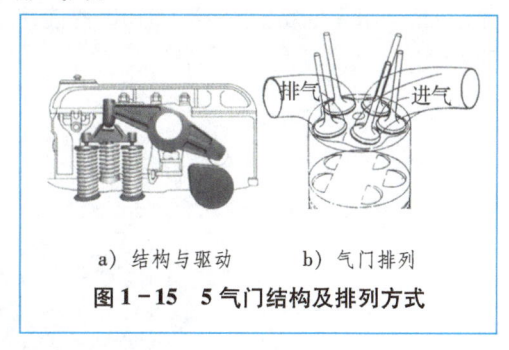

1) 进气量大，发动机功率、转矩较大。

a) 结构与驱动　　b) 气门排列

图1-15　5气门结构及排列方式

2) 充气效率高，燃烧效果好，油耗较低、排污较少。
3) 气门质量轻，运动惯性小，发动机转速高。
4) 配气机构制造成本增加，汽车价格高。

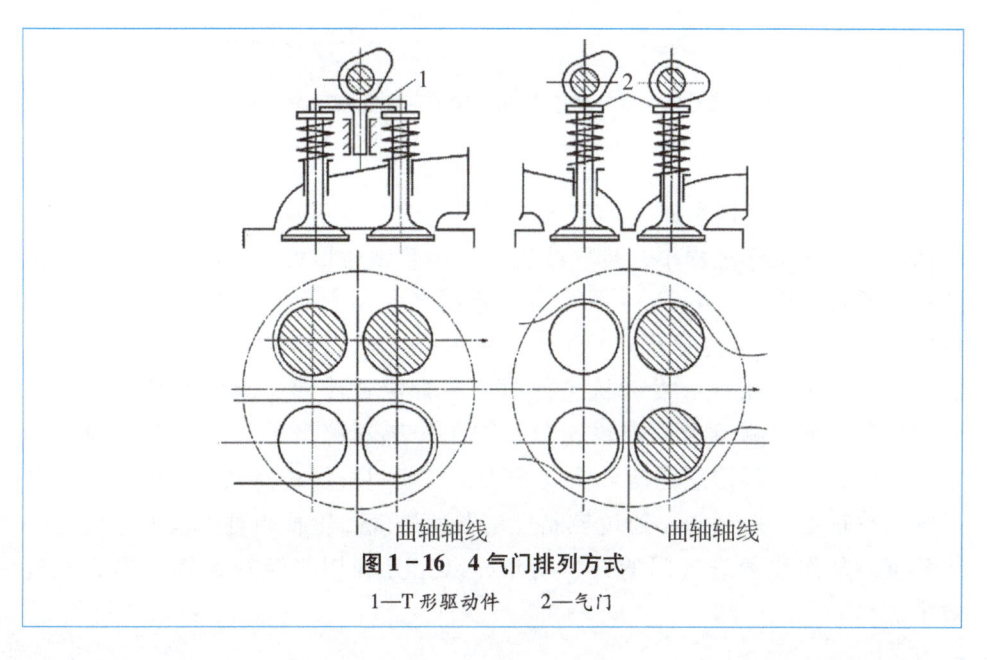

图1-16　4气门排列方式
1—T形驱动件　2—气门

17. 什么是可变配气系统？它有什么作用？

发动机的配气相位是指进、排气门实际开启到完全关闭所经历的曲轴转角。传统的发动机配气机构安装好之后，配气相位便无法改变。但理想的配气相位应随着发动机的转速、负荷及其他工况而改变。为了使发动机在高转速时能提供较大的功率，在低转速时又能产生足够的转矩，现代轿车发动机有的已采用了可变配气系统，它能根据发动机的运行状况而改变配气相位角。图1-17是雷克萨斯LS400智能可变配气正时系统（简称VVT-i）的原理图。

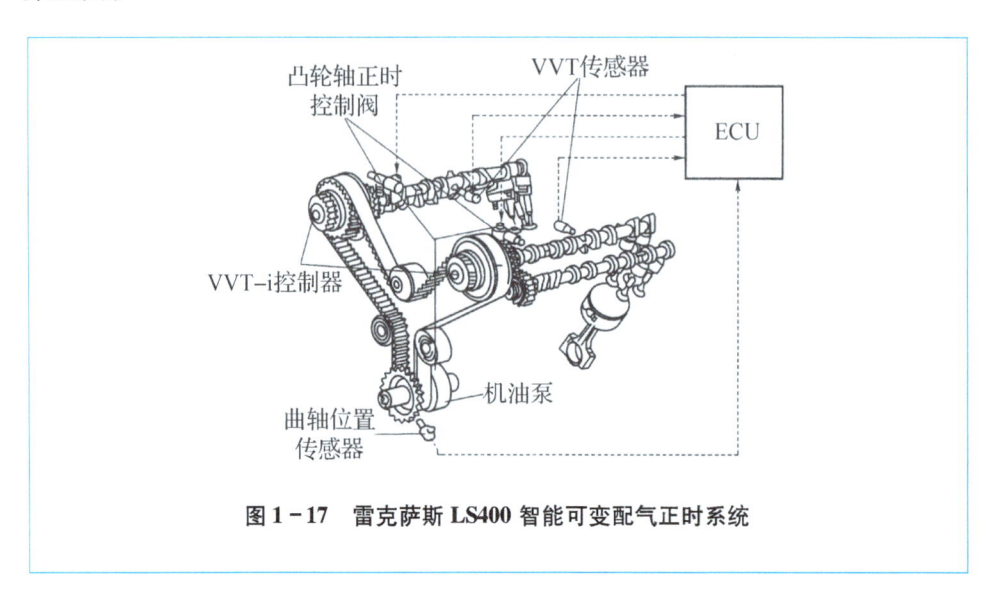

图1-17 雷克萨斯LS400智能可变配气正时系统

LS400发动机是8缸V形排列4气门式的，有两根进气凸轮轴和两根排气凸轮轴。在工作过程中，排气凸轮轴由凸轮轴齿形带轮驱动，它相对于齿形带轮的转角不变。VVT-i系统由传感器（包括曲轴位置传感器、凸轮轴位置传感器和VVT传感器）、VVT-i控制器、凸轮轴正时控制阀和电子控制单元（ECU）组成。发动机工作时，曲轴位置传感器测量曲轴转角，凸轮轴位置传感器测量齿形带轮转角，VVT传感器测量进气凸轮轴相对于齿形带轮的转角。各传感器信号输入ECU，ECU则根据转速和负荷的要求控制进气凸轮轴正时控制阀，通过控制控制器使进气凸轮轴相对于齿形带旋转一个角度，从而改变进气门的开、闭角，以充分利用气流的惯性，提高充气效率。

VVT-i系统能够适应发动机工况的需要，自动在50°范围内调整进气凸轮轴转角，改变配气相位，提高发动机在所有转速范围内的动力性、经济性，并降低排放污染。

18. 发动机为什么要涡轮增压？涡轮增压汽车有何特点？

发动机是靠燃料在气缸内燃烧做功来产生功率的，由于输入的燃料量受到吸入气缸内空气量的限制，因此发动机所产生的功率也会受到限制。如果发动机的运行性能已处于最佳状态，再增加输出功率则只能通过压缩更多的空气进入气缸来增加燃料量，从而提高燃烧做功能力。因此在目前的技术条件下，涡轮增压器是唯一能使发动机在工作效率不变的情况下增加输出功率的机械装置。涡轮增压器其实就是一种空气压缩机，通过压缩空气来增加发动机的进气量。

涡轮增压器利用发动机排出的废气惯性冲力来推动涡轮室内的涡轮，涡轮又带动同轴的叶轮，叶轮压送由空气滤清器管道送来的空气，使之增压进入气缸。空气压力和密度增大后可以燃烧更多的燃料，相应地增加燃料量，就可以增加发动机的输出功率。

涡轮增压汽车与普通自然吸气发动机汽车相比，其主要特点如下。

1) 动力性较好。涡轮增压可以在排量较小的情况下提供更大的功率和转矩，一台发动机装上涡轮增压器后，其最大功率可以增加40%甚至更高，如1.8T的汽车动力就相当于2.5L排量的汽车。涡轮增压后，汽车会是小排量、大功率，动力性好。

2) 油耗较低。由于采用涡轮增压后，其排量相对较小，因而相对来说其油耗较低。

3) 动力输出反应滞后。由于叶轮转子的惯性作用，叶轮对节气门的骤变反应较迟缓，从踩加速踏板希望立即提速，到叶轮高速转动将更多空气压进发动机，存在一个时间差，一般在2s左右。如果要突然加速，瞬间会有提不上速度的感觉。

4) 噪声较大。涡轮增压是在自然吸气的基础上加了一个增压机，相当于多了一个噪声源。而且涡轮增压还会有嘶嘶的泄压声，因此在同等降噪配备条件下，涡轮增压发动机噪声略大。

19. 什么是汽车的燃油经济性？如何评价？

汽车燃油经济性是指汽车在保证动力性条件下，以最少的燃油消耗完成单位运输工作量的能力。通常用单位行程的燃油消耗量（L/100km）来评价。其评价指标主要有如下两种。

（1）等速百公里油耗　等速百公里油耗是指汽车在一定载荷下，以最高档在水平良好路面上等速行驶100km的燃油消耗量，一般是汽车等速行驶一定的里程折算成100km的燃油消耗升数（L/100km）。等速百公里油耗是一种单项评价指标，它不能反映汽车实际行驶中频繁出现的加速、减速、怠速等行驶工况，因此它不能全面考核汽车运行的燃油经济性。

（2）循环工况百公里油耗　循环工况百公里油耗是按规定的循环行驶试验工况来模拟汽车的实际运行工况，折算成100km的燃油消耗量（L/100km）。所模拟的运行工况主要有换档、怠速、加速、减速、等速、离合器脱开等的车速—时间规范。车型不同时，实际行驶的状况有所差异，因此其百公里油耗检测的多工况循环、多工况规范也不一样。例如，百公里油耗检测时，我国乘用车采用15工况循环和13工况循环，城市客车和双层客车采用4工况循环，货车采用6工况循环等。循环工况百公里油耗是一项综合评价指标，能反映汽车的实际运行工况，因此它可全面评价汽车的燃油消耗程度。

汽车百公里油耗越低，说明汽车在该工况下工作越省油，经济性越好。相对来说，汽车循环工况的百公里油耗比等速百公里油耗要高。

20. 怎样理解汽车官方油耗？

官方油耗是指在新车使用手册或汽车官网上公布的汽车百公里油耗，它通常按循环工况条件测定。常见的有三种工况油耗，即城市工况、市郊工况、混合工况。其城市工况油耗最高，市郊工况油耗最低。由于混合工况综合了城市、市郊的工作条件，因此其油耗处于中间。例如，标致408公告车型DC7203LSBA的城市工况油耗为11.2 L/100km，市郊工况油耗为6.5 L/100km，混合工况油耗为8.2 L/100km。

不少车主反映实际油耗比官方油耗高，究其原因可能有如下几种。

1）汽车使用的环境条件与汽车官方油耗的测试条件相差太大。

2）汽车官方油耗有虚假，如有些豪华车的油耗，竟然低于普通车的油耗。

3）汽车官方油耗用的是等速百公里油耗，如60km/h或90km/h的百公里油耗。

> **您知道吗？**
>
> **最经济省油的汽车**
>
> 在2013年日内瓦车展上，大众汽车公司的XL1（图1-18）量产版正式发布，这是大众"1升"系列车的最新款型，其百公里油耗仅为0.9L，具有超高的燃油经济性，是最经济省油的汽车。
>
> XL1外观极尽空气动力学的考虑，车体外表流畅圆润，风阻系数仅为0.189；采用油电混合动力，由一台0.8L 48马力（1马力=735W）的两缸柴油发动机和一台27马力的电动机共同驱动；车身长3888mm、宽1665mm、高1153mm、轴距2224mm，采用标准的两门两座布局；前照灯采用了节能的LED光源，没有配置传统的车外光学后视镜，而是在车身门板上设置了两个LCD电子倒车镜；整车采用轻量化设计，车身部件大部分由碳纤维材料构成，并辅以CFRP高强度增强型的碳纤维塑料的防倾杆来提升刚度，采用轻量化、高性能的陶瓷制动盘，设计了较薄的座椅及碳纤维面板，整车质量仅为795kg。
>
> XL1最高车速可达160km/h，0→100km/h加速时间为12.7s。XL1采用插电式设计，一次充满电之后，在纯电动模式下可行驶50km，10L小油箱加满后，总续航里程可达500km。
>
> 图1-18 大众XL1

21. 什么是汽车制动性？制动性评价指标是什么？

汽车制动性是指汽车行驶时，能在短距离内停车且维持行驶方向稳定性和在下长坡时能维持一定车速，以及保证汽车长时间停驻坡道的能力。

汽车制动性主要由制动效能、制动效能的恒定性和制动时的方向稳定性来评价。

(1) 制动效能 制动效能是指汽车在良好路面上以一定的车速迅速减速直至停车的能力。它可以用制动力、制动距离、制动减速度等参数表示。

1) 制动力。制动力是指汽车制动时，通过车轮制动器的作用，地面提供的对车轮的切向阻力。汽车在制动力作用下迅速降低车速以至停车。汽车制动力越大，则汽车的制动减速度就越大，汽车的制动距离就越短。

2) 制动距离。制动距离是指汽车在规定的道路条件、规定的初始车速下紧急制动时，从脚接触制动踏板起至汽车停住时止汽车驶过的距离。制动距离越短，行车的安全性就越好，制动效果就越好。

3）制动减速度。制动减速度是指汽车制动时，汽车速度下降的快慢程度。制动时，制动减速度越大，说明汽车制动力越大，汽车制动性越好。

（2）**制动效能的恒定性**　制动效能的恒定性主要是指制动器受摩擦热或水润滑的作用时制动效能的稳定程度。它包括制动器的抗热衰退性和抗水衰退性。制动效能的恒定性越好，则汽车制动时抵抗制动效能下降的能力就越强，汽车制动效果就越好。

（3）**制动时的方向稳定性**　它是指汽车在制动过程中维持直线行驶的能力或按预定弯道行驶的能力。制动时，若左、右车轮制动器制动力增长快慢不一致或左右车轮制动力不等，则汽车会产生偏离预定轨迹行驶的现象。制动时方向稳定性好的汽车，制动时抵抗跑偏、侧滑和转向失灵的能力较强，行车安全性好。

22. 如何评价汽车的制动性能？

车主自己评价汽车制动性能常见的方法有制动距离法和制动拖印法。

（1）**制动距离法**　制动距离法是根据汽车在规定车速下紧急制动至汽车停住时止汽车驶过的距离来评价汽车的制动性能。在检测条件一定时，制动距离的长短能反映制动系统的技术状况，其制动距离越短，则说明汽车的制动性能就越好。

评价时，选择干燥、平整、良好的混凝土或沥青路面，当汽车行驶车速为50km/h时，进行紧急制动使其停车，测量其行驶的距离，观察其行驶轨迹，若空载制动距离≤19m或满载制动距离≤20m，且制动没有跑偏、侧滑，则说明汽车制动性好，否则就不合格。

注意：制动距离法是评价汽车制动性最有效的方法，但其结果对制动车速很敏感，因此要严格控制紧急制动的车速。

（2）**制动拖印法**　制动拖印法是根据汽车紧急制动时轮胎在路面的印迹来评价汽车的制动性能。理论上，紧急制动时应该产生足够大的制动器制动力，当制动器制动力大于路面附着力时，则轮胎要抱死拖滑产生拖印（图1-19c），当制动器制动力小于附着力时，车轮不能抱死无拖印（图1-19a或图1-19b）。

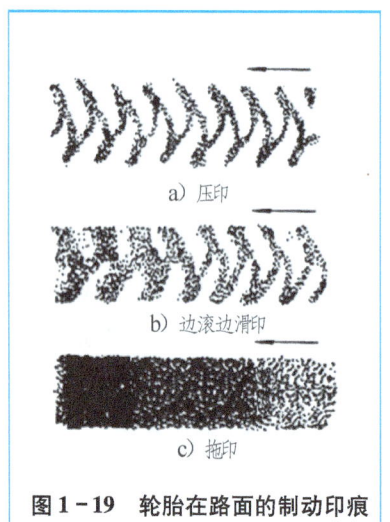

评价时，选择干燥、平整、良好的混凝土

a）压印

b）边滚边滑印

c）拖印

图1-19　轮胎在路面的制动印痕

或沥青路面，当汽车行驶车速较高（≥20km/h）时，进行紧急制动使其停车，观察其行驶轨迹，若各轮都有拖印且制动没有跑偏、侧滑，则说明汽车制动性好，否则就不合格。

注意：制动拖印法是评价汽车制动性最直观的方法，但对有防抱死制动系统的汽车不适用，若要对其进行评价，则检测时要关闭防抱死制动系统使其不工作。

23. 汽车紧急制动时车轮抱死为什么不好？

通常，汽车制动器的制动力都足够大，若能获得较好的附着条件，则制动时就可得到较大的地面制动力。一般当汽车其他条件一定时，附着系数越大，附着力就越大，则地面产生的最大制动力也就越大；而侧向附着系数越大，则汽车抵抗侧滑的能力就越强。由于汽车制动时，附着系数随车轮的滑移率而变，因此制动车轮处于不同的运动形式则会有不同的制动效果。

行车时，若猛地踩下制动踏板，较大的制动器制动力就会使车轮抱死拖滑，此时其滑移率为100%。从图1-20可以看出，一旦车轮抱死拖滑，则纵向附着系数为φ_s，汽车制动力就会减少，将导致制动距离增加。更为严重的是侧向附着系数为0，汽车完全丧失了抵抗侧滑的能力。此时，若后轮抱死拖滑，则汽车将会出现严重的甩尾、侧滑，高速制动时甚至出现急转掉头现象；若前轮抱死拖滑，则汽车将丧失转向能力，对汽车的安全行车造成极大的危害。另外，车轮抱死拖滑后，轮胎与路面将产生剧烈的相对摩擦运动使轮胎温度升高，磨损加剧，同时使附着系数进一步下降。

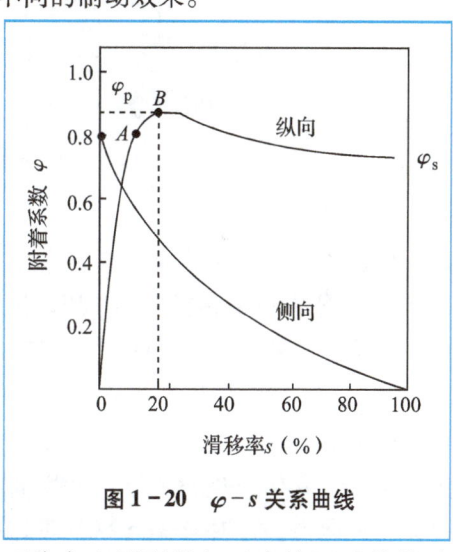

图1-20 φ-s 关系曲线

制动时，若各个车轮都不抱死而是处于边滚边滑状态，使滑移率控制在20%左右，则能利用道路的峰值附着系数φ_p，获得较大的侧向附着系数，从而使汽车能以最大的地面制动力制动，在最短的制动距离内停车，并具有良好的制动方向稳定性，同时轮胎的磨损也减少。

24. 什么是防抱死制动系统？它有何作用？

汽车防抱死制动系统（Anti-Lock Braking System）是指汽车在制动过程中防止车轮制动抱死拖滑的控制系统，简称 ABS。电子控制防抱死制动系统是在汽车普通制动系统的基础上增加的一种主动安全装置，它主要由车轮转速传感器、ABS 电控单元（即 ABS ECU）、ABS 压力调节器和警告灯等组成，如图 1－21 所示。

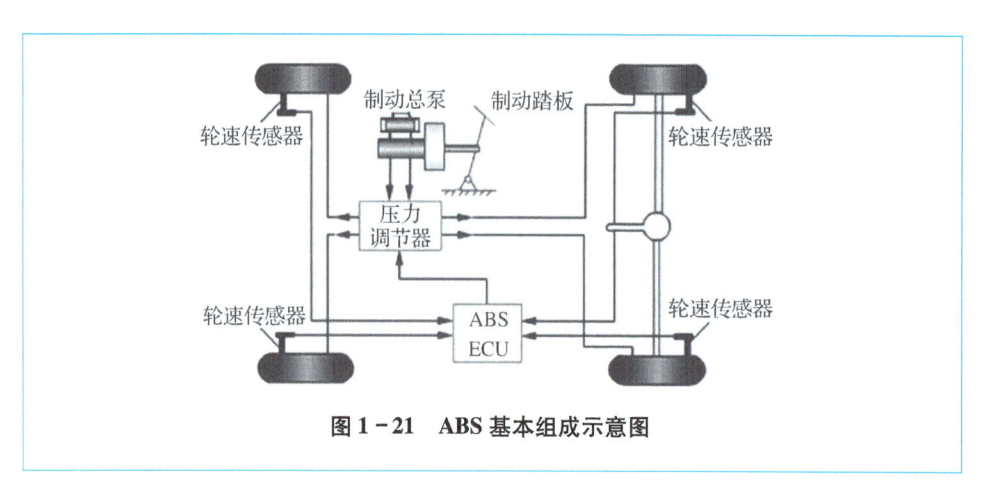

图 1－21　ABS 基本组成示意图

轮速传感器用来检测车轮速度，并向 ABS ECU 反映各车轮的运动状况。ABS ECU 是 ABS 的指挥中心，用以接受轮速传感器送来的信号，计算车轮的转速、加速度、减速度和滑移率，并进行分析、处理，然后向 ABS 压力调节器发出控制信号，使制动压力调节器按要求工作。ABS ECU 还具有故障自诊断功能，当 ABS 出故障时，它可断开继电器、电磁阀及泵电动机电路而关闭 ABS，存储故障信息，点亮 ABS 警告灯。ABS 压力调节器是 ABS 的执行机构，用来调节制动系统的压力，它根据 ABS ECU 传送的控制指令，通过减压、保压、增压来调整作用在每个制动轮缸的油压，从而控制车轮的速度。ABS 警告灯是一种黄色警告灯，用来警示 ABS 故障，以便驾驶人直观判断 ABS 的状况。

常规制动时，如一般的点制动、下坡控制车速过高的制动，车轮并不会趋于抱死状态，ABS 只是处于准备状态而并不干涉普通制动器的正常制动。紧急制动时，每个轮速传感器，将关于各车轮的转速信号输入 ABS ECU。若车轮即将抱死，ABS ECU 则根据轮速传感器输入的信号判定车轮趋于抱死状态，输出指令控制 ABS 压力调节器，ABS 压力调节器则根据控制指令，对各自车轮制动轮缸的制动压力进行调节，制动压力历经降低、保持和升高等阶段，以保证车轮滑动率处于理想区域范围，防止车轮抱死拖滑，保持车轮与地面的附着系数为最大值，侧向附着系数为较大值，从而在各种条件下可使汽车获得最大制动力，同时还可保证汽车制动时的方向稳定性。当 ABS 出现故障时，制动系脱开 ABS 而恢复到普通的制动系，仍可进行正常制动，但制动力增大后，可使车轮制动抱死，制动效果变差。此时，ABS 警告灯闪亮，以提示驾驶人进行维护。

ABS 的作用就是在紧急制动时防止车轮抱死，使汽车制动力更大，制动距离更短，并提高汽车抗侧滑、甩尾的能力。

25. 汽车配装 ABS 后有哪些优点？

装 ABS 的汽车与不装 ABS 的汽车相比较，具有如下优点。

(1) 制动距离最短　ABS 可自动保证在不同路面的情况下都能获得满意的车轮滑移率，使其附着系数为 φ_p，因此可得到最大的地面制动力，从而使制动距离最短。

(2) 制动方向稳定性最好　装 ABS 的汽车，由于滑移率控制精确，车轮不抱死，其轮胎和路面之间的侧向附着系数较大，因此在制动时具有较大的抗侧滑能力，所以汽车在转弯制动、高速制动或在低附着系数路面上制动时都具有良好的方向稳定性，可避免汽车制动时的侧滑、甩尾和丧失转向能力。资料表明，装 ABS 的汽车，因车轮侧滑引起的事故比例可下降8%左右。

(3) 轮胎磨损减少　装 ABS 的汽车，因车轮制动不抱死，故避免了因抱死而使轮胎和地面剧烈摩擦拖出黑印时所引起的强烈磨损，大大延长了轮胎的使用寿命。据资料统计，紧急制动一次轮胎抱死拖出黑印的磨损量，相当于正常行驶 200km 的磨损量。因此，ABS 可减少轮胎的磨损。经测定，汽车在紧急制动时，车轮抱死所造成的轮胎累加磨损费，已超过一套 ABS 的造价。因此，装 ABS 具有一定的经济效益。

(4) 具有自诊断能力　ABS 工作时，如果发现系统内部有故障，就会自动记录，并点亮 ABS 故障警告灯，让普通制动系统继续工作。此时，利用自诊断故障码，可迅速找到故障位置，有利于快速排除故障。

(5) 使用方便，工作可靠　ABS 的使用与普通制动系统的使用几乎没有区别，制动时只要把脚踏在制动踏板上，ABS 就会根据情况自动进入工作状态，如遇雨雪路滑，驾驶人也没有必要使用一连串的点制动方式进行制动，ABS 会使制动状态保持在最佳点，同时 ABS 工作十分可靠。

26. 什么是制动力分配系统？它有何作用？

电子制动力分配系统（Electric Brakeforce Distribution）EBD 是 ABS 的附加装置，用来改善和提高 ABS 的功效。

汽车行驶时，由于道路条件不断变化，其 4 个轮胎的地面附着条件往往不一样，汽车制动时，若按一定的比值分配前、后轮制动力，则不能充分利用汽车的附着力而达到最大制动效能。若使用 EBD，则制动时可根据每个车轮的附着条件，合理分配和平衡每个车轮的有效制动力，缩短制动距离，改善制动平衡，配合 ABS 提高制动时的方向稳定性。

EBD 的工作原理：高速计算机在汽车制动的瞬间，利用传感器分别对汽车 4 个车轮的不同地面附着状态进行感应、计算，得出不同的附着力数值，进而控制 4 个车轮的制动装置以不同的方式和力度实施制动，并在运动中快速调整，使制动力与附着力相匹配，从而保证车辆在制动过程中平稳、安全地行驶。

汽车紧急制动时，EBD 在 ABS 之前进行动作，自动根据重力和路面条件，去分配和平衡每个车轮的制动力，而当 ABS 起作用时，可获得最大制动效能和良好的方向稳定性。这样，可克服 ABS 低选控制时牺牲部分制动效能或高选控制时降低方向稳定性的不足。

27. 什么是制动辅助系统？它有何作用？

制动辅助系统（Brake Assist System，BAS），它可优化紧急制动操作过程中车辆的制动能力，改善汽车的操纵性。尤其是对力不从心、犹豫不决、反应迟钝的驾驶人，在紧急情况下制动，具有重要的帮助作用。

据统计，在紧急情况下有 90% 的汽车驾驶人踩制动踏板时缺乏果断。另外，在传统制动系统上，其制动踏板力是以固定的倍数放大，因此对于体力较弱的驾驶人而言，可能面临制动力不足的问题，若遇紧急状况，则容易诱发交通事故。BAS 正是针对上述情况而设计的。

BAS 通过驾驶人踩踏制动踏板的速率和制动压力增长的速率来理解和判断制动行为。系统时刻监控制动踏板的运动，一旦监测到踩踏制动踏板的速度陡增，而且驾驶人继续大力踩踏制动踏板，或察觉到制动踏板的制动压力恐慌性的急速增加，BAS 会在几毫秒内启动，建立最大的制动压力，使制动减速度很快上升到最大值产生最大的制动力，其速度要比大多数驾驶人移动脚的速度快得多，因此 BAS 可显著缩短紧急制动距离，并有助于防止在停停走走的交通中发生追尾事故，以提高行车安全。

驾驶人一旦释放制动踏板，BAS 就转入待机模式；对于正常情况制动，BAS 则会通过判断不予启动 ABS。ABS 只有在车轮具有抱死倾向时发挥作用，而 BAS 则是在紧急快速制动时提供最好的制动效果。

通常情况下，BAS 的响应速度会远远快于驾驶人，这对缩短制动距离，增强安全性非常有利，尤其是对高速公路行驶的车辆，BAS 可有效防止意外追尾。有关测试表明，BAS 可使车速高达 200km/h 的汽车完全停下的距离缩短 21m 之多。

28. 盘式制动器有哪些优点？

现代汽车前后轮多采用盘式制动器，与鼓式制动器相比，盘式制动器的优点主要如下：

1）制动稳定性好。盘式制动器的制动力矩与制动液压缸的活塞推力及摩擦系数呈线性关系，且制动片无自行增势作用，因此在制动过程中制动力矩增长较缓和，具有较高的制动稳定性。

2）抗热衰退性好。由于制动盘对摩擦片无增势作用，因此当长时间制动受热后其摩擦系数的变化对其制动效能的影响较小，抗热衰退性好。另外，制动摩擦片尺寸不大，其工作表面的面积仅为制动盘面积的 6%～12%，散热性好，温升不高，使得热稳定性较好。

3）抗水衰退性好。由于制动摩擦片对制动盘的单位压力高，易将水挤出，同时所沾之水在离心力作用下也易于甩掉，再加上摩擦片对制动盘的擦拭作用，制动器浸水后只需经三四次制动即能恢复正常，而鼓式制动器则需经过八九次制动方能恢复正常，如图 1-22 所示。因此，盘式制动器抗水衰退性好。

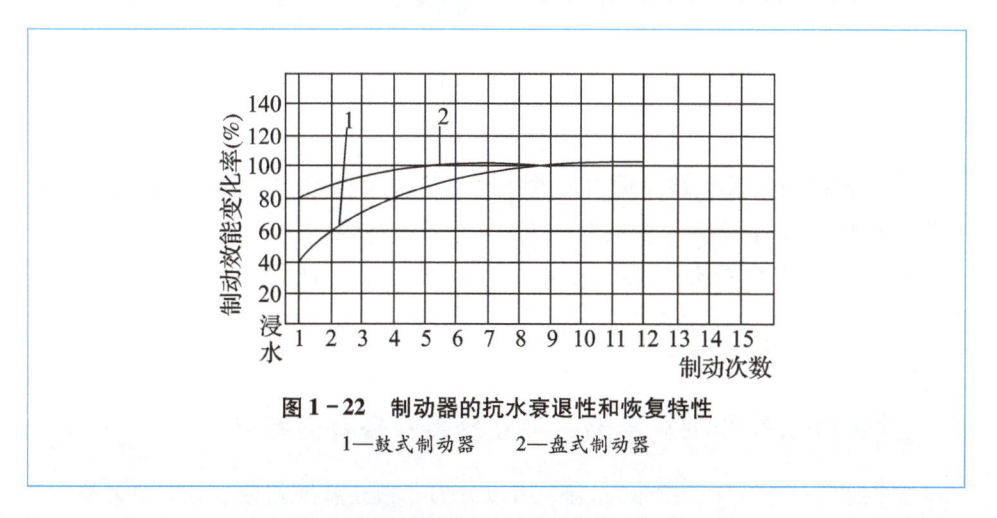

图 1-22 制动器的抗水衰退性和恢复特性
1—鼓式制动器　2—盘式制动器

4）尺寸小、质量轻。在输出同样大小制动力矩的条件下，盘式制动器的质量和尺寸比鼓式制动器要小，有利于汽车车轮的安装和减少汽车质量。

5）维修方便。盘式制动器结构简单；制动盘与摩擦片间隙小，能实现间隙自动调整；摩擦片比鼓式制动器的制动蹄片在磨损后更易更换，维修保养容易。

29. 什么是悬架？它有何作用？

悬架是指车架（或车身）与车桥之间的一切传力、连接装置的总称。悬架的作用是将车架（或车身）与车桥弹性地连接起来，传递各种力及其力矩，并缓和冲击、衰减振动，保证汽车正常行驶和乘坐舒适。

现代汽车悬架主要由弹性元件、减振器、导向装置和横向稳定杆组成，如图 1-23 所示。

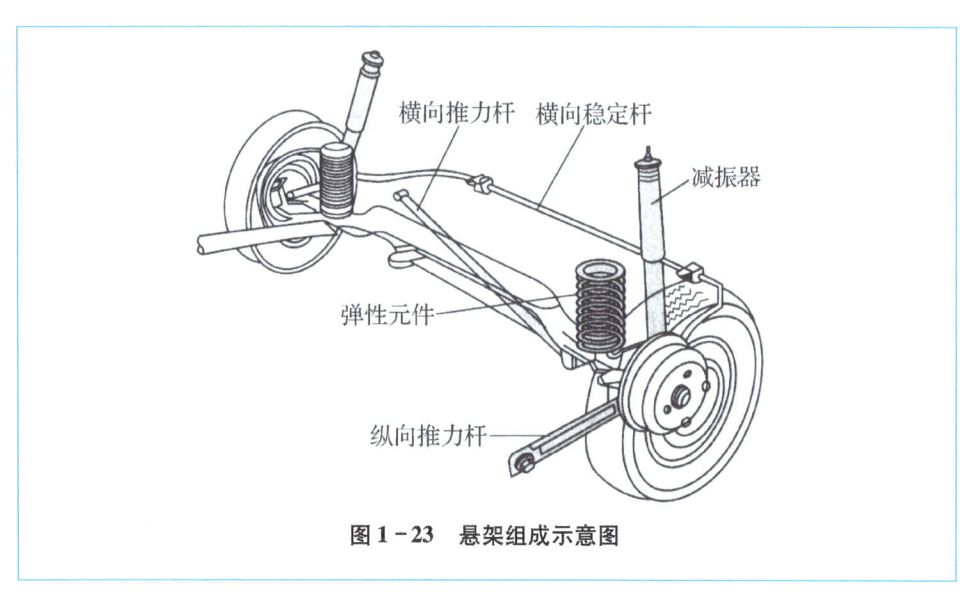

图 1-23 悬架组成示意图

弹性元件用来缓和路面冲击，并承受和传递垂直载荷；减振器用来衰减车身振动；导向装置（纵、横向推力杆）用来传递纵向力、侧向力及其力矩，并保证车轮相对车身有正确的运动关系；横向稳定杆用来提高汽车抗侧倾能力。

30. 什么是非独立悬架、独立悬架？各有何特点？

根据悬架系统结构的不同，悬架可以分为非独立悬架和独立悬架两大类。

（1）非独立悬架　同轴两侧车轮安装在一整体式车桥的两端，车轮连同车桥通过弹性元件与车架（或车身）相连的悬架，称为非独立悬架（图1-24a）。非独立悬架按它所采用弹性元件的不同，又可分为钢板弹簧式、螺旋弹簧式、空气弹簧式和油气弹簧式悬架。

非独立悬架的特点：一侧车轮因路面不平或遇到其他障碍而相对于车架位置发生变化时，会直接影响另一侧车轮位置变化。这类悬架的汽车行驶平顺性较差，轮胎偏磨严重。但因其结构简单、工作可靠，被广泛应用于货车的前、后桥。

（2）独立悬架　两侧车轮分别独立地与车架（或车身）弹性连接的悬架，称为独立悬架（图1-24b）。常见的独立悬架有麦弗逊式、横臂式、纵臂式、多连杆式、扭杆式独立悬架。

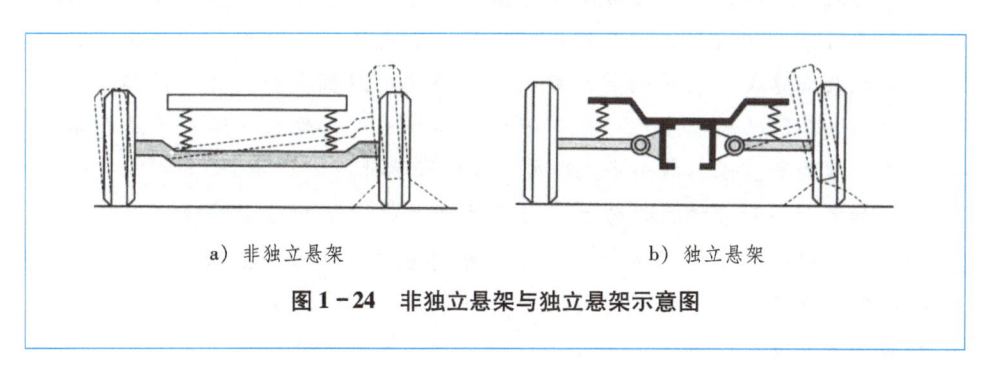

a）非独立悬架　　　　b）独立悬架

图1-24　非独立悬架与独立悬架示意图

独立悬架的特点：一侧车轮相对于车架位置发生变化时，对另一侧车轮几乎没有影响。这类悬架的汽车因非簧载质量小，左右车轮运动相互独立，行驶中冲击载荷小，车架和车身的振动较小，汽车行驶的平顺性好。另外，独立悬架汽车的质心较低，行驶稳定性较好。独立悬架在轿车的前后桥中得到了广泛应用，如大多数轿车前桥采用麦弗逊式独立悬架，不少舒适性好的轿车后桥采用5连杆式独立悬架。但独立悬架结构复杂，制造成本高，维修不便，因而在货车上较少采用。

31. 什么是被动悬架、主动悬架？各有何特点？

（1）被动悬架　被动悬架是指悬架的刚度和阻尼系数不会随外部状态而变化的悬架。这种悬架系统内无能源供给装置，在汽车行驶过程中，其刚度和阻尼不能人为地控制和调节，此被动悬架很难兼顾汽车行驶舒适与操纵稳定性的要求。

提示：被动悬架结构简单，造价低廉，一般的汽车绝大多数装用被动悬架。

（2）主动悬架　主动悬架是指悬架的刚度和阻尼系数均能根据运行条件进行

实时调节的悬架。主动悬架系统，采用油气悬架和空气悬架取代被动悬架的弹性元件和减振器，并配有能源供给和控制装置。电控主动悬架，是通过 ECU 来控制相应的执行元件，自动调节悬架的刚度和阻尼系数，以适应各种复杂道路条件的变化和行驶需要对悬架系统的不同要求，从而改善汽车的行驶舒适性和操纵稳定性。

提示： 主动悬架性能优良、车身高度可调，但系统复杂，造价昂贵，一般用在高档、豪华轿车上。

您知道吗？

悬架对汽车行驶中的舒适性与操纵稳定性有着相互矛盾的关系。若想改善汽车行驶的舒适性而采用较软的弹性元件，那么就会增加转弯时的侧倾及加速或制动时的前后颠簸，从而使操纵稳定性变差。同样，若想改善汽车的操纵稳定性而采用较硬的弹性元件，那么将增加汽车对路面不平度的敏感性，从而降低汽车行驶的舒适性。

如何调整两者之间的关系，对于被动悬架，是非常困难的事，只能根据汽车的用途在悬架参数优化设计时侧重考虑；对于主动悬架，则可根据外界条件和操作要求适时调整悬架参数，来同时满足汽车行驶的舒适性和操纵稳定性。

32. 什么是汽车的行驶平顺性？它的主要影响因素有哪些？

汽车行驶平顺性是指汽车在行驶过程中，保证乘员在所处的振动环境里具有一定的舒适程度，以及保持所运货物完整无损的性能。由于行驶平顺性主要是根据乘员的舒适程度进行评价，因此又称乘坐舒适性。随着人类物质生活水平的提高，人们对高速、高效汽车的行驶平顺性要求也越来越高。对于轿车，行驶平顺性是车主重点考虑的内容。

汽车行驶平顺性的主要影响因素有悬架特性、轮胎、悬架质量、非悬架质量和座椅。装用电控主动悬架，配用缓冲性能好的轮胎，采用质量较轻的独立悬架，选用舒适的座椅都可提高汽车的行驶平顺性。

33. 什么是 SUV 汽车？SUV 汽车有何特点？

SUV 是 "Sports Utility Vehicle" 的缩写，即运动型多功能车（图 1－25）。SUV 起源于美国，20 世纪 80 年代以来，深受年青白领阶层的爱好，是美国市场最畅销的车型。SUV是在皮卡底盘上发展而来的四轮驱动厢式车。SUV前悬架一般采用轿车型的独立悬架，后悬架则采用越野车型的非独立钢板弹簧悬架。

SUV不仅具有中高档轿车的舒适性，还具有越野车的良好通过性。SUV既可载人，具有豪华轿车功能；又可载货，行驶范围广；还具有越野车功能。SUV能适应各种路况，便于城市行走、外出旅行和野外休闲。

图1-25　SUV车

1998年SUV概念进入中国以来，SUV以较高的性价比赢得众多消费者的青睐，使得SUV在我国获得高速发展：2010年，SUV产、销分别为133.80万辆和132.60万辆，同比分别大幅增长103.38%和101.27%；2011年，SUV产、销分别为160.26万辆和159.37万辆，同比分别增长19.78%和20.19%；2012年，SUV产、销分别为199.86万辆和200.04万辆，同比分别增长24.67%和25.50%。目前，我国SUV市场需求旺盛，增长明显，高于乘用车总体增长速度，其SUV低、中、高各层次样样俱全。

34. 什么是汽车的操纵稳定性？

汽车操纵稳定性是指汽车在行驶过程中，能抵抗各种外界干扰、遵循驾驶人给定行驶方向稳定行驶的能力。汽车操纵稳定性包括操纵性和稳定性。汽车操纵性是指汽车能够确切地响应驾驶人转向指令的能力；而汽车稳定性是指汽车抵抗外界干扰而保持稳定行驶的能力，或汽车受到外界扰动后恢复原来运动状态的能力。良好的操纵稳定性是保证汽车安全行驶的基础。对于轿车来说，操纵稳定性是其高速行驶的生命线。

35. 如何评价汽车的操纵稳定性？

（1）侧向稳定性评价　汽车侧向稳定性是指汽车抵抗侧翻和侧滑的能力。汽车高速转弯行驶的离心力较大，汽车往往沿离心力所指的侧向翻车和滑移。因此，侧向稳定性评价可以在汽车转弯行驶时进行。评价时，汽车以中高速度通过弯道，观察汽车是否有漂移或侧滑，车身是否保持平稳。正常时，汽车应能按照预定的弯道行驶，且车身侧倾不太严重。

在国外，有的国家对轿车的抗侧翻能力，规定了检验的高标准和低要求。

高标准是指在平坦的水泥或沥青路面的场地上，以任意的行驶速度和转向组合操纵，都不得翻车。低要求是指在平坦坚实的场地上，以 50km/h 和 80km/h 的车速行驶，以 500°/s 的角速度把转向盘转过 180°，不得翻车；在平坦的水泥或沥青路面的场地上，成一直线布置 11 根标杆，间距为 30m，汽车以 72km/h 的车速绕杆行驶，不得翻车。

（2）转向特性评价　汽车稳态转向特性有三种，即中性转向、不足转向和过多转向。唯有不足转向特性汽车的操纵稳定性较好，而且人们已习惯于驾驶具有不足转向特性的汽车，故现代汽车都设计成具有不足转向特性。但在汽车使用过程中，某些因素变化如前后轮胎气压变化、汽车质心位置变化等会改变汽车的转向特性，使其向中性转向或过多转向特性变化，从而导致汽车的操纵稳定性变差。因此，使用中应确保汽车具有不足转向特性。汽车转向特性评价的测定方法如下。

1）在平坦的坚硬广场上画出半径为 15m 的圆道印迹。

2）将汽车转向盘转动适当角度，使汽车以最低稳定车速沿半径 15m 的圆道印迹作等速圆周行驶，并保持转向盘转角不变。

3）逐渐踩下加速踏板，采用逐级加速法或连续加速法提高车速，使汽车作较高车速的圆周行驶。

4）根据汽车加速行驶后车轮的行驶轨迹定性判断汽车的稳态转向特性，如图 1-26 所示。若汽车转向半径不变，则汽车具有中性转向特性；若汽车转向半径变大，则汽车具有不足转向特性；若汽车转向半径变小，则汽车具有过多转向特性。

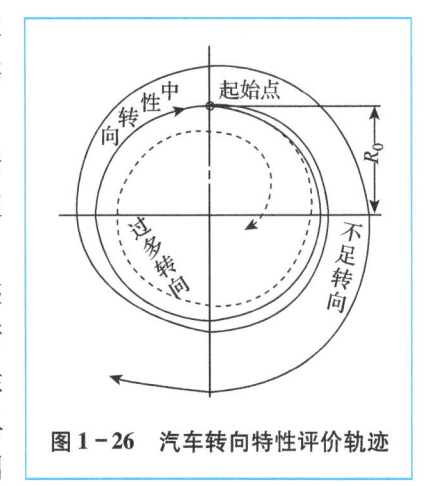

图 1-26　汽车转向特性评价轨迹

36. 什么是汽车防滑转系统？它有何作用？

汽车防滑转系统（Anti Slip Regulation）是指汽车在驱动过程中防止驱动轮发生滑转的控制系统，简称 ASR。电子控制防滑转系统能有效控制汽车驱动轮的运动状态，避免车轮在路面上驱动滑转，提高汽车在驱动过程中的驱动能力和驱动时的方向稳定性，改善或提高汽车行驶的通过性。

驱动防滑转系统在汽车上已经得到了广泛应用，它主要由 ASR 传感器、ASR ECU 和 ASR 制动压力调节器组成。典型的 ASR 如图 1-27 所示。

图 1-27 典型的 ASR

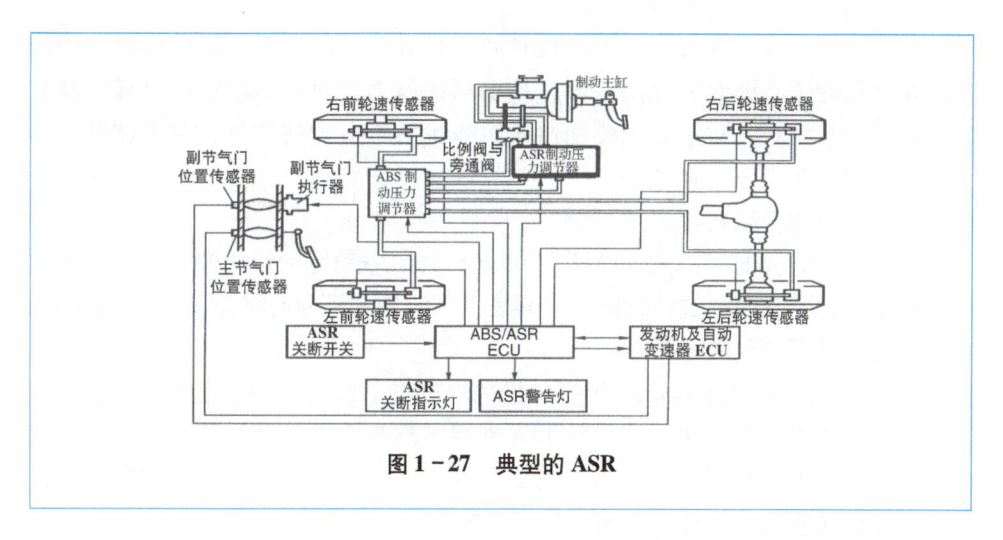

汽车驱动力大于驱动轮与路面间的附着力是汽车发生加速滑转的直接原因。汽车在附着系数小的路面行驶，会经常出现驱动轮滑转现象。要防止驱动轮滑转，就必须对驱动力矩加以控制，适当降低汽车驱动力。降低汽车驱动力的控制方式主要有制动控制、发动机控制和发动机与制动综合控制三种方案，当 ASR ECU 检测到驱动轮滑转时，则 ASR ECU 就对驱动轮的滑转加以控制。

汽车行驶时，ABS/ASR ECU 根据各车轮转速传感器产生的车轮转速信号，确定驱动轮是否滑转。当驱动轮滑转时，ABS/ASR ECU 则指令驱动步进电动机逐渐关闭辅助节气门，使发动机输出转矩降低，驱动轮的驱动力减小，从而抑制驱动轮滑转；如果驱动轮仍滑转，ABS/ASR ECU 则又发出控制信号，控制 ASR 制动压力调节器工作，对驱动轮施加适当制动，使驱动轮速下降，将驱动轮滑转率控制在最佳范围。当汽车在附着系数不对称路面行车时，若处于泥泞路面的驱动轮产生滑转，则 ABS/ASR ECU 控制 ASR 制动压力调节器对滑转驱动轮进行制动，同时发动机对另一侧无滑转驱动轮施加正常力矩，其效果相当于差速锁的作用，好路面的驱动轮可获得较大的驱动转矩，使整车的驱动力达到最大值，从而提高汽车的行驶能力，增强汽车的通过性。

37. 汽车配装防滑转系统后有哪些优点？

装防滑转系统（ASR）的汽车与不装 ASR 的汽车相比较，具有如下优点。

（1）**汽车动力性好**　ASR 能使汽车充分利用驱动轮的最大附着力，使汽车获得较大的驱动力，因而可提高汽车的起步能力、加速能力和爬坡能力。尤其在附着系数小的路面，或者在不对称的附着系数路面，汽车动力性的提高更加显著。

(2) 汽车方向稳定性好　ASR 能使汽车行驶时，保证汽车驱动轮也获得较大的侧向附着力，因而可提高汽车抵抗侧滑的能力，使汽车在驱动过程中具有良好的方向稳定性，对于后轴驱动汽车可减少后轴侧滑的危险，对于前轴驱动汽车可避免汽车失去转向能力。这对汽车在湿滑的路面上起步、加速、转弯行驶来说，显得尤为重要。

(3) 汽车通过性好　由于 ASR 能够充分利用驱动轮的最大附着力，因而汽车在溜滑路面行驶时通过性较好。尤其是汽车行驶在不对称的附着系数路面时，汽车的通过性将会显著提高。

(4) 汽车驾驶性能好　由于 ASR 极大地改善了汽车的行驶性能，在很大程度上使驾驶人操作汽车得心应手，大大减少了驾驶汽车的紧张程度，提高了驾驶的舒适性。如当汽车遇到恶劣的路面状况时，驾驶人可以减少在转向盘和加速踏板上的很多动作，使得驾驶容易，驾驶性能好。

(5) 驱动轮胎磨损减少　由于消除了驱动轮的滑转现象，因而使得驱动轮胎的磨损减少。

38. 什么是巡航控制系统？它有何作用？

汽车巡航控制系统（Cruise Control System）是指汽车在运行中不踩加速踏板便可按照驾驶人的要求，自动保持一定行车速度的控制装置，简称 CCS。根据其特点，又称恒速控制系统、车速控制系统或自动驾驶系统。

电子巡航控制系统主要由巡航控制各传感器、控制开关、巡航控制 ECU 和执行器等组成，典型的电子巡航控制系统组成如图 1-28 所示。

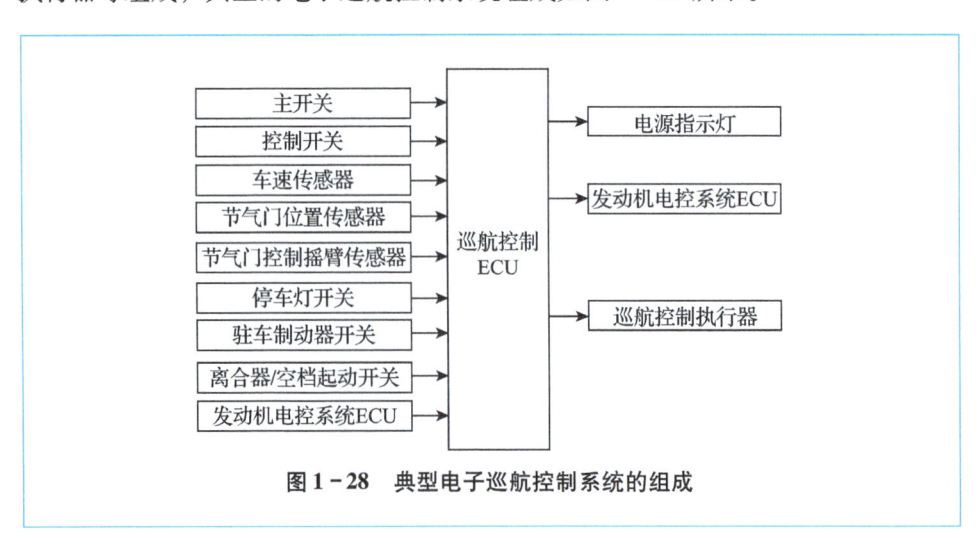

图 1-28　典型电子巡航控制系统的组成

驾驶人通过控制开关向巡航控制 ECU 输入设定车速，其 ECU 中的存储器对设定车速进行记忆作为目标车速。巡航行驶时，车速传感器向巡航控制 ECU 输入实际车速信号，于是巡航控制 ECU 对两车速进行比较，当实际车速偏离设定的巡航车速时，其 ECU 就根据车速的偏离程度，计算出节气门应有的开度，向巡航控制执行器发出控制信号，使执行器动作来调节节气门开度，使汽车在设定的车速下稳定行驶。汽车在巡航控制状态时，一般当车速低于 40km/h 时，巡航控制 ECU 将取消巡航控制；当汽车减速度大于 $2m/s^2$，以及汽车制动灯开关动作时，其 ECU 也自动取消巡航控制，以确保行车安全。

39. 使用巡航控制系统有哪些优点？

（1）**自动控制汽车恒速行驶** 在高速公路上行车时，打开巡航控制系统，CCS 能根据行车阻力自动控制节气门开度，调节发动机动力，使汽车按驾驶人设定的车速稳定行驶。无论是上坡、下坡或平路行驶或是在风速变化的情况下行驶，只要在发动机功率允许的范围内，汽车的行驶速度就能保持不变。

（2）**减轻驾驶人劳动强度** CCS 实现了部分自动驾驶，汽车在上坡、下坡或平路行驶时，驾驶人只需掌握好转向盘，即可避免频繁地踩加速踏板和换档，这样就可大大减轻驾驶人长途行车时的劳动强度。

（3）**降低油耗、减少污染** CCS 工作时，始终使汽车燃油的供给与发动机功率之间处于最佳配合状态，能节省燃油。CCS 实现定速行驶，其加速踏板及制动踏板的踩放次数大大减少，能降低耗油，行车较为经济。CCS 能选择在最有利的车速和发动机转速下运行，改善发动机燃烧过程，使燃油燃烧完全，热效率提高，降低油耗，减少有害气体 CO、HC、NO_x 排放，有利于节能和环保。

（4）**提高行驶舒适性** CCS 工作时，车速恒定，可以减少变速引起的惯性冲击，大大提高乘坐的舒适性。

（5）**延长汽车使用寿命** CCS 工作时，车速恒定，额外惯性力减少，可使机件损伤减少，汽车故障减少，汽车使用寿命延长。

（6）**提高行车安全性** CCS 工作时，由于减轻了驾驶人的劳动强度，驾驶人不易疲劳，能集中精力控制转向盘，因而能提高行车安全性。CCS 还能确保驾驶人的操作优先权，这为驾驶人的安全驾驶提供了有利条件。另外，当车辆速度超过人为设定范围时，CCS 能自动停止工作，以确保车辆行驶安全。

40. 什么是电子稳定程序系统？它有何作用？

汽车电子稳定程序（Electronic Stability Program）系统又称汽车稳定性控制系统，简称 ESP。ESP 主要由 ESP 传感器、电控单元以及执行器等组成，典型组成部件如图 1-29 所示。

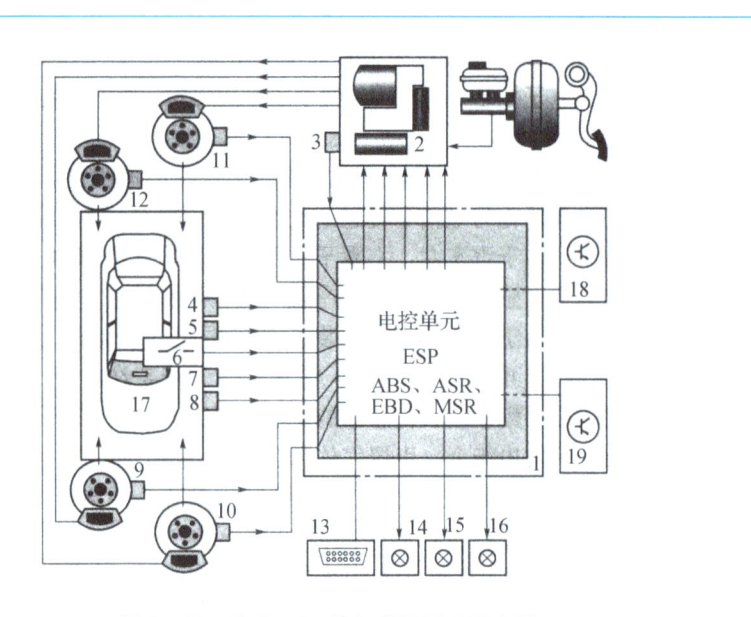

图 1-29 汽车 ESP 的组成及原理示意图

1—ESP 电控单元　　　　2—液压控制单元　　　3—制动压力传感器　　4—侧向加速度传感器
5—横向偏摆率传感器　　6—ASR/ESP 按钮　　　7—转向盘转角传感器　8—制动灯开关
9~12—轮速传感器　　　 13—自诊断接口　　　　14—制动系统警告灯　　15—ABS 警告灯
16—ABS/ESP 警告灯　　 17—车辆驾驶状态　　　18—发动机控制调整　　19—变速器控制调整

ESP 传感器主要包括轮速传感器、转向盘转角传感器、横向偏摆率传感器、横/纵向加速度传感器、制动压力传感器、制动开关信号传感器等，这些传感器用来检测汽车运动的有关状态参数，随时向电控单元发送信号，以便 ECU 判定汽车的运动状态。电控单元 ECU 是 ESP 的控制中心，集 ABS、EBD、ASR、MSR、ESP 的电脑为一体，组成一个综合信息处理系统，根据传感器收集的信息分析汽车失稳程度，计算出恢复汽车稳态所需的各项调节参数（转矩、驱动力、制动力等），并控制执行器。执行器主要有液压控制单元，受控于 ECU，用来调节系统压力，保证汽车正常行驶。

汽车电子稳定程序系统能够根据汽车行驶时传感器收集的车轮速度、转向角度、侧向加速度及横向移动等信息，通过对车轮制动器和发动机动力进行控制，实时调节车轮纵向力和车辆的运行状态，使车辆能够按照驾驶人的意图行驶，保证车辆在制动、驱动、转向行驶过程中都具有良好的操纵性和方向稳定性。

41. 使用电子稳定程序系统有哪些优点？

（1）**汽车的操作稳定性好** ESP通过各种高灵敏的智能传感器，时刻监测车辆的行驶状态，并通过计算分析判定车辆行驶方向是否偏离驾驶人的操作意图。当车辆偏离驾驶人的意图或有侧滑失控危险时，ESP能立刻识别出危险情况，并提前裁决实施可行的干预措施（如对车轮独立地施加制动力；在特殊工况对变速器干预；通过发动机管理系统减小发动机转矩），来防止车辆侧滑，保证车辆稳定行驶，从而提高汽车的操作稳定性。

（2）**汽车的方向控制能力强** ESP能够实时监控驾驶人的操控动作、路面反应、汽车运动状态，并不断向发动机和制动系统发出指令，通过主动调控发动机转速，并调整每个车轮的驱动力和制动力，来修正汽车的过度转向和转向不足。

（3）**汽车的驱动能力大** ESP能够在汽车驱动时，如起步、加速及滑溜路面行驶时防止车轮打滑，提高轮胎与路面的附着能力，增强汽车的驱动能力。当驾驶人加速过猛时，它能自动地使发动机转矩适应车轮对地面的传递能力。

（4）**汽车的制动性能好** ESP能够在汽车紧急制动时防止车轮抱死，能在结冰及滑溜路面上行驶时，减少制动距离，防止侧向滑移。这样驾驶人在转向及滑溜路面紧急制动时，能显著改善汽车的制动性能。

您知道吗？

下列情况下不宜使用ESP，应关闭ESP：

☆驾驶人想玩漂移或激烈驾驶。此时若开启ESP，则因ESP的干预达不到驾驶人特意想要的效果。

☆在路况条件差时的省油驾驶。例如，汽车在冰雪或疏松路面，或弯曲地段较多的路面行驶，需要省油，此时若开启ESP，则因ESP经常的干预措施如驱动时施加制动力等，汽车就会费油。

二、汽车选购准备

1. 购买新车需要缴纳哪些费用？

对于第一次购买新车的人来说，都存在这样的疑问：买新车要交哪些费用？您在购买新车时，除了需要支付新车的费用，还需缴纳的费用主要如下。

1）车辆购置税。车辆购置税是对在境内购置规定车辆的单位和个人征收的一种税。按取得的《机动车销售统一发票》上开具的价费合计金额除以（1＋17%）作为计税依据，乘以10%即为应缴纳的车购税。纳税人购买进口自用车辆的应税车辆的计税价格计算公式为

$$计税价格 = 关税完税价格 + 关税 + 消费税$$
$$应纳税额 = 计税价格 \times 10\%$$

自2014年9月1日至2017年12月31日，对购置的新能源汽车免征车辆购置税。

2）保险费。强制险为950元；另外的保费，根据全险或部分险及所参保的保险公司有一定的差别，一般10万元的汽车保险费为4000~5000元。

3）车船使用税。车船使用税是以车船为征税对象，向拥有车船的单位和个人征收的一种税。车船使用税为480元。

4）其他费用。其余的费用较小，有上牌费，多为300元；牌证等必需品费，费用为150元左右；出库验证费，费用一般在150元左右；另外，购置大排量车还需交纳消费税。

2. 什么是汽车保险？汽车保险的种类有哪些？

汽车保险即机动车辆保险，简称车险，是指汽车由于自然灾害或意外事故所造成的人身伤亡或财产损失，保险公司负赔偿责任的一种保险。汽车保险以

合同的形式表现，其保险合同一般由保险条款、投保单、保险单、批单和特别约定组成。汽车车主依照保险规定参加保险，能将汽车在使用中无法预计的意外损失，变为固定的、少量的保险费支出，把风险转嫁给保险公司。凡参加汽车保险的个人或单位称为被保险人，而保险公司则称为保险人。汽车保险后，保险人按承保类别承担相应的保险责任。

汽车保险分为交强险和商业险，交强险是强制保险，商业险可以选择投保。汽车商业险的险种可以分为基本险和附加险两部分。基本险包括车辆损失险、第三者责任险、车上人员险和全车盗抢险；而附加险的险种很多，如玻璃单独破碎险、车身划痕损失险、自燃损失险、车上货物责任险、载货物掉落责任险、交通事故精神损害赔偿险等，各保险公司的险种也不尽相同。

3. 什么是车辆交强险？

交强险是指机动车交通事故责任强制保险，是由保险公司对被保险机动车发生道路交通事故造成受害人（不包括本车人员和被保险人）的人身伤亡、财产损失，在责任限额内予以赔偿的强制性责任保险。机动车所有人或者管理人必须投保交强险，否则公安机关交通管理部门有权利扣留其机动车，并处应缴纳保险费的2倍罚款。

被保险人在使用被保险机动车过程中发生交通事故，致使受害人遭受人身伤亡或者财产损失，依法应当由被保险人承担的损害赔偿责任，保险人按照交强险合同的约定对每次事故在下列赔偿限额内负责赔偿：死亡伤残赔偿限额为110000元；医疗费用赔偿限额为10000元；财产损失赔偿限额为2000元；被保险人无责任时，无责任死亡伤残赔偿限额为11000元，无责任医疗费用赔偿限额为1000元，无责任财产损失赔偿限额为100元。

提示： 无论被保险人是否在交通事故中负有责任，保险公司均将按照交强险条款的具体要求在责任限额内予以赔偿！

4. 什么是第三者责任险？

车辆第三者责任险是指保险车辆因意外事故，致使第三者遭受人身伤亡或财产直接损失时，保险人依照保险合同的规定承担赔偿责任的保险。第三者是指保险车辆发生意外事故的受害人，但不包括被保险人以及保险事故发生时保险车辆上的人员。

保险车辆在被保险人允许的合法驾驶人使用过程中发生意外事故，致使第三者遭受人身伤亡或财产的直接损失，依法应当由被保险人承担的损害赔偿责任，保险人依照本保险合同的约定，对于超过交强险各分项赔偿限额以上的部分负责赔偿。

保险车辆造成下列人身伤亡和财产损失，不论在法律上是否应当由被保险人承担赔偿责任，保险人也不负责赔偿：被保险人及其家庭成员的人身伤亡、所有或代管的财产损失；本车驾驶人及其家庭成员的人身伤亡、所有或代管的财产损失；本车上一切人员的人身伤亡或财产损失。

5. 怎样确定第三者责任险赔偿限额？

赔偿限额是计算第三者责任险赔款、第三者责任险保费的基础，赔偿限额越高，保费越高，车主的风险就越小。汽车第三者责任险的赔偿限额有6个档次：5万元、10万元、20万元、50万元、100万元和100万元以上。目前，广大的农村地区，保5万元、10万元，绝大多数城市车辆保10万元、20万元赔偿限额比较合适，保费适中，且一般的事故都能应付。但有的城市（如深圳），其车辆投保这些档次的赔偿限额，车主风险较大，故建议其保50万元或100万元赔偿限额。

6. 如何选择合适的险种？

险种选得越多，则保障越好，但保费越高。如果出险概率较小的险种或者对自己及车辆保险意义不大的险种不投保，则往往能够节省保费，同时其保障程度也不会明显下降。因此，投保时车主应根据自己车辆的状况、使用性质、停放地点等具体情况选择适合自己最有投保意义和价值的险种，做到既经济实惠，又有安全保障。

1）新车投保。建议车辆损失险、全车盗抢险、第三者责任险、车上人员责任险必保，而车辆附加险则可根据自己的实际情况选保，可选不计免赔特约险。

2）二手车投保。建议第三者责任险、车上人员责任险必保，而车辆损失险、全车盗抢险则可根据二手车的实际情况选保，如车辆实际价值较高，则加保。

3）特别情况特别保。

① 对于临近报废期的车辆，建议只保第三者责任险，因为这类车辆的车况较差，实际价值低，投保金额太多显然不划算。

② 对于有安全防盗装置、有车库或固定停车场地而很难被偷走的车辆，建议不保全车盗抢险；车辆价值不高，小偷不太关注的车辆，建议不保全车盗抢险；而对于小区治安状况不太好，或是经常跑外地的车主，建议最好投保全车盗抢险。

③ 对于高档新车，建议最好投保玻璃单独破碎险、划痕险，因为这类损伤容易发生而且修复费用较高。

④ 对于轿车尤其是新轿车，建议不保自燃险，因为自燃险是对车辆因油路或电路的原因自发燃烧造成损失进行的担保，而轿车自燃事故极为少见。

⑤ 对于车技不佳的新手开新车，建议最好将车辆损失险和第三者责任险保足，并保车上人员责任险和不计免赔特约险。

7. 如何选择合适的保险公司？

目前，承办汽车保险业务的保险公司很多，各家保险公司都有自己的特点，如何选择一个经济实惠、信誉好、手续简单、理赔方便的保险公司对车主来说至关重要。如要选择一家合适的保险公司，车主需要调查了解汽车保险市场。

首先，要比较各保险公司汽车保险条款的差异，比较的基本原则是，"保险责任"越多越好，"责任免除"和"投保人、被保险人义务"越少越好，赔偿金额越高越好，"免赔率"越低越好。其次，在相同的保障范围时，比较各保险公司相应险种的费率，着重了解浮动系数的种类和给予条件，了解保险公司的费率优惠条件和无赔款优待的规定，从而确定各保险公司的价格优势。最后，还需要考察保险公司的服务水准。有的公司在车主购买保险时考察得较为严格，在理赔时能够充分考虑客户的利益，极大地满足客户的需求；但有的公司承保条件很宽松，只是以收取保费为目的，在理赔时对客户的要求很严。要了解保险公司与客户沟通的渠道是否畅通、简便，了解保险公司对客户的服务承诺。保险人的承诺既是保险公司自身实力的体现，也是客户的需求。

通常，规模大的保险公司信誉度高，定损网点多，可以借助修理厂实行远程网上定损，理赔速度比较快，服务质量好，但保单价格相对较贵；而小一点的保险公司其保费相对便宜一些，但理赔可能比较慢、比较苛刻。不过也有一些小保险公司，为了创牌子、争市场，不但保费便宜，而且服务一流。

8. 汽车投保的基本方式有哪些？

在仔细阅读比较多个保险公司汽车保险条款选中保险公司后，就要选择投保车险的方式。目前，投保车险的方式多种多样，有多种渠道可供车主选择，车主可根据自己的实际情况选择一种。

（1）通过代理投保　目前，很多汽车经销商、汽车维修商等单位通过与保险公司签订协议，成为保险公司的代理。车主可以通过代理来投保车险，当然选择代理来投保需要多付一些费用。值得注意的是，代理商通常代理几家公司的保险，代理商高度推荐的保单，可能是对代理商佣金最高的保单，不一定是最合适的保单，对于车险而言，价格重要，服务更重要。拿到保单后，最好跟保险公司确认一下保单的有效性和有效期。

（2）到保险公司投保　保险公司有对外营业的窗口，车主可以选择适合的保险公司，花一些时间亲自去办理保险。这样可以直接与保险公司取得联系，但要浪费一些时间和精力。

（3）电话投保　保险公司开通有专门的服务电话，有专门的人员接听客户电话，解答客户的各种问题，协助客户办理投保手续。因此，车主可以通过电话完成投保车险的全过程，投保省时、省事。

（4）网络投保　保险公司设有专门的网站，车主可以网上投保。这对于熟悉汽车保险的车主比较适用，自主选择性强，同时网络投保还可以获得更多的优惠。但如果想了解更多更详细的内容，就要车主自己调查了。

9. 如何办理汽车保险？

车险投保前应先了解现在经营汽车保险业务的各家保险公司的服务情况，从中选择一家相对负责、信得过而又方便的保险公司，然后按下列程序办理汽车保险。

（1）了解汽车保险条款　仔细阅读机动车辆保险条款，尤其对于条款中的保险责任、责任免除、赔偿条款和义务条款要认真研究，同时对于条款中不理解的条文要记下来，以便投保时向保险业务人员咨询。

（2）选择投保险种　根据对条款的初步了解和自身的情况，选择适合自身需要的投保险种。险种并不是买得越多越好，因为购买越多的险种就意味着越多的开支。

（3）填写投保单　携带行车执照、车主身份证以及有关投保车辆的相关证件，将投保车辆开到保险公司指定地点，经保险公司业务人员验明证件认为可以投保后，如实填写《机动车辆保险投保单》。投保单是投保人向保险人申请订立保险合同的依据，也是保险人签发保单的依据。

（4）保险公司核保　核保是指保险公司的业务人员对投保人的申请进行风险评估，决定是否接受这一风险，并在决定接受风险的情况下，决定承保的条件，包括使用的条款和附加条款、确定费率和免赔额等。核保是保险公司在业务经营过程中的一个重要环节，其主要内容是审核。

(5) 保险公司承保及签发单证 保险公司业务人员核保符合保险条件后，接受承保，确定起保时间，核收保险费，填制保险单或保险凭证。保险人向投保人签发保险单或保险凭证。保险单或保险凭证是载明保险合同双方当事人权利和义务的书面凭证，是被保险人向保险人索赔的主要依据。

10. 家用轿车的年均费用需多少？

消费者购买轿车，除考虑车价外，往往还要深入考虑养车的成本。一般而言，每年的养车费用可粗略地分为固定费用和变动费用两部分。固定费用是指购车后每年都要固定支出的费用，主要有车船使用税、保险费等。变动费用则指燃油费、维修保养费、停车费、过路费等。

15万元左右的家用轿车的车船使用税、保险费等固定费用在7000元左右。燃油费因车因人而异，通常可按年行驶里程2万km、10L/100km、7元/L计算，燃油费每年14000元；轿车每行驶几千公里就要保养1次，这样每年要保养2~4次，其保养费在1000~2000元；停车费一般居民小区包月停车费用为100元左右，商业性小区停车费用为200元左右，每年为1200~2400元，外出临时性停车费年支出300元；过路、过桥费保守估计年支出500元。

这样，对新车前几年不考虑维修来说，每年的年均费用需25000元左右。

11. 如何选择汽车的品牌？

汽车品牌体现汽车的价值，象征汽车的门面。不同品牌的汽车有着不同的特点，消费者可以根据如下各类车系特点结合自己的需求来选择汽车的品牌。

美系车：外形新颖美观、内部装饰豪华、舒适性好、动力强劲。
德系车：技术过硬、做工精细、注重内涵、结实耐用、安全性好、高档品牌多、价格偏高。
日系车：外形靓丽、配置周全、做工细腻、省油经济、噪声较小、价格适宜、售后服务好。
法系车：外观时尚、造型新颖、标新立异、设计人性化、安全性好、价格公道。
韩系车：物美价廉、性能适中、省油经济。
自主品牌：扎实耐用、性价比高、配置齐全、安全性好、维修服务方便。

12. 是买新款车型还是成熟车型？

不少消费者在购买轿车时曾纠结过是买新款车型还是成熟车型的问题，但只要细细分析就不难确定。成熟车型的优点就是性能稳定、可靠性好、性价比高、维修方便、售后网点多、服务好。而新款车型的优势就是造型前卫时尚、色彩绚丽、配置丰富、附加功能众多。但新款车型相对来说：性价比低；降价空间大且随时可能降价；缺点和缺陷尚不确定，不像成熟车型暴露无遗；配件价格偏高，维修保养费用高。

因此，作为理性的消费者，最好在新车上市之际保持清醒头脑，慎选新款车型，尤其是慎选只在成熟车型基础上稍变花样而高价出售的新款车型。

13. 根据购车的用途如何选择车型？

汽车已经进入普通百姓家庭，个人购买汽车越来越多。不论谁购置汽车，都会有明确的目的，即买车干什么？有人要用汽车做运输，有人要圆自己的轿车梦等。若购买汽车主要是从事营业性运输，如出租、客运、货运等，以盈利为目的，则价格较低廉的货运、客运汽车为首选目标。若购买汽车的作用一般以代步为主，做出租车生意、找个新职业为辅，以方便、舒适和经济为主要考虑要素，普通轿车、客货两用车、面包车是首选目标。对于生活富裕，地位高贵的消费者，若购买汽车除作为代步工具外，还需要展示实力、体现身份、象征地位的作用，则以豪华、美观和舒适为主要考虑要素，高级轿车是首选目标。

14. 怎样考察汽车的安全性？

选购汽车时考察汽车的安全性十分重要，它体现了以人为本、生命第一的原则。可从以下几个方面考察汽车。

（1）**看碰撞标准** 汽车安全性可通过碰撞标准来反映。目前，我国汽车安全性的强制性碰撞标准，新车都能满足。但随着汽车市场的不断发展，人们对碰撞的评价要求越来越高。NCAP是最早在美国开展并已经在日本、欧洲等发达国家或地区运行多年的新车碰撞评价规程，一般由政府或具有权威性的组织机构，按照比国家法规更严格的方法对在市场上销售的车型进行碰撞安全性能测试、评分和划分星级，向社会公开评价结果。现阶段，中国新车评价规程即C-NCAP（China-New Car Assessment Program）正在发展和完善。C-NCAP是将在市场上购买的新车型按照比我国现有强制性标准更严格和更全面的要求进行碰撞安全性能测试，评价结果按星级划分并公开发布，碰撞星级共划分 6 个等级：5＋级、5 级、4 级、3 级、2 级、1 级。例如，中国汽车技术研究中心发布的 C‐NCAP 碰撞结果中，奇瑞 A3、荣威 550、VIOS 威驰、红旗 CA7300N4、长安福特嘉年华、东风悦达起亚 K2、雪佛兰爱唯欧、中华 H530、广汽传祺等轿车获五星级评价。

购买者可通过 C‐NCAP 官网了解和参考新车的 C‐NCAP 星级，星级越高，安全性越好。

(2) **看安全性配置**　首先看普通制动系统，因为它对安全性的影响最大。若汽车前后轮均采用超大尺寸通风盘式制动器，则汽车制动效能的稳定性较好，有利于高速行车时的制动安全性。

其次看安全性的附加配置，因为它们可以提高车辆安全性能。若汽车配有 ABS，则 ABS 在紧急制动时可以缩短制动距离，并能够尽量保持制动时汽车的方向稳定性，绝大部分轿车已将 ABS 作为标准配置；若汽车配有 EBD，则 EBD 能够根据由于汽车制动时产生轴荷转移的不同，而自动调节前、后轴的制动力分配比例，提高制动效能，通常 EBD 用来配合 ABS 以提高制动稳定性；若汽车配有 ASR，则 ASR 可抑制车辆在湿滑路面起步与加速时驱动轮的滑转，提高驱动力和行驶稳定性；若汽车配有 ESP，则 ESP 在任何行驶状态下，不管是在紧急制动还是正常制动，以及在车辆自由行驶、加速、节气门或载荷发生变化时，ESP 都能让车辆保持稳定，并确保驾驶人对车辆操纵自如；若汽车配有倒车影像，则倒车时驾驶人可通过倒车影像得到及时的警示，做到心中有"数"，使倒车变得更轻松、安全；若汽车配有自动防碰撞系统，则汽车高速行驶时不可能产生追尾碰撞；若汽车配有 SRS，即安全气囊（双安全气囊、侧面安全气囊），则汽车发生碰撞事故时，安全气囊的引爆可减轻驾乘人员的伤害程度。

提示： 汽车的安全性配置越全，汽车能适应的行驶条件就越多，则汽车行驶的安全性就越高。

(3) **看车身结构**　对于轿车来说，乘员的安全性主要取决于车身结构。安全性高的车身，应做到刚柔结合：该柔软的地方应柔软，如在车体的前部设置较空旷的碰撞变形区以及中强度的保险横杠，在碰撞时能吸收大部分能量；该刚硬的地方应刚硬，如坚固的驾驶舱钢架结构在碰撞时能尽量减少变形以避免乘员受到挤压。车身结构好的轿车其碰撞星级较高。

另外，车身的大小对安全性也具有重要影响。统计表明，轿车越大、车身越长，交通事故时乘员的死亡率越低，乘员越安全。

15. 怎样考察汽车的使用经济性？

使用经济性好的汽车平时付出的费用少。对于私家车来说，其使用经济性主要取决于燃油消耗费用和维修费用，因此可从以下两方面考察汽车的使用经济性。

(1) **看燃油消耗费用**　燃油消耗在汽车的使用成本中占有很大的比例，因此大多数用户特别关注汽车油耗。汽车油耗通常用汽车的百公里耗油量表示，有等速油耗、城市油耗、郊区油耗和综合油耗等多种评价指标，其值越小越好。轿车等速百公里油耗小于6L是比较经济的。

发动机排量小的汽车较省油；比功率小的汽车比较省油；压缩比较大的发动机比较省油；二驱汽车比四驱汽车省油；柴油车比汽油车省油；空气阻力系数越小汽车越省油，目前轿车空气阻力系数可达0.3以下；手动变速器汽车比自动变速器汽车省油；重量轻、体积小的汽车比较省油。

(2) **看维修费用**　在用汽车如果维修费用高，则使用经济性就差。一般轿车每年均要进行维护保养，若每次保养的间隔里程长，则保养的次数少，相对费用减少。成熟车型的间隔里程可达7500～10000km，如东风标致、雪铁龙车型就是如此，而有的新款车型维护保养间隔里程只有5000km。轿车在使用寿命期内，一般可进行两次大修、若干次小修，其修理费用：豪华车较贵；高价车较贵；进口车较贵；自动变速器修理较贵；高档车身修理较贵。另外，成熟车型可靠性高，故障少，修理费少；手动变速器较自动变速器故障少且修理费用低。

提示：选用排量小、功率低、重量轻、体积小、手动变速器的成熟型国产普通轿车作为代步用的私家车，其使用经济性好。

16. 怎样考察汽车的动力性？

随着道路条件的改善，人们对汽车动力性的要求越来越高。对于新车来说，汽车的加速时间和最高车速是主要考察参数，其他因素也会影响汽车动力性。

通常，汽车的比功率越大，加速时间越短，最高车速越高，动力性就越好；豪华轿车，排量大的轿车，其动力性较好；发动机同排量而配备有多气门进排气系统的汽车，其动力性较好；涡轮增压汽车比自然吸气式汽车的动力性好；在汽车比功率相同时，流线形理想、空气阻力系数小的汽车，其动力性较好。

提示：轿车最高车速在170～230km/h范围内时，其动力性较好，可满足城市、农村各种使用条件的需要。

17. 怎样考察汽车的舒适性？

随着生活质量的提高，人们拥有汽车，享用汽车，更加追求汽车的舒适性。选车时怎样考察汽车的舒适性呢？通常，大车、豪华车要比小车稳重舒服；自动变速器车型要比手动变速器车型省事省力；具备冷暖气空调要比仅有冷气者舒适；采用动力转向、制动助力、电动侧视镜、电动侧窗等装置都比较省力；采用多杆式独立悬架、变刚度悬架会明显改善汽车的舒适性；采用宽系列低压轮胎，可减少轮胎的径向刚度，提高轮胎的展平能力，从而提高汽车行驶的舒适性。

18. 怎样选择汽车的流线形？

选车时首先映入眼帘的是汽车的外表，一见钟情的漂亮、心仪的汽车流线形将会使你终生难忘。其实，车身流线形不仅反映汽车的品质、美感，体现现代科学技术与文化艺术的完美结合，它还会影响汽车的动力性、经济性和实用性。因此，在式样繁多的各种车身中，选择适宜的汽车流线形可提高汽车的使用性能。下面可根据车身的种类、特征、流线形状（表1-6），结合自己的审美观及实用性来选择汽车的流线形。

表1-6　各种车身流线形状及特征

种　类	特　征	流线形状
折背式	车身背部有角折线条。车身由明显的头部、中部和尾部三部分组成，大多数都布置有两排座位，空气阻力较小	
直背式或快背式	后风窗玻璃和行李舱连接近似平直。后风窗玻璃与水平线夹角小于25°，其背部更趋流线形，有利于降低空气阻力，且使后行李舱的空间较大	
舱背式	车身顶盖向后延伸较长，与车身后部形成折线，其后部行李舱与后风窗玻璃演变为一个整体背部车门。后风窗玻璃与水平线呈25°~50°，行李舱的空间大，空气阻力较小	

(续)

种 类	特 征	流线形状
短背式	背部很短的一种折背式车身。其行李舱盖板至地面距离较高,整车长度相对较短,多有鸭尾式结构,有利于提高汽车的行驶稳定性	
楔型车身	汽车前低后高,头尖如楔,车身整体向前下方倾斜,空气阻力小,高速操纵稳定性好	
变形车身	因用途发生改变而导致车身形状变化	四门敞篷车车身,空气阻力较小	
		旅行车车身,内部空间大	
		跑车车身,流线形好	
		多用车车身,外形美观,实用性好	
		厢式车车身,内部空间大,空气阻力系数大	

19. 怎样选择汽车的颜色?

对汽车颜色的选择多数人是按照个人喜好来定,很少会考虑其他外界因素的影响。其实不同的汽车颜色,对于安全、保值率、购车价格等都有直接影响,且与日后用车关系密切。因此,购车时应根据下列相关内容合理选择汽车的颜色。

(1) 主流色与冷门色 在众多汽车颜色中,银色、黑色、白色因传统大方、清爽明朗的风格,一直是多数消费者心中的首选颜色,这三种颜色也成为车流中的主流色彩。但在车身色彩选择多元化的今天，在道路上可以经常见到各种色彩斑斓的颜色，以前很少见到的冷门色：黄色、绿色、粉色等汽车也穿梭在大街小巷。

其实不同车型对于颜色喜好也有很大差别。微型轿车和小型轿车，色彩选择最为丰富，主流色与冷门色都可选择。但随着车型级别的上升，尤其是中型轿车和中大型轿车，主流色（黑色、银色、白色）则成为趋于固定的色彩选择，毕竟这部分车型已逐渐融入了商务用途，颜色过于鲜艳与场合不相匹配，所以选择颜色应略有收敛。尽管近些年白色汽车的风头试图盖过黑色，但在商务用途中，黑色依然是企业管理阶层的首选颜色。

(2) 颜色与情感　　颜色不仅显示汽车的美观，它还与人的情感紧密相关。红色能激发欢乐情绪，给人以跳跃、兴奋、欢乐的感觉；黄色崇尚大自然本色，给人以欢快、温暖、活泼的感觉；蓝色显示豪华气派，给人以沉着、冷静的感觉；白色给人以纯洁、清新、平和的感觉；黑色给人以庄重、尊贵、严肃的感觉。

(3) 颜色与造型　　颜色的造型效果取决于其面积、明度、纯度和匹配等因素。对于三维物体的轿车车身，最好根据车型来选择颜色。对于微型轿车，选择明度和纯度高的颜色，能感觉车体大些，使汽车变得"靓丽丰满"；对于中型轿车，选择明度和纯度适中的颜色较宜，感觉较好；对于大型轿车，选择低明度和低纯度颜色，可产生收缩效应，能感觉车体"俏丽苗条"、紧凑、坚实，获得较好的车身造型较果。

(4) 颜色与安全　　汽车颜色与行车安全性密切相关。研究表明，汽车视认性好的颜色能见度佳，行车安全性好。在天气晴好条件下，浅色系汽车视认性佳，颜色安全性高。据相关调查数据介绍，黑色汽车在白天与黑夜的事故率均高居榜首。在白天，黑色汽车比最安全的白色汽车事故率高12%，在黎明前和黄昏后则高47%。暗色车型看起来觉得小一些、远一些和模糊一些，因此易出事故。除黑色外，最不安全的汽车颜色依次为灰色、蓝色和红色，而最安全的汽车颜色依次为白色、金色、黄色、银色。从安全角度考虑，轿车以视认性好的颜色为佳。

(5) 颜色与维护　　颜色与车身表面的靓丽感觉有关，不同颜色的汽车其维护的程度和次数不同，给车主带来的麻烦就不一样。深色尤其是黑色汽车不耐脏，有点灰尘就能看出，给人雾蒙蒙、脏兮兮的感觉，需要经常清洗；另外，由于洗车和日常驾驶难免会对车身带来摩擦和擦碰，黑色车漆很容易显现一条条小划痕，需要经常维护。浅色系汽车容易与外界环境相吻合而协调，车身较耐脏，如白色和银色汽车显得更干净一些，起码不会出现明显的尘土和小划痕，相对来说整洁且长久如新。

(6) **颜色与价格**　不同颜色车型的价格一般也会存在差别。道路上常见的主流色（如白色、黑色、银色）比较热卖，往往会出现供不应求的情况，加价购车或优惠幅度变小成为一种现状。而冷门颜色（如金色、黄色、绿色）轿车4S店不希望积压产品太久，其优惠幅度稍大，或者赠送保养或精品等。如果购买者对车身颜色无太多要求，则可通过选购冷门颜色汽车使价格优惠幅度更大。

(7) **颜色与保值**　颜色不同，汽车的保值率不同。一般情况下，主流色（银色、黑色、白色）二手车比同款其他颜色（如粉色、绿色）车型不容易褪色，用户群体大，容易热卖，保值率高，有些甚至会高出几千元或上万元。这对那些三五年就要换车的购车者来说，选择颜色应考虑保值问题。为了保值和快速换车，应选择主流色。

20. 如何选择适合自己的汽车？

汽车是买来给自己使用的，因此应根据自己的实际情况来确定所购车辆的款式花样。

(1) **根据经济实力选车**　经过买前的精打细算，结合自己的收入水平，就可以在一定的价格范围内挑选自己喜爱的车型。买车旨在实用、方便，因此应量力而行，量入敷出，以避免日后养车力不从心。经济实力较强的，可以实行一步到位，选购档次较高、性能先进、安全系统完备的车型；收入中等而无法一步到位的，可以选择一些中低档的过渡车型，这样既可享受用车之便，又不增加太多的负担。待将来具备相应的经济实力，再量力更换。

进口车与国产车相比，价格要高出许多，除了其相对较稳定的性能外，各种税费也占了车价的很大比例，而且日后的配件及使用费、折旧费较高，不是"实力型"的人士在购买进口车时，应多权衡一下其性能价格比。

(2) **根据爱好习性选车**　购车应以自己的爱好习性为出发点，讲究大方、庄重者，多选择厢体宽敞、颜色浓重、气派高雅、外形敦厚的豪华型车；家庭用车应注重省油、占地少，多选择外形小巧、颜色鲜艳、富有浪漫情趣的车型；旅游用车应突出越野性，不妨在一些功率较大、形式粗犷、格调奔放、个性独特的车型中多做考虑，SUV车可列入重点考虑范围。

男性喜欢开快车，经常超车，选购时应该考虑功率大、加速性好的汽车；女性开车求稳，比较细致、小心，主要用于上下班和接送孩子，可选择靓丽一些的小车型，不必过分追求大功率、高车速；追求经济型的人士可从使用角度考虑，选择燃油耗量少、售后网点多、配件易买且相对便宜的品牌车型如国产车，这样在使用、维修、保养等方面会轻松许多；喜欢跋山涉水驾车郊游且追求粗犷洒脱的人士，吉普车当为首选，也可选择 SUV 车型。

(3) 根据周边环境选车　周边环境是指所住地区的条件，如汽车的来源、维修网点的设置、配件供应的情况等。周边环境中占有率较高的车，其车型的性能大家熟悉，配件供应充分，维修网点布置较多，售后服务相应较好。根据周边环境购车后，使用比较方便。我国城市家庭用车不少是按这种方式购车的，武汉的家用轿车选东风汽车公司生产的车型较多，如东风雪铁龙、东风标致、东风风神、东风日产、东风本田等，上海的家用轿车选上海汽车生产的车型较多，长春的家用轿车选一汽轿车生产的车型较多。

(4) 根据使用特点选车

1) 如果汽车是用来上下班，就应选择油耗少的经济型汽车，可选择排量为 1.4L 左右的普通轿车。这类车价格适中，体型小，经济实惠，维修费用便宜，并能乘载一家人一起出行。这对那些开车上下班的朋友来说，无疑是一种较理想的选择。

2) 如果是用于工作的业务车，可视业务性质选择车型。业务车通常行驶路程较多，汽车容易磨损，如果是一般业务或生意，且承载量不太大，可选择普通轿车；如果工作时要装载很多物品，则考虑选择商用车如面包车。这些车省去了豪华装备，可以节省行驶成本，应是不错的选择。

3) 如果是用来购物，可选择车身体积小、车内空间宽敞的小型面包车。由于超市和公寓的停车场较狭窄，停车麻烦，门较难打开，处理起来较费劲，因此车身较大的车不太合适。如果考虑是女性驾驶，就要注重选择操作轻便的汽车。

4) 如果汽车是作休闲之用，则根据休闲种类的不同，所选择的车型也不同。如果要求供许多人使用，且乘坐舒适，有一定的车内空间，那么就应选择面包车；如果是供自己或者少数人使用，可以考虑选择普通轿车，但对于那些喜欢开车旅游和越野的人来说应选择吉普车或 SUV 车。

5) 如果汽车只是在休息日使用，建议选择不要太贵的流行款式车。因为这种车使用年数较长而且行驶里程较少，太贵会使汽车的无形磨损大，贬值严重。

6) 如果是货运，当批量大、运距长时，应选用大吨位车辆；当批量小、运距短、批次多以及零担运输时，宜选用轻型车辆。如果是客运，短途时为求方便快捷，应选用中小型车辆；长途时则用高速、舒适性好的大型车辆。

提示：若车型选择正确，则能充分发挥其使用性能，减少用车费用，提高经济效益。

21. 购置汽车时如何进行市场调研？

在选购汽车时，根据购车的用途，按照购买者的经济承受能力列出备选车型名单，向经销商索取介绍资料，从报刊、专业网站查看有关这些车型的广告和评价资料，研究分析各种车型使用说明书中提供的主要性能指标参数，以确定该车是否适用，同时估计出该车在使用中的安全性、经济性和运输生产能力方面能达到的水平。多看一些有关的资料，再进行对比。

1）了解备选车型，确保选中车型的优势。收集备选车型使用过程中的一些资料，了解备选车型的质量状况，如实际耗油、故障、使用方便性等情况；了解售后服务情况，如零配件的供应是否有保障等。

2）对备选车型进行合理评价。市场调研时要对备选车型进行评价，评价的方法通常有两种，即主观评价和客观评价。主观评价的方法也称为"感觉评价"，其方法就是根据购买者乘坐这些备选车的感觉和这些车型的用户或单位以及乘客的反映进行综合评价；客观评价就是按要求用试验装置和仪器测出各评价指标的结果进行评价，最好用同类车的对比试验结果进行评价，但这很不容易，通常只用备选车型资料提供的数据进行评价。

在有条件情况下，最好对备选车型进行试用，以自己的亲身感受来评价汽车，自己满意就好，不要人云亦云。

3）调研价格。询问价格是市场调研的一个重要内容。一般来说，都希望购买性能优越、质量可靠而又价格低廉的汽车。但性能和质量好的汽车，价格自然高些。不过在汽车销售竞争非常激烈的今天，多跑几家汽车经销商，还是能选到合适价格的。

您知道吗？

购车的价格与购车的时机有很大关系，有时车刚买不久，就大跌几千元甚至上万元，这就是购车的时机不佳。但这是一个相当微妙的问题，市场调研时一定要注意。例如，在新旧年份交替之际，库存车通常要被清出，售价较为便宜；同类车中，新车型推出后，旧车型容易跌价；若准备购买进口车，则要随时注意汇率的变化及关税的税率，这两项因素将直接影响车价的涨跌幅度。

市场调研后，对备选车型进行综合评估，选定性价比高的车型作为购置对象。

22. 如何选择汽车经销商？

选择经销商是十分重要的事情，因为目前经销商普遍实行"4S"的售车方式，即整车销售、零配件供应、售后服务、信息反馈为一体的服务方式，这关系到将来的售后服务。同一城市通常有多家经销同一车型的经销商，选择信誉较好的经销商可以获得较好的售后服务，这为日后使用汽车省去了很多麻烦。建议到有一定规模的经销商或专卖店选车，因为上牌及售后服务都有一定的保障。不论商家采取何种销售策略，注重质量和售后服务才是关键。经销商的服务质量和保修水平是购车者应该重点考虑的因素，不要只接受最低报价，如果能提供较好的售后服务，价格略贵也是值得的。购车者可通过朋友推荐的方式或从经销商接待方式以及承诺买车后将可获得什么服务的情况去选择自己认为合适的经销商。

三、新车选购方法

1. 如何检查汽车外表？

环绕汽车一周仔细检查（图1-30），确定选定的汽车与样车是否一样。查看车身颜色是否是预先选定的颜色，是金属漆还是普通漆，查看外部油漆颜色是否均匀一致，不要让脏物或灰尘遮住残损处，有无划痕、掉漆、开裂、起泡、锈蚀及修补的痕迹等；检查各灯光信号设施是否齐全、有无损伤，塑料件有无裂纹，前、后风窗玻璃有无破损。

检查车身外表的接缝，将每个车门、发动机盖和后厢门都打开、关闭几次，然后检查车身各个部分接缝是否均匀。装配良好的车体：两侧对应的缝隙如车门处（图1-31）、发动机舱盖处（图1-32），一定会均匀而不过大；各灯组与车体的接缝（图1-33）会很均匀而较紧密；车门、保险杠、发动机舱盖处的缝隙基本一致；各对应位置接缝的宽窄给人的感觉应完全一样。

图1-30 环视检查　　　　图1-31 车门缝隙检查

提示：最好还能趴在地上仔细观察车底部件是否有油渍，是否存在漏油现象，是否有刮蹭痕迹或生锈状况。

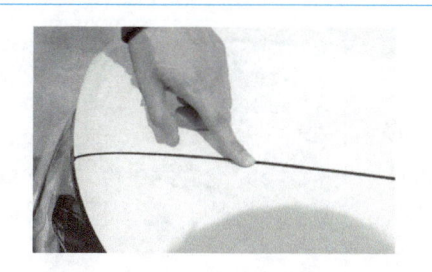

图 1-32 发动机舱盖处缝隙检查

图 1-33 灯组与车体接缝检查

2. 如何检查车门的开与关？

分别拉开 4 个车门（图 1-34），检查对应的左右两个车门开门力度是否相同，各阻尼段的阻力是否相同，然后看车门是否有下垂现象，将车门慢慢打开到推不动的位置，感觉限位开关是否起作用；分别把各车门拉开较小的角度，然后轻轻关闭车门，听关门声音是否有尖锐的撞击声，有撞击声说明阻尼和密封不好。

检查各车门密封条。用手轻捋各车门上的橡胶密封条（图 1-35），查看有无破损，装配是否完好。用力关闭车门，听声音，有沉重感的说明密封很好。

图 1-34 检查各车门

检查行李舱门。看看行李舱门开合（图 1-36）是否顺畅，锁止是否正常。

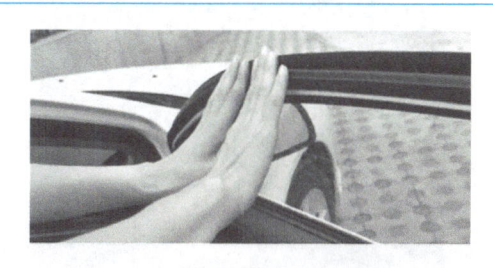

图 1-35 检查车门密封条

图 1-36 检查行李舱门

3. 如何检查车轮和轮胎？

查看轮胎（图1-37）胎面是否新净，轮胎的毛刺是否有过多的磨损，若轮胎上的橡胶小刺磨完看不到，则汽车绝对行驶在百公里以上。检查轮胎、备胎规格是否相同、胎压是否合适。检查车轮轮辋表面是否有刮伤的痕迹，查看轮毂是否干净、完美，有无凹陷、划痕。

图1-37 轮胎的检查

4. 如何检查汽车的遥控钥匙？

遥控钥匙是指不用把钥匙插入锁孔就可以远距离开门和锁门的钥匙。检查时，在拉开车门前，先逐一试用遥控钥匙的各项功能：锁车、解锁、寻车、遥控开启行李舱等。配备了无钥匙进入的车型还可试一试感应钥匙是否可用，以及咨询一下无钥匙进入的相关使用方法及注意事项。

5. 怎样检查车内设施的完好性？

进入乘员舱内，首先环视整体装配是否规整到位，然后再仔细检查内饰是否有污渍或者使用痕迹。对于上下车经常会蹭到的部位进行着重检查，如果这些地方比较脏则可能是别人挑剩下的或者有问题调整过的车。同时应检查所有饰面是否含有破损的地方，如中控台、座椅、车顶（图1-38）、车地面等。遮阳板及其化妆镜（图1-39）也应打开检查一下是否有破损。

图1-38 检查车顶　　　图1-39 检查遮阳板及其化妆镜

车内各装饰件安装应牢固可靠，内顶篷不能有松脱现象，车身与内饰板之间是用卡子连接的，用手指轻轻往外拉内饰板的边缘（图1-40），看卡子是否安装牢固。门窗及前后风窗玻璃密封应良好，玻璃无裂纹破损等。

检查仪表台（图1-41）整体是否整洁，表面不能有划痕和污迹。检查中控各部分按键是否可靠无损，逐一按动中控台上的按钮，感受按键手感是否一致，是否存在按不动或者按钮松动的情况。

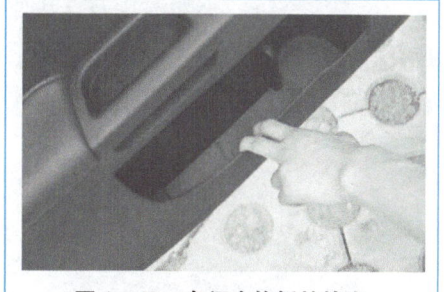

图1-40　车门内饰板的检查

检查中控台。用手轻敲中控台（图1-42）等地方的内饰塑料覆盖件，查听是否有由于安装不好而产生松旷振动的声音。仪表台装配应牢固工整，接缝均匀，没有歪斜损坏现象。

图1-41　仪表台

图1-42　检查中控台

检查座椅。座椅（图1-43）表面应清洁、完好，椅面软硬适中，乘坐舒适，不应有异物感影响乘坐。在座椅上进行前后晃悠、用力下坐检查，应无松动感和异响。

若座椅可以进行多方向调节，应进行调整测试（图1-44），必须能够达到各个方向的限位点；若座椅可以放倒一定角度，应进行角度的调整测试；若头枕可调，也应调整检查。座椅的所有调整，其过程应平顺、无异响。若后座可以进行折叠（图1-45），则应检查其折叠效果。

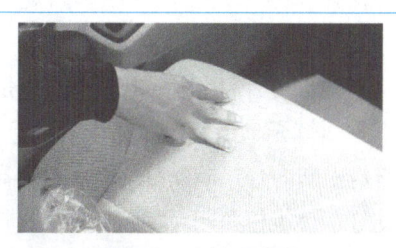

图1-43　检查座椅

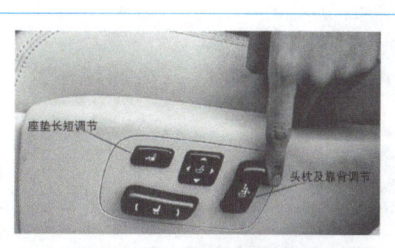

图1-44　座椅调整测试

检查安全带。坐在前排及后排座位上,检查每一条安全带(图1-46),其拉开、自动回收、锁止功能应正常,用手能特别迅速的拉动安全带,并平稳顺畅,在紧急情况下,安全带应具有预紧的能力。

图1-45 检查座椅的折叠效果　　图1-46 检查安全带

检查储物盒。查看各储物盒(图1-47)、杂物箱等能否正常开合,有无破损。
检查里程表。插上钥匙,打开点火开关,在汽车静止状态下查看新车里程表(图1-48),注意其里程,一般不应超过50km。提车时如果由您挑选,一定要选择行驶里程少,出厂日期短的车。因为时间、里程越长,汽车存在问题的风险就越大。

图1-47 检查储物盒　　图1-48 检查里程表

6. 怎样检查电气系统?

(1) **检查灯光系统** 灯光检查时,一般需要两人协作进行,一人在车内开灯操作;另一人在车外或车内观察车辆灯光是否正常点亮。

打开各种灯组(图1-49),依次检查各项灯光,示宽灯、近光灯、远光灯、雾灯、转向灯、制动灯、倒车灯、高位制动灯、仪表板照明、车门灯、阅读灯、化妆灯、杂物箱照明灯、行李舱照明灯等。

图1-49 检查灯光系统

(2) 检查音响系统 首先查看 CD、收音机、AUX 接口等音源是否正常（图 1-50）；然后进行音量调节，来感觉各种音效调节是否正常，最后把声音开大，查听喇叭是否有破音。

图 1-50 检查音响系统

(3) 检查空调系统 在发动机工作时，检查空调系统（图 1-51）。查看空调制冷、制热、送风是否正常，空调噪声、振动是否过大，对发动机怠速影响如何。

(4) 检查电动后视镜 在驾驶座上可检查电动后视镜的调节，先选择 R（右后视镜）或 L（左后视镜）调节按钮（图 1-52），再按上下左右调节相应后视镜位置。调节时，电动后视镜必须能上下左右地灵活运动。另外，各后视镜中景物图像应清晰。

图 1-51 检查空调系统

图 1-52 检查电动后视镜

(5) 检查喇叭 按喇叭按钮，听声音是否响亮，声响是否正常。

(6) 检查刮水器 检查刮水器（图 1-53）的喷水、刮水功能。喷一些水给风窗玻璃，让刮水器刮水，看各档位下的速度是否变化，刮水器运行是否流畅。若发现刮水器异响或刮水不清，则要求 4S 店调换。

图 1-53 检查刮水器功能

(7) 检查电动车窗和天窗　首先检查车窗的升降功能，逐一检查每个车窗的升起、落下，注意查听有无异响，工作是否正常；然后查看按钮（图1-54）是否牢靠；对于有电动防夹手功能的汽车，还要检查车窗电动防夹手功能，此时可把一矿泉水瓶放在窗框上沿进行试验，正常情况下水瓶被压缩一部分后车窗应马上转向下运行。

对于有天窗的汽车，一定别忘记检查天窗（图1-55）的开和关是否正常，有无异响。

图1-54　检查车窗升降功能图

图1-55　检查天窗的开和关

7. 怎样检查发动机舱和行李舱？

(1) 检查发动机舱　打开发动机舱盖，看整个机舱（图1-56）是否干净整洁，有无油污。如果很脏，而且有油污渗漏的痕迹，该车就有问题。正常时发动机舱应该整洁没有油渍，不能有湿润的沾灰现象。

查看发动机油是否正常。检查时让发动机工作3min后熄火，稍等一下拉出油尺，检查机油油位是否合适。用纸巾擦拭机油尺，观察机油是否清亮，若机油发黑并带有杂质，则车辆可能是库存车甚至是试驾车。

图1-56　检查发动机舱

图1-57　检查液面位置

查看发动机机舱内的制动液、转向液、冷却液等的位置是否合适，是否在规定的标准范围（图1-57），过高或过低都是不利的。

(2) 检查行李舱　打开行李舱检查备胎和随车工具等。看备胎的尺寸规格及品牌，看是否全新、完好，气压是否正常。检查随车工具是否齐全，应予以点清。其三角指示牌、千斤顶等工具是否完备可用。

8. 怎样检查发动机性能和响声？

打开发动机舱盖支起，将变速器置空档，拉紧驻车制动，接通点火开关，起动发动机。检查发动机运转状况，正常时应轻快、连续、平稳而无杂音、异响且振动较小。轻踩加速踏板，发动机转速应是连续、平稳地提升；急踩加速踏板，检查发动机的加速性能，观察发动机转速变化的响应情况，正常时转速上升较快；松开加速踏板，检查发动机怠速，正常时发动机连续稳定运转而无异响。

发动机舱盖复位，关好车门，让发动机停车运转。将双手放在转向盘和变速杆位置，分别在怠速和深踏加速踏板状态下感觉发动机带来的抖动是否正常，传入乘员舱内的声音是否太大；开启空调，观察发动机运转是否平稳，声音是否正常；观察各种仪表及报警装置工作是否正常；最后观察发动机排气管的烟色是否正常等。

发动机运转检查的重点是发动机的运转声音，最好有几辆车比较一下，因为发动机是一个装配很精密的机器，装配或调整稍有微小出入就会在声音等方面反映出来。

提示：在实际提车时，只要发动机运转平顺无异响，没有不规则频率的噪声，如摩擦声、敲缸声等，则可基本判定发动机没问题。

9. 怎样路试检查汽车性能？

购买者可将汽车开出试驾，进行路试检查。汽车路试时，应在起步、换档、空档、加速、减速、匀速、怠速、转弯、制动、滑行等各种工况下进行路试，在不同的车速（30km/h、60km/h、80km/h）下路试。通过路试驾驶可以查看汽车的总体性能，如加速性、操纵稳定性、行驶平顺性、乘坐舒适性、制动性是否良好，查看汽车上的各种装备工作是否正常等。

通过路试，可检查汽车静态时不能检查的项目，如转向、换档、踩踏板等。转向盘应转动自如，上下无抖动现象，转向自由行程符合要求；变速器换档应

63

轻便灵活，档位准确，不脱档、不乱档、无异响，连续换档流畅；加速踏板应灵敏，制动/离合器踏板应脚感舒适、软硬适中，且行程适当、自由行程符合要求，各踏板在整个行程中应平稳顺畅、无异响。

路试时要特别注意观察和倾听行车中有无异响、异常，以及仪表有无报警信息。停车后观察有无滴油、渗油（包括燃油、润滑油、制动液等）、漏水（冷却液、电解液等）、漏气等现象。

提示：路试时，若发动机无异常响声，车内无明显振动和噪声，仪表工作正常，加速轻快有力，操控敏捷稳准，制动反应迅速，乘坐平稳舒适，则说明汽车性能良好。

四、二手车选购指南

1. 为什么买二手车？

如果您是驾车新手或经济实力有限,但您又实在想拥有一部自己的汽车,实现自己的汽车梦,则您很可能会购买二手车。因为购买二手车具有下述优势。

(1) 经济实惠　二手车一般都不是时下车市最新的车型,一般都要落后两年以上,同一品牌同一车型的二手车,晚买一两年,就可以节省几千元甚至几万元。若购车者经济不是很宽裕,买车只是为了代步,买二手车经济实惠。

(2) 折价率低　任何一辆汽车,只要在车管所登记落地后,不管您用还是不用,或者您用多还是用少,它每一年的价值都在不断下降。一般来说,第一年要贬值30%,以后每年要贬值15%,3年后贬值可达60%。越是高档车折价率会越大,高档车每年折价会高达1万多元。如果是买二手车,就相当于别人在给自己的折价率埋单,因此其价格优惠、便宜。

(3) 适合新手　现在不少买车人都是新手,通常被戏称为"马路杀手",由于驾车经验、驾驶技术不足,在路上难免会刮刮碰碰,如果是新车碰一下就需喷漆、维护,累加起来这也是不小的一笔费用。而二手车,即使发生刮碰,只要无伤大雅,就能将就使用,维护费用较少,这非常适用学驾驶技术的新手。

(4) 选择余地大　经济不宽裕的人想买台新车,仅有的钱未必能买到称心如意的新车。但如果转为买二手车,不多的钱也可以选择不少好的车型,其选择的空间和余地要比选购新车大得多。和新车相比,可以买到级别更高的车,如有8万元想买12万元的车就可以选择二手车。

2. 二手车购买的原则是什么？

与新车相比，二手车最大的不同之处当然是它已经使用了一段时间，或多或少地存在一些不足。因此，购买二手车必须谨慎，应遵循下列原则。

（1）交易应合法　要到正规的二手车交易市场，与合法的二手车经销商交易。通常，正规二手车交易市场的车辆手续齐全，能有效防止来历不明的车辆进入市场。买车时，二手车经销商能提供所购买汽车的各项证明材料，办理合法的交易手续，并签订买车过户合同。

在正规的二手车交易市场，若买方购买的车辆如因卖方隐瞒和欺诈不能办理转移登记，则卖方能无条件接受退车，并退还购车款等费用。

（2）价格优势应明显　二手车之所以受到人们的喜爱，主要就是其价格在同类商品中是低廉的。如果二手车没有明显的价格低廉优势，则将失去购买二手车的意义。因此，购买的二手车价格应相对较低。不过物有所值的二手车其价格是有底线的，而价格过低的二手车可能会使您买得不安心。

（3）质量性能应适中　二手车质量性能应适中，尽可能做到即买即用。汽车发动机、制动系统、转向系统、车身或车架等部件不能有缺陷或破损，这不但关系到汽车未来的维修费用，还直接关系到汽车行驶的安全和可靠性能。但由于车价低，因此对二手车质量性能不能过于苛求。

（4）问题应清楚　每辆二手车都有其作为二手车的原因，要么车型过时，要么性能低劣，要么有安全隐患，要么是事故车操纵稳定性差等。购买者对所选二手车主要存在的实质问题应非常清楚，而且要权衡日后解决问题所付出的代价。若代价过高，则失去购买二手车的意义。

提示：所有的二手车都相对便宜，但所有的二手车都存在问题，购买者一定要找到实质问题。

3. 哪些二手车坚决不能买？

买二手车主要是为了便宜、实用。但买不好，可能会带来后患，有些二手车是坚决不能买的。

（1）停产公司的车辆不能买　汽车公司停产后，尽管原车多数还是能够买到配件，但数量少，价格贵，如果是进口汽车，则费用更是高得惊人，会给车主带来非常大的开销，这严重违背了买二手车图实惠的初衷。因此，停产公司的车辆不能买，哪怕价格非常低廉。

(2) 来历不正当的车辆不能买　来历不正当的车辆，再便宜也不能买。若买了盗窃的车辆，难免有销赃之嫌，甚至同法律脱不了干系；若买了无任何手续的非法拼装车，则入不了车籍，会在经济上蒙受重大损失。

(3) 使用时间较长的车辆不能买　车辆使用时间越长，磨损越严重，当达到某一数值，汽车的寿命就走到了尽头。任何汽车一经投入使用，其性能和价值会随着时间的延长而逐渐降低，而维修费用则逐年增加。车型老旧，使用时间长，性能低劣，物料超耗严重，维修费用高的车辆，使用不经济而且不安全，这类车可能即将报废，坚决不能买。

(4) 排放超标的车辆不能买　国家对环境保护的要求越来越高，因而汽车的排放标准会越来越严，对于大城市来说，排放超标的车辆根本不能上路，故排放超标的车辆不能买。

(5) 出过重大事故的车辆不能买　车辆出了如撞车、翻车等重大事故后，汽车车身变形、部件损坏一般来说都是相当严重的。这种汽车即使修复，但其操纵性、稳定性和舒适性由于其根基的破坏却不能与原来相比，往往带有行车隐患，因此出了重大事故的车辆不能买。但这种车，车主不会说明，全靠购买者慧眼识别。有的车外表非常好看，品牌也不错，其价格可压得很低，则该车可能有出重大事故之嫌。

(6) 无售后服务的车辆不能买　二手车故障相对较多，若无售后服务，则日后会给用户带来较大的麻烦，因此对于无售后服务的二手车不能买。现在的二手车售后服务体系已有不少的改善，不少二手车经销商都向买方提供售后服务承诺，并有指定的4S店进行售后维修服务。

4. 为什么买保值率高的二手车？

随着汽车市场的火爆，人们换车频率不断加快，车市价格波动变得频繁，车价往往很快就会贬值，保值率越高则贬值越少。对于二手车的消费者来说，主要是驾驶新手和经济状况暂时不宽裕的两种人。对于驾驶新手，只想用二手车练手，等驾驶技术提高后会卖掉二手车，因此希望所买的二手车保值率高而贬值少；对于经济状况暂时不宽俗的二手车消费者，往往会考虑经济好转时，享受和体验驾驶新车的乐趣，也希望买保值率高的二手车。

5. 哪些二手车的保值率比较高？

二手车的保值率与品牌、车型、保有量有关。一般来说，品牌知名度越高的车型越保值。日系车普遍保值率较高，其故障较少、油耗较低、保养便宜，代表品牌有丰田、本田；欧美车系保值率也较高，这类车经久耐用、使用寿命长、安全系数高、实用性强，代表品牌有大众、别克；品牌认同率不高的车型，保值率较低，代表品牌有现代、起亚。对于同型车来说，低配比高配保值、低排量比高排量保值，而跑车、高档豪华车、个性车型保值率很低。保有量大的热销车型，因其性能稳定、可靠性高、维修费用低而保值率高，品牌有大众、标致；而小众车型因受用人群少保值率较低，另外自主品牌车辆随着使用年限的增加其小毛病经常不断，后期维修保养费用较高，因此其保值率也较低。

提示： 二手车保值率高的车型一般都是日系和欧美车系的合资车型，真正进口品牌车型的二手车保值率也不高。

6. 怎样估算二手车的价值？

二手车的价值就是汽车作为二手车卖时的残值。在使用条件一定时，汽车的残值与行驶里程紧密相关。汽车行驶里程越长，则汽车的实体磨损就越大，汽车的残值就越少，汽车的价值就越低。因此，可通过汽车行驶里程来样估算二手车的价值。常用的方法是分段残值评估法，也称"54321法"。该法是将一部车的有效寿命分为5段，每段价值依序为新车价的5/15、4/15、3/15、2/15、1/15。估算实例：设某新车的有效寿命为30万km，将其分为5段，每段6万km，新车价10万元，已行驶12万km，那么该车此时的价值大体是10×（3+2+1）÷15＝4万元。估算时如果怀疑里程表不准，则可以利用"使用年数×年均行驶里程"计算二手车的行驶里程，非营运车年均行驶里程为2.5万km左右，营运车（如出租车）年均行驶里程为18万km左右。

提示： 二手车的价值其实不仅与行驶里程有关，还受很多因素影响。不同类型、不同档次、不同厂家甚至不同颜色的二手车的价值都是不同的。另外，汽车的使用强度、维护条件、驾驶方法也会改变二手车的价值。因此，对其计算的价值应根据实际车况和上述条件进行修正。

7. 怎样检查二手车外表？

(1) **查看整车外观** 在离车稍远的位置（3~5m）仔细观察整车的外观状况。观察车身的左右高度是否一样（图1-58），如果不同，则说明汽车的基础件可能遭到破坏，如车身、车架、悬架系统损坏，也许是重大事故车。

(2) **查看车身油漆** 检查车身表面漆色或厚度（图1-59）是否一致，是否重新喷过漆。如发现某一部分漆色或厚度与周围不相吻合，或显现出细微的圈状刮痕，多是受过损伤后经重新喷涂美容所致；若车漆表面看上去如同微微的波浪一样凹凸不平，则可能是补漆所致，说明该车有大面积撞伤部位，补腻子面积比较大，人工打磨腻子难以平整；任何新的油漆都说明掩盖了不想让人知道的缺陷，注意补漆处的颜色偏差以及橡胶密封件边缘处的油漆残渣，行驶里程较少且油漆很新的汽车不少是曾出过事故或车身经过大修的；若油漆表面有龟裂，则该车要么发生过撞车事故，要么已使用了大约10年。可以看出，车身油漆是反映二手车新旧程度的明显标志。

图1-58 观察车身左右高度

图1-59 看车身油漆

(3) **查看车身细节** 检查左右前照灯罩、转向灯罩、雾灯罩以及发动机舱盖前面的新旧程度（图1-60）、外壳颜色是否一致，若不一致，说明这些部件曾经因为撞车而更换过。检查车身钣金是否平整，有无敲打整平修补痕迹，如有钣金修理迹象，则该车可能发生过碰伤，或者是车祸。检查发动机舱盖、车门与车身的间隙是否均匀。若不均匀，间隙有过大或过小处，则说明车身基础件有严重变形，或发动机舱盖、车门处被撞变形。另外，前照灯、尾灯与车身之间的接缝应是平

图1-60 查看车身细节

滑的，否则可能是事故车。

(4) 查看车门关开　动手开关所有车门，将车门（图 1 - 61）开启到 45° ~ 60°，并以正常用力关门，观察车门是否能够关严，声音大小是否相同。变形严重的车或事故车，其车门关、开费力，且关不严、有异响。

(5) 查看汽车轮胎　检查轮胎的磨损现象和磨损程度（图 1 - 62）。轮胎的磨损现象可以反映汽车的部分技术状况，轮胎磨损异常，如轮胎外侧或内侧磨损过快，则说明前轮的外倾角不正常或后轮承载系统有问题；胎冠出现羽片状磨损，则说明车轮的前束不正常；轮胎胎面局部出现磨光的斑点即秃点，则说明车轮动不平衡；轮胎胎冠上一侧产生扇形磨损，则由轮胎长期处于某一位置行驶而不换位或悬架变形导致位置不当所致；胎冠中部快速磨损，则为轮胎气压过高所致；胎冠两肩磨损过快，则为轮胎气压不足所致；若发现一侧轮胎磨损较小且正常，而另一侧轮胎磨损异常严重，则说明磨损异常车轮的轮毂轴承间隙、车轮的平衡有问题或者是悬架系统、车轮定位及转向节部件不正常，支承件变形。轮胎的磨损程度可以反映汽车的使用程度，若花纹磨平，边缘已全无棱角，说明轮胎使用时间较长，也说明原车主驾车的习惯粗野，这样不仅轮胎本身状况不佳，且透露出全车的整体状况可能不好。若是更换过的轮胎，则另当别论。

图 1 - 61　查看车门关开　　　　图 1 - 62　检查轮胎磨损程度

8. 怎样查看车身变形？

车身变形是碰撞事故车的典型特征，查看车身变形可避免买到重大事故车。车身变形后容易导致车身左右两边不对称，两边轴距不相等。据此，可检查车身是否变形。

图 1 - 63　检查轴距

(1) **检查轴距** 用卷尺分别测量两边轴距（图1-63），对比其长度，若差值较大（>5mm），则说明车身基础件变形严重。

(2) **检查发动机舱对角线** 发动机舱盖掀起后，用卷尺分别测量其对角线（图1-64），对比其长度，若差值较大（>5mm），则说明车身基础件变形严重。

(3) **检查风窗玻璃框对角线** 用卷尺分别测量风窗玻璃框对角线（图1-64），对比其长度，若差值较大（>5mm），则说明车身变形严重。

(4) **检查两侧车门对角线** 用卷尺分别测量左右两边车门框对角线（图1-65），对比两侧车门框其相应对角线的长度，若差值较大（>5mm），则说明车身变形严重。

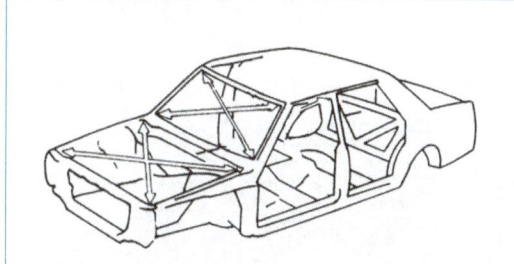

图1-64 检查发动机舱和风窗玻璃框对角线 　　图1-65 检查左右两侧车门框对角线

9. 怎样检查二手车内部设施？

(1) **检查座椅** 打开车门检查座椅（图1-66），看座椅是否下沉，座椅调节系统是否有效，座椅表面是否清洁、完好，无破损、划伤等现象。破损的、很脏的座椅等均意味着汽车已驶过了相当长的里程。若卖主提供了座椅套，务必察看一下原始的椅垫。

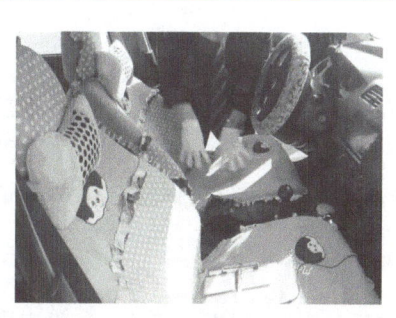

a) 检查驾驶座椅 　　b) 检查后座椅

图1-66 检查座椅

(2) **检查车内仪表** 查看仪表板上的各仪表、信号灯、控制铵钮（图

1-67），其工作应正常。仪表板内的线束如有胶带包裹、组合杂乱的现象，则表示仪表上有地方被修理过，对年份较新的汽车来讲，则属于不正常的现象。

(3) **检查车门、窗玻璃及内饰**　车门玻璃应升降自如，上升能到顶，下降能到底，侧窗开关应轻松自如，推拉顺当，密封良好。车门、车内的饰板应装卡到位，手推下去不应松脱。好的二手车，其车门和门框上的密封胶条应无破损或老化迹象（图1-68），密封状态良好，其胶条下的钣金也应完好如初。

图1-67　检查仪表

图1-68　检查内饰

(4) **检查转向盘**　对转向盘进行上下摇动（图1-69），检查是否有松动迹象，若松动则可能是主轴上部磨损；左右转动转向盘，检查转向盘自由转动量是否正常，若自由转动量过大，则可能转向盘使用频繁，应检查整个转向系统及横拉杆连接部分，区别排查。好的二手车，其转向盘上下不应有间隙，自由转动量适中，表面手感好。

(5) **检查控制踏板**　坐好后，手放在转向盘上，左脚踏离合器踏板，应感觉轻松自如，并有一小段自由行程；右脚踩下制动踏板不放（液压制动系统），其应保持一定高度，若其缓慢下移，则表示制动系统有泄漏现象；加速踏板不应有犯卡、沉重、不回位的现象，脚放在加速踏板上时，脚腕应自然舒适，这样才能保证长途驾驶不疲劳。

(6) **检查内部焊接及损伤**

1) 揭开车内地毯，查找车身内部是否藏有硬伤（图1-70）。机盖下的车架当然会有焊接点，但原来的焊接点平滑细小，后加的焊接点粗糙、不规则。车身或车架上的补焊点意味着该车曾出过事故或车身经过大修。有些翻修车水平较高，普通人看不出是原厂焊接还是翻新的，这时应请行家来帮忙查看。

图 1-69　检查转向盘　　　　图 1-70　查看车内地板

2）检查挡泥板的边缘以及车轴处，观察机件磨损情况；察看排气管外端，检查其陈旧或生锈程度。

3）掀起发动机舱盖，检查前端及前桥是否变形、有无碰撞痕迹，以防买到事故翻修车。

4）检查悬架系统。目检减振器，若减振器存在弯曲或严重的凹陷或刺孔，说明减振器损坏。用手压下车头（图 1-71）及车尾，然后迅速松手，此时若车辆的反弹次数超过两次，则说明减振器工作效能差。目检悬架弹簧是否有折断或损伤缺陷，检查悬架杆件连接处橡胶衬套是否老化或损坏，其连接部位间隙是否过大。

图 1-71　检查悬架

5）检查蓄电池。如电解液少，接线柱腐蚀或外壳破裂都说明平时维护不良。

(7) **检查各种电器**　检查前照灯、制动灯、转向灯、防雾灯、牌照灯、车厢灯、倒车灯等是否正常；喇叭是否响亮，声响是否正常；检查空调系统，收音机等是否都能正常工作。

(8) **检查泄漏情况**　查看地面上、发动机、底盘、变速器、主减速器及制动管路等有无漏油痕迹。如有漏油现象，则表示漏油部分的衬垫、油封失效。查看散热器、水管、发动机本体上有无漏水现象，任何地方漏水均表示不正常。

(9) **检查车厢密封性**　若场地设有试水装置，应驾车驶过淋水洗车区，考察车身密封性。淋水后，检查各密封件是否完好，检查时掀开地板垫，仔细查看车室内及行李舱内是否被淋湿，并注意车灯内是否蒙上了水雾。

10. 怎样检查二手车发动机技术状况？

二手车发动机技术状况与其环境、润滑、运转质量、各缸工作性能和排气烟色紧密相关。因此可从如下几个方面进行检查。

(1) 检查发动机环境　掀起发动机舱盖，查看发动机各油管、水管、线路是否老化，有无漏油漏水痕迹，但不要以为若干干净净就没有问题，越干净的发动机越是经过人工清理的，这些部位只要仔细检查，普通人也能看出问题。

(2) 检查机油情况　在冷车状态下，抽出机油尺（图1-72），用纸巾把机油尺头粘住的机油完全抹干净，并顺便看清机油尺的刻度（通常有MIN和MAX两个刻度），再把擦干净的机油尺插回去插到底。然后拔出机油尺观测末段的机油。若油位在MIN和MAX之间，则说明机油的油位正常；若机油透明，用拇指和食指沾少许机油进行捻油检查，两指拉开时有2~3mm的油丝，则说明机油的质量和黏度正常。若油位很低而无泄漏，则该发动机可能有机油上窜烧机油的现象；若机油捻起来又稀又脏且带浓汽油味，一则意味该车很久没换过机油，二则表明发动机燃烧不正常或活塞环密封不严而漏气，是须镗缸大修的信号；若机油上浮有水滴，则是气缸水套破裂的征候；若机油过浓且不透亮，表明发动机内曲轴等主要相对运动件有较严重的磨损；若机油过于浓稠而透亮，表示车主没有用对机油或是故意诈用浓机油来降低发动机的噪声，以蒙骗买客。

a) 抽出机油尺　　　　　　　　b) 擦净机油尺

c) 插回机油尺　　　　　　　　d) 抽出机油尺查看

图1-72　检查机油的油位

(3) 检查运转质量　将变速器置空档，拉紧驻车制动，接通点火开关，起动发动机，使发动机运转升温，在其升温过程中，注意倾听有无运转杂音，如有杂音，说明机件磨损过大。发动机温度正常后，检查发动机运转是否轻快，轻踩加速踏板，发动机转速能迅速提升者为好。检查发动机运转时有无杂音和异响，并且辨别来自何处。通常，可通过急踩加速踏板，使发动机转速变化来聆听响声，寻找声源，如活塞敲缸声、活塞销响、连杆轴承响、主轴承响都与转速变化有关。

（4）检查各缸工作　利用单缸断火法检查效果较好。先让加速踏板处在一定位置，使发动机稳定运转，然后轮流将各缸断火（汽油机）或断油（柴油机），使某缸不工作，来观察发动机的运转情况。若某缸断火或断油后，发动机转速下降，而且稳定性变差，则说明该缸工作正常；若某缸不工作后，对整个发动机似乎没有影响，则说明该气缸一定不工作，存在故障。利用这种方法还可以检查各缸引起的异响。

（5）检查排气烟色　起动发动机，待发动机温度升高正常运转时观察排气烟色。通常，正常的排气应是无色的；若排蓝烟，说明发动机有烧机油的嫌疑；若排白烟，除非是非常寒冷的冬天，否则说明排气中有水蒸气存在，可能是发动机气缸壁有裂缝或气缸垫密封不严，导致冷却液进入燃烧室；若排黑烟，说明发动机燃烧不完全，可能是燃油供给系统调整不当或有严重故障所致。排气烟色不好的汽车不能买，因为这会增加很多麻烦，且要付出额外的维修费，除非这是唯一重大缺点，而车主又愿负担维修费。

（6）试驾检查在上陡坡或加速踩加速踏板时，若发动机反应灵敏，运转平稳强劲有力，行车顺畅，且无异常声响，则说明发动机技术状况良好。若发动机加速时有沉闷迟钝、软绵无力的感觉，或排气管有放爆声，则说明点火系统、燃料供给系统有故障。

11. 怎样检查二手车传动系统？

传动系统用来传递汽车动力，汽车长期使用后，传动系统会磨损、变形而产生故障，并使传动效率下降。轿车传动系统常出故障的总成主要是离合器和变速器。对于二手车来说，传动系统的技术状况和故障可通过路试方法检查。

（1）检查汽车滑行性能　汽车的滑行性能通常用滑行距离来表示，而滑行距离是指汽车高速行驶摘档后，利用汽车具有的动能来行驶的距离。显然，汽车的滑行距离越长，说明传动系统的传动效率越高，总体技术状况越好。试驾时，汽车空载在水平路面上以初速30km/h摘档滑行，其滑行距离应满足表1-7的要求，否则说明传动系统技术状况不佳。

表1-7 车辆滑行距离要求

汽车整备质量 M/kg	单轴驱动车辆滑行距离/m	双轴驱动车辆滑行距离/m
$M<1000$	≥130	≥104
$1000 \leqslant M \leqslant 4000$	≥160	≥120
$4000<M \leqslant 5000$	≥180	≥144
$5000<M \leqslant 8000$	≥230	≥184
$8000<M \leqslant 11000$	≥250	≥200
$M>11000$	≥270	≥214

(2) 检查离合器　离合器最典型的故障是打滑和分离不彻底。离合器打滑的检查方法是，汽车静止时，分离离合器，起动发动机，拉紧驻车制动器，把变速器换入1档，缓抬离合器踏板使离合器逐渐接合，同时深踩加速踏板，若发动机无负荷感，汽车不能起步，发动机又不熄火，说明离合器打滑；汽车在行驶中，当深踩加速踏板后，若发动机转速提高而车速不变，则表明离合器打滑。

离合器分离不彻底的检查方法是：先将变速器处于空档位，使发动机运转，再踩下离合器踏板，将变速器挂入1档，看是否能平稳接合。若各齿轮能平稳啮合，则判定其工作状态良好；若换档困难并伴有齿轮撞击声，强行挂入档位后汽车前冲，发动机熄火，则说明离合器分离不彻底。

(3) 检查变速器　对于自动变速器，路试时，将变速杆拨至D位，踩下加速踏板，使节气门保持在1/2开度左右，让汽车起步加速，检查自动变速器的升档情况。自动变速器在升档时发动机会有瞬时的转速下降，同时车身有轻微的冲击。自动变速器工作正常时，汽车起步后随着车速的升高，乘员能感觉自动变速器顺利地依次由最低档升至最高档。若自动变速器不能升至高档（3档或超速档），则说明自动变速器电控制系统或换档执行元件有故障。路试时，还应进行换档质量的检查，主要是检查换档时有无换档冲击。正常的自动变速器只能有不太明显的换档冲击，特别是电子控制自动变速器的换档冲击应十分微弱。若换档冲击太大，说明自动变速器的控制系统或换档执行元件有故障，其原因可能是油路油压过高或换档执行元件打滑。当发动机转速在非换档时有突然升速现象，则说明换档执行元件打滑。

手动变速器常见的故障有跳档、换档困难和异响等。路试时，跳档的检查方法是，汽车在中、高速行驶时，采用突然加、减速的方法，使齿轮承受较大的交变负荷，检查是否跳档；或利用汽车上坡或平路高速行驶时的点制动，使变速器传递较大的负荷，检查是否跳档。逐档进行路试，若变速杆在某档自动跳回空档，即诊断该档跳档。换档困难的检查方法是，在确定离合器工作正常的情况下，起动发动机进行汽车起步和路试的换档试验，由低速顺序换到高档位，再由高速顺序换至低档位。若某档位不能挂入或勉强挂入后又难以退出，或挂档过程中有齿轮撞击声，则说明该档位换档困难。路试时，若变速器发出不正常的响声，如"呼隆、呼隆"声及尖锐、清脆的金属撞击声，则说明变速器的轴承磨损松旷、齿轮啮合失常或润滑不良。

提示：自动变速器性能差和手动变速器有故障的汽车不能买，因为其日后需要维修的费用太高。

12. 怎样检查二手车制动系统？

二手车制动系统是行车安全的关键部分，对其检查应更加重视。

（1）**行车制动检查** 在良好路面直线行驶，以不同的车速进行紧急制动，制动踏板力应正常，制动效果应较好，制动距离应符合验车要求，且确保没有制动跑偏和制动侧滑现象。如果汽车配置有 ABS，可以试着以 40km/h 的速度紧急制动，观察制动过程中发生的现象：若 ABS 正常，则制动效果会更好，制动距离会更短；若 ABS 存在故障，则制动时车轮会抱死，轮胎在路面会留下拖印痕迹。

提示：试驾时若汽车制动失效、制动失灵、制动跑偏、制动侧滑，则这种二手车坚决不能买。

（2）**驻车制动检查** 在坡路上停车并进行驻车制动，汽车不应有溜车现象。若出现溜车，则说明驻车制动有故障。

13. 怎样检查二手车转向系统？

汽车的方向控制是高速行车的生命线，因此对二手车的转向系统要严格检查，方法如下。

（1）**检查转向系统连接状况** 用两手握住转向盘，采用上、下、左、右方向摇动，此时应无松旷感。若很松，说明转向传动连接机构松旷或有螺母脱落现象，很危险。

（2）**检查转向盘自由转动量** 将车辆停放在平坦路面上，左右转动转向盘，从中间位置向左或向右时，转向盘自由转动量要合适，最大自由转动量从中间位置向左或向右均不得大于 10°（最大设计车速大于或等于 100km/h 的机动车）或 15°（最大设计车速小于 100km/h 的机动车）。转向盘自由转动量是转向系统各部件配合间隙的总反映，当自由转动量超过规定值时，说明从转向盘至转向轮的传动链中一处或几处的配合松旷，存在故障。自由转动量过大的汽车转向不灵敏，对行车安全的威胁较大。

（3）检查转向状况　试驾时在道路上行驶，转动转向盘进行转向测试，汽车转向应轻便灵活，转向后应能自动回正，汽车直线行驶不能有跑偏现象，否则汽车转向系统可能存在故障，或车身变形以及前轮定位参数不正确。

（4）检查动力转向　停车和行车时进行大转角转向测试，转向较轻便且无噪声为正常。若感到转向异常沉重或有较大的噪声，则动力转向可能有故障。

14. 怎样检查二手车行驶系统？

（1）直线行驶检查　试驾时转向盘居中，将车开到空旷平路，若汽车行驶时，不能保持直线方向，而自动偏向一边，则可能是前轮定位不良，或左右轴距相差过大、推力角过大，或前梁、车身及转向节弯曲变形。

（2）变换车速检查　尽可能频繁地变换车速，察看在加速与减速时车辆的反应。若车速一高，车身与转向盘就抖动，那就很糟糕，可能是传动轴动不平衡，或前轮动不平衡，或悬架不良。若汽车在某一车速范围内行驶，出现两前轮各自围绕主销轴线摆振，感到转向盘发抖、行驶不稳定，则可能是前轮定位不佳，或车轮变形、前轮的径向圆跳动量和轴向圆跳动量过大、车轮动不平衡，或前悬架杆件及万向节变形，或万向节球销及纵横拉杆球销等连接处松旷。

（3）在不平路面检查　试驾时将车开到较差路面上，高速行驶，感觉汽车的振动程度。若车身振动较大，说明悬架减振性能不良，或轮胎的缓冲展平及减振能力太差。

15. 怎样检查二手车的乘坐舒适性？

二手车的乘坐舒适性主要是根据购买者的主观感受判断。购买者可通过乘坐、试驾来感受。

（1）静态感受　购买者坐在驾驶座上感觉乘坐是否舒适，视野是否开阔，车内色彩、布局、光线是否宜人，内饰是否赏心悦目。

（2）操作感受　购买者试驾时进行操作，根据各操作系统使用时是否顺手方便、轻松愉快、自动化程度高、不易产生误操作等来感受体验。

（3）动态感受　试驾时，可将汽车行驶在凸凹不平的路面上行驶试车，若车身振动迅速衰减，车内噪声较小，则乘坐舒适性好。若汽车振动大，则乘坐舒适性差，可能是减振器不良或损坏，或悬架弹性元件损坏。

2

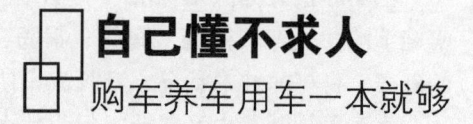

自己懂不求人
购车养车用车一本就够

养车篇

朋友,您若拥有汽车,您一定想精心养护它,希望它总是驾乘舒适、安全可靠、省心省钱、靓丽如新。怎样才能让自己做到懂车不求人?本篇愿作为您的养车顾问,从汽车的养护基础入手,到汽车美容、汽车装饰、汽车维护、汽车用品选购等方面为您解答问题。

一、汽车养护基础知识

1. 什么是汽车养护？为什么要养护？

汽车养护又称汽车保养、汽车维护。汽车保养是行业的俗称，是指对车辆实施清洁、检查、补给、润滑、紧固、调整等作业内容，是保证汽车具有靓丽的外表、良好的技术状况、延长汽车使用寿命的技术性工作。

汽车养护既费力又费钱，但为什么一定要经常对汽车进行养护呢？

汽车在使用过程中，会受到各种各样外界运行条件的影响、内部工作压力的作用以及自然因素的侵蚀，无论您如何精心爱护，汽车都会随着使用年数的增长，行驶里程的增加，其技术状况会逐渐变坏：车身会失去昔日的光泽，紧固的各部件会产生松动，各部配合间隙会因磨损而增大，车上的机油、变速器油、冷却液等各种车用保护液，会结焦、结垢、变质、失效，而这些车用保护液就如同人体的血液一样，直接为汽车的各部位提供着必要的"营养"，如不及时更换，则会影响汽车的正常工作，甚至导致严重事故。因此，必须采取一系列维护措施，适时地对汽车进行维护，如经常地清洁车身，去污上光打蜡；定期地更换各种车用保护液；定期地加注润滑脂；定期地检查调整各部紧固件和配合间隙等。

只有经常养护汽车，才能保证汽车始终处于技术完好状态，延长汽车使用寿命。可以说，注重维护是您的爱车长葆青春的最佳办法。如果平时不维护，等坏了再修，其结果只能是误事、误时、费车、费钱。

2. 汽车养护分哪几个级别？

我国的汽车维护制度将车辆的维护分为日常维护、一级维护、二级维护。除此之外，还有走合期维护和季节性维护。

日常维护是日常性作业，由驾驶人负责执行。日常维护属于预防性维护作业，是各级维护的基础，驾驶人在出车前、行车中、收车后必须对车辆进行检视维护。日常维护的中心内容是清洁、补给和安全检视。日常维护的目的是发现隐患，确保汽车具有安全行驶的能力以及清洁美观。

一级维护是由专业维修工负责执行。当汽车行驶达到一级维护周期时，对汽车应进行强制性的一级维护。一级维护的中心内容除日常维护作业外，以清洁、润滑、紧固为主，并检查有关制动、操纵等安全部件，同时还应有严格的过程检验和竣工检验。汽车一级维护的目的是使汽车继续保持良好的技术状况（尤其是安全性能），减少磨损，确保机件的正常运行。

二级维护是由专业维修工负责执行。当汽车行驶达到二级维护周期时，对汽车应进行强制性的二级维护。二级维护前，对汽车要进行检测，其检测结果既可确定二级维护附加作业，也可作为签订维护合同的依据之一。二级维护的中心内容除一级维护作业外，以检查、调整为主，并拆检轮胎，进行轮胎换位，视需要进行一些附加作业，同时还应有严格的过程检验和竣工检验。汽车二级维护的目的是维持汽车各总成、部件具有良好的工作性能，确保汽车行驶的安全性、动力性和经济性。

走合期维护是指汽车在走合期内对汽车进行的维护，一般分为走合前、走合中和走合后的维护。走合后期的维护通常结合二级维护一并进行。

季节性维护是指汽车进入夏、冬季运行，在季节变换之前对汽车进行的维护，使汽车很好地适应变化了的运行条件。季节性维护通常结合定期维护一并进行。

3. 汽车养护的要求有哪些？

汽车养护的目的是保持车容整洁，及时发现和消除故障、隐患，防止车辆早期损坏，养护后使车辆达到下列要求。

1) 车辆经常处于良好的技术状况，随时可以出车，提高车辆的完好率。
2) 在合理使用的条件下，不致因中途损坏而停车，不致因机件事故而影响行车安全。
3) 在运行过程中，降低燃、润料以及配件和轮胎的消耗。
4) 减少车辆噪声和排放污染物对环境的污染。
5) 各部总成的技术状况尽量保持均衡，以延长汽车大修间隔里程。
6) 保持车身靓丽、美观。

4. 汽车何时需要养护？

汽车养护是一种预防性工作，它应在汽车性能下降或故障、隐患发生之前进行，这样可做到防患于未然。同时汽车养护也是一种强制性工作，汽车一经行驶到规定的养护周期，必须按计划强制养护。强制养护是在计划预防维护的基础上进行的，强制的目的是进一步强调养护的重要性，防止盲目追求眼前利益，忽视及时养护，造成汽车技术状况急剧变化和事故不断的现象发生。因此，汽车使用到养护周期时就应进行养护。

由于我国地域辽阔，汽车使用条件复杂，车辆结构性能、制造水平不同等，各种车型的养护周期没有作出统一的规定。目前，汽车一、二级养护周期基本是参照生产厂家汽车使用说明书的规定和以往的使用经验来确定。

提示： 中型货车的一级养护行驶里程为2000~3000km；二级养护行驶里程为10000~15000km。轿车的一、二级养护周期相对长些，具体的数值因车型不同而异，如上海桑塔纳轿车的一级养护行驶里程为15000km（或每年），二级养护行驶里程为30000km（或2年），走合期养护行驶里程为7500km。

5. 日常养护的内容主要有哪些？

对汽车进行日常养护是保证汽车正常工作的关键。其日常养护的好坏，直接影响到行车的安全，为了预防事故和保证行车安全，了解和掌握汽车的技术状况，汽车在使用时，驾驶人必须坚持进行日常养护，其主要内容如下。

(1) 清洁汽车　对汽车外观进行清洁，维持车身靓丽，保持车容整洁，以体现车主素质并美化环境；经常对发动机外表、蓄电池，及机油、空气、燃油滤清器进行清洁，保证发动机正常工作，延长发动机寿命；对车室内仪表板进行清洁，确保驾驶人观看信息方便清晰，有利于安全行车。

(2) 检查补给　对汽车制动、转向、传动、悬架、灯光、信号等安全部位和位置以及发动机运转状态进行检视、校紧，调整至正常状态，确保行车安全。

对汽车各部润滑油（脂）、燃油、冷却液、制动液、各种工作介质和轮胎气压进行检视并补给，防止汽车漏水、漏油、漏气和漏电。

6. 什么是汽车美容？汽车为什么要美容？

汽车美容（Auto Beauty）是指针对汽车各部位不同材质所需的保养条件，采用不同汽车美容护理用品及施工工艺，对汽车进行保养护理。在我国，汽车美容曾被简单地理解为洗车—打蜡—交车。而现代汽车美容不只是简单的汽车打蜡、除渍、除臭、吸尘及车内外的清洁服务等常规美容护理，还包括利用专业美容系列产品和高科技技术设备，采用特殊的工艺和方法，对漆面增光、打蜡、抛光、镀膜及深浅划痕处理，全车漆面美容，底盘防腐涂胶处理和发动机表面翻新、轮胎更换维修、钣金、车身油漆修补等一系列养车技术，使汽车经过美容后外观洁亮如新，漆面亮光保持长久，以达到"旧车变新、新车保值、延寿增益"的功效！

汽车美容的根本原因在于它能改善汽车的部分性能并具有良好的审美功能，主要体现如下。

（1）**能保持车体健康、靓丽** 汽车美容护理集清洁、打蜡、除尘、翻新及漆面处理于一身，可以由表及里地还给汽车生命的又一度"青春"。汽车美容是车辆美的缔造，及时清除车表尘土、酸雨、沥青等污染物，保持车表清洁，防止漆面及车身其他部件受到腐蚀和损害。汽车打蜡不但能给车身以光彩亮丽的视觉效果，而且它的防紫外线、防酸雨、抗高温及防静电功能，能为汽车带来无微不至的"呵护"。

（2）**能为车主增添自信** 汽车与人是一个密不可分的整体，人的视觉是美的"伯乐"，凡同汽车打交道者，其视点大多集中在车辆美学角度上。

汽车美容也是车主形象的映照，如同对现代个人的包装。人需要以整洁、得体、不同档次的服饰来表征个人某些内在的意识、个性气质乃至生活观念和生活态度。而作为汽车的拥有和使用者，汽车与车主朝夕相伴，无疑它早已成为车主形象表征的重要组成部分，汽车美容可协助车主塑造一个全新的自我。

（3）**能美化城市、道路环境** 随着汽车保有量的增加，道路上行驶的各种汽车也越来越多。五颜六色的汽车装扮着城市的各条道路，形成一条条美丽的风景线，对城市和道路环境起着美化作用，给人们以美的享受。这些成果的得来与我国汽车美容业的兴起是分不开的。如果没有汽车美容，道路上行驶的汽车车身灰尘污垢堆积，漆面色彩单调、色泽暗淡，甚至锈迹斑斑，这样将会形成与美丽的城市建筑极不协调的景象。因此，美化城市环境离不开汽车美容。

7. 汽车美容有哪几种类型？

根据汽车的实际美容程度，汽车美容可分为一般美容、修复美容和专业美容。

(1) 一般美容　一般美容就是人们普通所说的汽车美容，即洗车、打蜡。这种美容是将汽车表面上的污物、尘土洗去，然后打蜡，增加车身表面的光亮度，起到粗浅的"美容"作用。

(2) 修复美容　汽车修复美容是对车身漆膜有损伤的部位，先进行漆膜修复，然后再进行美容。这种美容的工艺过程为砂平划痕→涂快干原子灰→研磨→涂快干底漆→涂底色漆→涂罩光漆→清除接口。汽车修复美容必须在比较正规的汽车美容中心进行，它需要必要的设备和工具，必须有一定的修复美容工艺，才能满足汽车美容的基本要求。但是，这种美容并非很完善，对整车而言，只是对车身的漆膜部分进行保养护理。

(3) 专业美容　专业汽车美容不仅仅包括对汽车的清洗、打蜡，更主要的是根据汽车实际需要进行维护。它包括对汽车护理用品的正确选择与使用、汽车漆膜的护理（如对各类漆膜缺陷的处理、划痕的修复美容等）、汽车装饰、汽车防护及精品的选装等内容。

8. 轿车美容的主要内容有哪些？

现代轿车美容的主要内容有车身美容、内饰美容和漆面美容。

(1) 车身美容　车身美容项目有高压洗车，去除沥青、焦油等污物，上蜡增艳与镜面处理，新车开蜡，钢圈、轮胎、保险杠翻新与底盘防腐涂胶处理等。

(2) 内饰美容　内饰美容项目有车室美容、发动机美容及行李舱清洁等。其中，车室美容包括仪表台、顶棚、地毯、脚垫、座椅、座套、车门内饰的吸尘清洁保护，以及蒸汽杀菌、冷暖风口除臭、室内空气净化等项目。发动机美容包括发动机冲洗清洁、喷上光保护剂、做翻新处理及三滤、散热器、蓄电池等清洁、检查、维护项目。

(3) 漆面美容　漆面美容项目有氧化膜、飞漆、酸雨处理，漆面深浅划痕处理，漆面部分板面破损处理及整车喷漆等。

9. 什么是汽车装饰？汽车为什么要装饰？

汽车装饰是通过在汽车外部和车室内增加一些附属物品，以提高汽车表面和内室的美观性、实用性、舒适性。所增加的附属物品,称为装饰品。根据汽车被装饰部位的不同,汽车装饰可分为外部装饰和车身室内装饰。

　　汽车外部装饰主要是根据车主的需要、要求而进行,其目的是使汽车更安全、更靓丽,并提升汽车的档次,从而显示车主的时尚和品味。

　　车身室内装饰可为车主营造一份温馨与舒适的空间。一般原汽车的内饰多为冷色调,较为精致,但时间长后给人以压抑感。车主可通过选择一些暖色调或更趋家居感的饰件来装点车厢。例如,选用桃木内饰,从外观到色彩都给人以自然、协调的感觉,选用图案较鲜艳的真丝地毯铺在后座前,选用花边抽纱网套套在座椅的头枕及椅背上,选用一些白纱或黑纱的窗帘遮在侧窗及后窗上,再加上几件丝绒或皮质沙发靠垫,都会使汽车充满温馨及家居感。

10. 轿车装饰的主要内容有哪些?

轿车装饰包括轿车外部装饰和车室内装饰。

（1）**轿车外部装饰**　轿车外部装饰主要是对轿车顶盖、车窗、车身周围及车轮等部位进行装饰,其主要内容如下。

1) 轿车漆面的特种喷涂装饰。
2) 彩条及保护膜装饰。
3) 前阻风板和后翼板装饰。
4) 车顶开天窗装饰。
5) 轿车风窗装饰。
6) 车身大包围装饰。
7) 车身局部装饰。
8) 车轮装饰。
9) 底盘喷塑保护装饰。
10) 底盘 LED 灯带装饰等。

（2）**车室内装饰**　车室内装饰主要是对轿车乘员舱装饰,其主要项目如下。

1) 轿车顶棚内衬装饰。
2) 侧围内护板和门内护板装饰。
3) 仪表板装饰。
4) 座椅装饰。
5) 地板装饰。
6) 内室精品装饰。

11. 轿车室内装饰的原则是什么？

在给轿车进行室内装饰时，为了保证装饰效果与原车风格统一，同时又不失时尚与品位，要遵循下列原则。

（1）协调　饰品颜色必须和轿车的颜色相协调，不可盲目追求高品位、高价位，以免弄巧成拙。例如，浅色车的轿车内饰改装应尽可能地避免配以深色的座套及红色的地毯等，否则容易给人一种不协调的感觉。

（2）实用　根据车内空间的大小，尽可能地选用一些能充分体现车主个性的小巧、美观、实用的饰物，如茶杯架、香水瓶、储物盒等。

（3）整洁　车内饰品应做到干净、卫生、摆放有序，给人整齐划一、自在清爽的感觉。

（4）安全　车内饰品绝不能妨碍驾驶人的安全行车或乘员的安全，如车顶部吊物不宜过长、过大、过重；后窗玻璃上的饰物不要影响到车视线等。

（5）舒适　车内饰品的色彩和质感要符合车主的审美观。若车内空间不大，香水的味道不宜太浓，最好清新自然一些。

二、汽车美容与装饰

1. 车身为什么要养护？

轿车车身在长期使用过程中，由于风沙尘土的吹打，雨滴泥水的冲击，树胶、虫屎、鸟粪和油污的侵害，大气中各种工业排放物、酸、碱及阳光中紫外线的侵蚀，以及人为护理操作方法的不当等诸多因素的影响，车身表面的喷涂层将会出现老化、失光和损坏。另外，车身中象铰链、玻璃升降器等附件在频繁使用过程中造成的变形、磨损；车门、发动机舱盖等部件的运行轨迹偏移；车身密封件的磨损、变形、老化；防腐与装饰涂层脱落、褪色等诸多现象，都会不同程度地导致车身部件机能下降、定位失准、密封状况劣化、金属材料锈蚀和车身的外观感变差等。

车身的养护主要是为了防止喷涂层早期老化和损坏，消除车身表面的损伤，保持车身应有的机能，将车身以最美的形象展现在世人面前。车身外表美观、靓丽，让人赏心悦目，使拥有者倍感自信和洒脱，这正是车身养护的魅力所在。另外，做好车身的养护，经常保持车身清洁，有利于随时发现车身钣金件的损伤，以便及时加以修理，延长汽车的使用寿命。

2. 如何选用汽车清洗剂？

根据现代车身漆面的特点，车身表面清洗时，不能用洗衣粉、洗洁精等含碱性成分较大的普通洗涤用品。长期使用这些洗涤用品进行洗车会使车身漆面失去光泽，严重的会使车漆干裂，造成不可挽回的损失。因此，一定要使用专用的清洁液或清洁香波。专业的洗车香波均含有界面活性剂、功能性高分子材料等，具有较强的渗透能力和增溶能力，可大大降低界面间的张力，既能有效去除车体表面的各类顽固污垢，同时具有除雾、防锈功能，并且不含有害物质，长期使用不会损伤车体表面及皮肤。在进口汽车美容用品中有汽车清洗香波、清洗及上蜡香波，其 pH 均为 7.0，属专业汽车美容用品。汽车各部位的清洗按材质的不同使用不同的专业清洗剂。这些清洗剂都是根据现代汽车技术的要求，按照独特的配方和生产工艺制造出来的，是一般民用清洗剂所不能替代的专用清洗剂。越高档的汽车越应注意清洗剂的选择，以免清洗剂损伤漆面。

3. 车身清洗剂主要有哪些品种？各有何特点？

车身清洗剂主要用于清洗汽车表面灰尘、油污等，且在清洗的同时进行漆面护理。

(1) **水系清洗剂** 水系清洗剂一般由多种表面活性剂配制而成。它不同于除油脱脂剂，其配方中不含碱性盐类，但具有很强的浸润和分散能力，能够有效地去除车身表面的尘埃、油污。目前，国内外汽车专业美容行业中广泛采用水系清洗剂，如不脱蜡洗车液，这种洗车液是近年来国内外在推广使用的水系清洁剂，它具有操作简便、挥发慢、不易燃、对环境无污染等特点而倍受客户的欢迎。常用的水系清洗剂有英特使 M—2000 洗车液。

(2) **二合一清洗剂** 二合一清洗剂亦称二合一香波，是一种高级表面清洁剂，主要由多种表面活性剂配制而成。它将清洁、护理合二为一，既有清洗功能，又有上蜡功能，可以满足快速清洗兼打蜡的要求。例如，上光洗车液，上蜡成分是一种具有独特配方的水蜡，在清洗作业中，它可以在漆面形成一层蜡膜，增加车身鲜艳程度，有效保护车漆，可以作为汽车的日常护理用品。常用的二合一清洗剂有英特使 M—2001 香波。

(3) **增光型清洗剂** 增光型清洗剂是一种集清洁、增光、保护于一身的洗车液，使用时能够产生丰富的泡沫，具有良好的清洁效果，其独特的增光配方可以在车漆表面形成一层高透明的蜡质保护膜，令漆面光洁亮丽，给人焕然一新的感觉。常用的增光型清洗剂有增光洗车液。

(4) **脱蜡清洗剂** 脱蜡清洗剂含有柔和性溶剂，具有较强的溶解功能。它不仅可去除车身油垢，而且能把原有车蜡洗掉。脱蜡清洗剂主要适用于重新打蜡前的车身清洗。

4. 利用清洗剂怎样除垢？

熟悉清洗剂的除垢机理，有利于正确使用清洗剂清洗汽车表面。清洗剂除垢包括润湿、吸附、溶解、悬浮、去污 5 个过程，具体如下。

（1）润湿　当清洗剂与汽车表面上的污垢质点接触后，由于清洗剂溶液对污垢质点有很强的润湿力，使被清洗物的表面很容易被清洗溶液所润湿，并促进它们之间有充分的接触。清洗溶液不仅能润湿污垢质点表面，而且能深入到污垢聚集体的细小空隙中，使污垢与被清洗表面结合力减弱、松动。

（2）吸附　清洗剂中的电解质形成的无机离子吸附在污垢质点上，能改变对污垢质点的静电吸引力，便于清洗，并可防止污垢再沉积。

（3）溶解　清洗剂将污垢溶解在清洗剂溶液中，增加了去污作用。

（4）悬浮　清洗剂中的表面活性物质能在溶解的污垢质点表面形成定向排列的分子层，使污垢质点和周围的水溶液牢固地联结在一起，清洗时容易使表面上的污垢脱落，然后悬浮于清洗剂中。

（5）去污　最后用高压水枪将污垢冲掉。

提示：通过润湿→吸附→溶解→悬浮→去污过程的不断循环，或综合作用，可以将汽车表面上的污垢清除干净。

5. 怎样清洗车身表面？

为了保持车身良好的油漆表面和美观，经常清洗车身是必要的。清洗的方法多样，如果用压力喷头冲洗时，水压不要太高，先用分散水流冲洗，使硬泥湿润，再集中水流冲洗。如果使用汽车洗涤剂清洗，则应用大量清水冲清。清洗顺序应从上到下，擦洗要用软而清洁的毛巾、海绵或麂皮，向车表面按下的力量不要太重，避免硬质物刮伤油漆表面。洗完车后，可用麂皮或软而清洁的毛巾擦干车身表面，擦车时，向一个方向擦，尽可能以车头车尾为纵方向直线一次擦拭到底，避免往复和旋转擦车，以免留下痕迹。车身冲洗时还应注意以下几点。

1）在任何情况下都应等车身表面冷却后才清洗，也不应在温度太低的情况下清洗，以免破坏表面蜡膜及漆膜。

2）不要在强烈的阳光直射下清洗（图2-1），因为自来水中的矿物质含量高，阳光下干涸的水滴会在车身上留下矿物质斑点，这些斑点不仅不雅，而且长时间附在车身上还会渗透到漆面内，使车身黯淡无光。

3）需用清洁剂清洗时，应使用汽车专

图2-1　不要在烈日下洗车

用洗涤剂，不可用家用清洁剂，因为家用清洁剂碱性较强，会破坏车身漆面上的保护蜡膜，使车身很快失去光泽，加快漆面老化，局部产生色差，也容易加速局部油漆脱落部位的金属锈蚀和锈穿等。

4）冬季，在使用高压水清洗车身时，不要将高压水喷嘴直接对准锁芯，否则容易冻结锁芯。

5）在雨中或泥泞道路上行驶过的车辆，应尽可能在车身漆面的泥水干燥之前用清水冲洗干净。雨后要及时擦车，以免车身上雨渍中的酸性物质损害漆膜。

6）切勿用汽油、煤油、三氯乙烯、强碱水和酒精等擦洗车身表面和有机玻璃表面，也不允许干擦车身。

您知道吗？

为了保持轿车油漆表面的光泽和美观，预防漆膜受到阳光和有害物的侵蚀，清洗过的车辆，待车身表面干燥后，用上光剂在油漆表面上光。车身上光剂主要有增光乳液、自发光乳液、硅酮等高分子材料喷涂蜡，这类上光剂材料易在车身漆膜表面生成高分子护膜，从而起到养护漆膜、增加光洁度、防紫外线、酸碱等侵蚀的功效，并使漆膜不沾灰尘，同时也增强了车身的装饰效果。利用高分子乳液状喷涂蜡，喷到漆膜表面的用量少、使用方便，通常比易分解的矿物蜡或生物蜡类制品更为有效，能更好地保护漆膜。上光时，将喷涂蜡直接均匀地喷涂至车身表面即可。上光喷涂时，车身应处于常温，避免高温使用。

6. 如何去除车身表面的污物？

车身表面沾上沥青、油渍、工业废物和昆虫尸体之类，往往用水冲洗不干净，为使轿车车身美观及延长涂层的使用寿命，应合理地除去车身表面的各类用水冲洗不掉的污物。

不要刮除车身上和保险杠上的沥青渍或汽油渍，也不要用汽油或织物去污剂，而应使用专用去污产品如焦油去除剂及时清除。

对外部装饰件和轻合金的清洁，可先用肥皂水或加入少量去污剂或洗涤剂的水清洗，接着用大量的水冲刷。

车窗玻璃的清洁，使用车窗洗涤剂或者硅酮去除剂，可有效地消除车窗玻璃上的普通油滴、油脂、橡胶迹、塑料胶和灰尘膜。轿车后窗玻璃上往往有加热的电热丝，因此，清洁后窗玻璃时，其擦洗方向应与电热丝方向平行，不应垂直擦拭以免造成电热丝损坏。刮水器的刮片，可先用一半水和一半甲醇的溶剂进行清洁，然后再用水清洗刮片。

7. 车身静电有何危害？养护中如何去除静电？

汽车在行驶过程中由于摩擦而产生强烈的静电。虽然汽车所带电量有限，其电压不足以给车和人造成严重的后果，但即使是很微小的电流，也会让人觉得不舒服，严重时，静电会引起头痛、失眠和烦躁不安等症状，甚至能引起各种心血管疾病，如心律失常、心动过速、早搏、房颤等；车身静电能加重吸附灰尘，时间久了会形成一层坚硬的交通膜，使原来艳丽的车身变得暗淡无光；在加油站加油时，若车身静电产生电火花，则易引发火灾，造成重大损失。因此，车身在养护时应去除其静电。

一般用水清洗不能彻底清除车身静电。但用专用清除车身静电的汽车美容护理用品可有效清除车身静电。例如，汽车专用清洁香波，这种清洗用品的pH为7.0，是一种绝对中性的车身清洁剂。它含有阴离子表面活性剂和其他有效清洁成分，在喷涂于车身表面后会与车身自带的静电荷发生作用，将电荷从漆面彻底清除掉。使用前先用高压水将粘在车身表面的污物冲净，再将汽车专用清洁香波按使用说明的要求进行稀释，然后喷涂在车身表面上，或用海绵蘸上稀释的清洁液擦到车身表面。擦洗时要注意全车的范围，不要有遗漏的地方。保持片刻后用高压水把泡沫冲掉，车身静电可以有效去除，使用效果非常理想。

8. 轿车为何要适时上蜡？

适时地给轿车车身上蜡，可以有效地在漆膜上形成保护膜，既可防止污物粘结在车漆面上及渗入油漆内破坏漆膜、腐蚀车身，又可起到车身美容的作用，还可以在高速行驶时减少空气阻力，节省燃油。要保持车容的整洁亮丽，延长车身的使用寿命，打蜡维护是必不可少的。但是频繁打蜡或干脆不打蜡、车蜡越贵越好、专挑价贵的进口车蜡使用，这些做法都是不恰当的。要做好打蜡维护，必须要了解车蜡的特性，正确地选用车蜡，掌握打蜡的时机，按规范的操作程序适时地给轿车上蜡。轿车适时上蜡的主要作用如下。

(1) 上光　经打蜡的车辆，都能不同程度地改善其漆面的光洁程度，使车身恢复亮丽本色。

(2) 护漆　车蜡形成的蜡膜能使车身漆面得到保护，并防止氧化。另外，车蜡可对来自不同方向的入射光产生有效反射，防止入射光线穿透透明漆，导致底色漆老化变色，延长漆面的使用寿命。

（3）**防水**　汽车经常暴露在空气中，免不了受到风吹雨淋，车蜡能使车身漆面上的水滴附着减少60%～90%，高档车蜡还可以使残留在漆面上的水滴进一步平展，呈扁平状，最大限度地减少因强烈阳光照射时水滴的聚焦作用造成漆面暗斑、侵蚀和破坏。

（4）**防紫外线**　日光中的紫外线较易于折射进入漆面，防紫外线车蜡能充分地考虑紫外线的特性，使其对车表的侵害最大限度地降低。

（5）**防静电**　车蜡形成的蜡膜能防止空气、尘埃与车身漆面的直接摩擦，可有效防止车身表面静电的产生，还可大大降低带电尘埃对车表的附着。

（6）**研磨抛光**　当车身漆面出现浅划痕时，可使用研磨抛光蜡。若划痕不很严重，抛光和打蜡作业可一次完成。

（7）**其他作用**　车蜡还具有防酸雨、防盐雾等作用，选用时可根据需要灵活掌握，使打蜡事半功倍。

9. 车蜡的种类有哪些？

车蜡的主要成分是聚乙烯乳液或硅酮类高分子化合物，并含有油脂成分。但由于车蜡中富含的添加成分不同，使其在物质形态性能上有所区别，进而划分为不同的种类。

1）按车蜡的物理状态不同可分为固体蜡和液体蜡两种。在日常作业中，液体蜡应用相对较广泛，如龟牌蜡、即时抛等。

2）按车蜡生产国别不同可大体分为国产蜡和进口蜡。目前，国内汽车美容行业中使用的车蜡中，中高档车蜡，绝大部分为进口蜡，有进口蜡垄断之势；低档蜡中国产蜡占有较大的份额。常见进口车蜡多来自美国、英国、日本、荷兰等，如美国龟博士系列车蜡、普乐系列车蜡，英国特使系列车蜡等。国产车蜡最常用的如即时抛等。

3）按车蜡作用不同可分为防水蜡、防高温蜡、防静电蜡及防紫外线蜡多种。

4）按车蜡功能不同可分为上光蜡和抛光研磨蜡两种。国产上光蜡的主要添加成分为蜂蜡、松节油等，其外观多为白色和乳白色，主要用于喷漆作业中表面上光。国产抛光研磨蜡主要添加成分为地蜡、硅藻土、氧化铝、矿物油及乳化剂等，颜色有浅灰色、灰色、乳黄色及黄褐色等多种，主要用于浅划痕处理及漆膜的磨平作业，以清除浅划痕、橘纹、填平细小针孔等。

10. 车蜡有哪些特性？

车蜡的用途不同，特性也不一样。例如，去污蜡具有去污、除锈、防垢、保持漆膜光亮、恢复漆面及金属面鲜艳色泽的特性；保护蜡具有除去油污、柏油，并能生成稳定的防水保护膜、防止生锈的特性；亮光蜡具有光亮持久，品质稳定，在漆膜上形成保护膜，防止氧化、酸蚀、雨水侵蚀，使漆膜不粘灰尘的特性；抗静电蜡具有防止漆膜面产生静电，最大限度地减少静电对灰尘、油污吸附的特性；特级水晶乳蜡具有抗紫外线，不伤害新车的光亮透明层，上蜡、清洁、显色、保护、防泼水、防氧化一次完成，并产生高光亮度的特性。

提示：了解各种车蜡特性、使用方法、适用范围和注意事项，对合理选用车蜡具有帮助作用。

11. 常用车蜡有哪些？

（1）龟牌车蜡　龟牌车蜡是国内市场占有率最高的一个车蜡品牌。龟牌车蜡采用超强渗透保护配方，可安全去除污点而不损坏表面涂层（透明漆、金属漆），可快速去除油漆表面、保险杠、窗户和车架上的各种污垢，恢复表层的昔日光彩而不会留下新的隐患。

提示：龟牌冰蜡、白金蜡、极限蜡、去污蜡受到很多车主欢迎。

（2）3M 车蜡　3M 车蜡在国内的市场占有率仅次于龟牌车蜡，3M 车蜡中最受欢迎的一款是 3M 水晶硬蜡。3M 水晶硬蜡，能使车漆保持光亮颜色，并具有去划痕的效果，还可用于新车。

（3）英特使玫瑰红镜面蜡　它由人工蜡和天然蜡混合而成，适于新车及金属漆面轿车，能够在漆面上形成两层蜡膜，上层能抵御紫外线和含酸碱雨水的侵蚀，下层能对漆面添加油分，养护漆面，并能防御有害物质的渗透。

提示：抛光后使用英特使玫瑰红镜面蜡效果更好。

（4）英特使钻石镜面蜡　它是一种高级美容蜡，具有钻石般的高贵品质，含巴西天然棕榈蜡及特别色彩增艳剂，用后可防止各类有害物质对漆面的侵害，车身光如镜面，特别光亮，且长时间保留。适用于各种颜色的高级轿车。

（5）绿宝石金属蜡　它是由各不相同的蜡提取物及含无毒研磨剂聚合物组成的特别混合物，用后车身可迅速光亮，耐清洗，并延长漆面寿命。适用于金属漆车身表面。

(6) 红景天三重蜡　它是由三种不同蜡提取物高度熔炼而成，是多种独特品质的组合产品，无论车漆表面干燥或湿润均可使用，且可一次性抛光整个漆面，省时省力，甚至在曝晒的环境下作业也不会严重影响其效果。该蜡防护功能卓越，可耐受各种清洗剂清洗，保持时间长。适用于各种高级轿车。

(7) 汽车水晶蜡　它耐磨、透明，不易被分解，可长时间保持车漆光亮如新，抗紫外线、耐酸雨、防油污、沥青等。使用时只需薄薄涂一层，立刻光彩照人。较一般车蜡持久5～10倍。

(8) 汽车水彩蜡　它能使漆面很快去污、去氧化膜及水渍，并覆盖一层光滑、坚韧保护膜。汽车水彩蜡具有省时、省力、清洁、保养、抗氧化等功效。使用后，汽车表面亮丽光滑，并可防紫外线、静电、酸雨等对漆面的影响。

(9) 汽车油蜡　它能使漆面很快去污、去氧化膜及水渍，并覆盖一层光滑、坚韧的保护膜。

(10) 汽车漆面用粗蜡　它用于漆面瑕疵研磨处理，能去除漆面细尘粒、砂纸痕、轻微氧化失光、柏油、酸雨痕等，并有抛光之功效，可使漆面恢复如新。

提示：更严重的深划痕可配合砂纸使用，并可使用羊毛轮进行研磨。

(11) 汽车镜面抛光蜡　它主要用于处理一般粗蜡、细蜡抛光后遗留的抛光痕，处理后漆面能产生镜面反射光泽，且保持时间长，是一种品质优良的抛光机用的镜面抛光剂。

12. 怎样清除车身残蜡？

无论是新车还是旧车，所有的车身漆面都是要上蜡保护的。使用时间长久后如要再上蜡，则要将车身残蜡彻底去除干净。若残蜡不清除干净，则上新蜡时会因两次蜡的品种和上蜡的时间不同，极易产生局部新蜡附着不牢的现象。清除残蜡的方法要针对不同的车蜡采用不同的开蜡水，新车开蜡应采用树脂开蜡水，在用车采用蜡质开蜡水。使用时可将开蜡水按比例稀释后喷涂于车身表面，停留3～5min，然后用高压水冲去即可。

提示：清除残蜡的开蜡水虽然对环境无害，不易燃、不腐蚀，但具有强碱性，使用时要注意劳动保护。

13. 怎样正确选车蜡？

目前，市场上车蜡种类繁多，有固体和液体之分，又有高、中、低档之别，既有去污用的，也有补色用的，还有国产和进口之分。由于各种车蜡的特性、使用方法、适用范围、注意事项不尽相同，其产生的作用和效果也不一样。所以在选择时必须慎重，选择不当不仅不能保护车体，反而会对车身表面产生不良影响，严重的还会令车漆褪色或变色。因此，选用合适的车蜡是保证车身打蜡维护质量的关键和前提。

选择车蜡时，要求根据汽车漆面的特点与颜色、车辆的新旧程度、车辆的行驶环境因素和各种车蜡的使用特性等因素进行综合考虑。一般来说，对于高级轿车，可选用高级车蜡，新车最好选用彩涂上光蜡，以保护车体的光泽和颜色；夏天阳光照射强，最好选用防紫外线的车蜡加以保护；行驶环境较差时宜选用防护作用较强的树脂蜡；普通车可以选用普通的珍珠色或金属漆系列车蜡；深色车漆宜选用黑色、红色或绿色系列的车蜡；浅色车漆则选用银色、白色或珍珠色系列车蜡。选择车蜡时，还应注意下列事项。

1) 不能混用浅色漆与深色漆的抛光蜡。浅色漆用了深色漆的抛光蜡会使漆膜颜色变深，出现"花脸"；反之，漆膜颜色会变淡，严重影响外观。

2) 分清机蜡和手蜡。机蜡配合专用抛光机使用，手蜡直接用手涂擦抛光。机蜡用手抛费工费时且效果不佳，机抛手蜡则浪费严重。

3) 区分漆膜保护增光蜡与镜面处理蜡。镜面处理蜡是对漆面进行增光处理的专用蜡，其保护作用不如保护增光蜡。保护增光蜡含有许多成分，可在漆膜上形成一层保护膜，抵御外界紫外线、酸雨、静电粉尘、水渍等的侵害。

4) 尽量不用砂蜡。因为一般的砂蜡对漆面有很强的研磨作用，处理不好极易将漆膜磨穿而造成不必要的损失。

5) 新车不要选用含研磨剂的车蜡，否则会使新车表面的光洁度下降。

6) 应尽量采用成套的系列产品，不配套的车蜡产品其打蜡效果往往不会令人满意。

14. 汽车什么时候上蜡？

汽车上蜡间隔时间的长短对车身养护的质量及维护费用有较大的影响，间隔时间过长，车身表面的漆膜可能遭到破坏；而打蜡间隔时间过短，打蜡频率过高，则维护费用过多，同时过于频繁也可能给车身表面造成伤害。因此，应选择正确的上蜡时机,确定合适的上蜡频率。

通常,上蜡频率应根据车身表面的实际情况、车辆行驶的环境、停放的场地以及气候条件等因素综合考虑确定。一般新车在购回5个月内不必急于上蜡,过早上蜡反而会破坏新车表面的原装蜡,造成不必要的浪费。

提示:在车库停放的、行驶环境良好的车辆,以3~4个月上一次蜡为宜;露天停放的车辆,一般2~3个月上一次蜡为好;或者用手触摸车身感觉不光滑时,就需要上蜡。

15. 怎样给车身表面上蜡?

给车身表面上蜡,按照下列程序操作效果较好。

1) 上蜡前的准备。将待上蜡的车辆停在阴凉处,防止车体发热而使车蜡附着性能变差,影响打蜡效果。用清水或专业洗车水对车身进行彻底的清洗,把车身外表的灰尘、泥土、残蜡、油泥、污垢等清除干净,并擦干车身。

2) 车身上蜡。上蜡应使用专用的工具或蜡桶附带的蜡具,使用液体车蜡时应先摇匀,将少量蜡挤在海绵上,遵循先上后下的原则,先涂抹车顶、前后盖板,再涂布车身侧面等,打蜡时手的力度要保持均匀,按住海绵在车身上直线往复式涂抹(图2-2a),不宜环形涂抹(图2-2b),蜡膜应尽力做到厚薄均匀,整个打蜡过程要连续进行,一次完成,不可涂涂停停。车身均匀涂蜡后,等待5~10min,即可用羊毛球或干净柔软的干毛巾进行手工擦亮,一些快干的水蜡可以边涂边擦亮,而抛光蜡则需用抛光机进行抛光擦亮。

a) 正确上蜡:直线往复式涂抹　　b) 错误上蜡:环形涂抹

图2-2　车身上蜡

3) 上蜡后的检验。上蜡完毕,若车身表面干净整洁、光亮如新、手感光滑、车蜡均匀、车表没有残蜡或打花，则说明打蜡效果良好。若喷上水不四处流散，而是附着在蜡上，则证明打蜡的效果不佳，应重新上蜡。

4）上蜡后的处理。车身上蜡后，要仔细检查，并及时清除车灯、车牌、车窗、门缝处留下的残蜡，以免产生腐蚀或变色。若想车蜡保护车身漆膜的作用时间较长，则可在上完蜡的车身上喷抹一层护车素。这种护车素还可提高车身表面的光亮度，并兼有防晒、防雨、防酸的作用。

提示：如果车主愿意，可以自己动手给爱车进行打蜡维护。只要了解车蜡，掌握车蜡的性能及使用方法，一定会让您的爱车车身美丽、"青春常驻"。

16. 车身漆面为何会失光？

轿车在使用了一段时间后，车身漆面失去光泽，其原因如下。

1）洗车不当。洗车时选用碱性较强的清洗剂，久而久之，漆面易出现失光。

2）擦车不当。车表附有尘埃，不宜用抹布或毛巾擦拭。因尘埃中有一些硬质颗粒状物质，在擦拭时，易使车表漆面出现细小划痕。

3）没上蜡保护。不注意日常上蜡保护。日常保护中不上蜡或不及时打蜡，使漆面受到紫外线、酸雨等不应有的侵蚀。

4）暴露环境恶劣。汽车行驶环境中存在酸雨和盐雾及其他化学微粒，会对漆面造成一定腐蚀。汽车停放环境恶劣，无停车库房时，沿海区域易受盐雾侵蚀；化学工业区易受到化学气体及酸雨侵蚀；北方冬季易受寒冷风雪的侵蚀；炎热季节高温辐射，加速漆面氧化。

5）汽车运行中形成交通膜，造成漆面失光。

6）透镜效应。透镜效应是指当车表漆面上存有小水滴时，由于水滴呈扁平凸透镜状，在阳光照射下，对日光有聚焦作用，焦点处温度可高达 800～1000℃，从而导致漆面被灼蚀，出现用肉眼看不见的小孔洞现象。若透镜效应的伤范围大，分布密度高，漆面就会出现严重程度的失光。

7）自然老化。车辆在运行及存放中，既使您对车辆各方面保护工作都很细致，漆面暴露在风吹、日晒及雨雾环境中，久而久之，也会出现自然氧化、老化现象。

17. 如何给车身表面抛光？

当车身漆膜失去光泽，且不能以打蜡来重新恢复其光泽的情况下，就应给车身表面抛光。漆膜抛光是汽车美容维护中最为主要的组成部分，抛光技术的高低直接关系到汽车美容的最终效果。因此，对汽车的抛光要谨慎从事，不要让美容变成毁容。

(1) 抛光材料的选用　目前市面抛光材料很多,有抛光剂、抛光膏、含有研磨剂的车蜡以及含有研磨剂、去污剂、还原剂、光亮剂等多种成分的全能抛光剂。一般抛光剂,可以去除轻微氧化和污垢,抛光剂中的滋润成分可以深入漆面,使漆面展现柔和的自身光泽。选用全能抛光剂时,其抛光程序较为简单,抛光完毕后,车身即可光亮如新;选用不含防腐成分的抛光剂时,其抛光后还需要再上蜡。目前多选用全能抛光剂。

(2) 抛光方法的选择　抛光方法有手工抛光法和机械抛光法之分。机械抛光法效率高,抛光质量好,适用于大批量小轿车的平整部位的施工;手工抛光法应用灵活,适应范围广,对拐弯抹角等部位的抛光效果好。具体选择何种方法,要视情况而定,切不能过于随意。目前,汽车维修市场多选用机械抛光法,但局部漆面的抛光又需手工抛光法配合。

(3) 抛光程序

1) 抛光前的准备。将车身漆面彻底清洁,展现漆膜的本来面目,以利于根据漆面损伤的程度进行抛光;用大毛巾覆盖车窗玻璃和刮水器。

2) 将海绵抛光盘用水充分润湿后,安装在抛光机上,将抛光机调整好转速,空转5s,将多余水分甩净。

3) 将抛光剂摇匀,倒在海绵抛光盘上少许,用抛光盘在漆面上涂抹均匀。

4) 起动抛光机(图2-3),将抛光机海绵抛光盘轻轻地放于漆面,保持与漆面相切,力度适中,速度保持一定,沿车身方向直线来回移动,抛光盘经过的长条轨迹之间相互覆盖三分之一,不漏大面积漆。按从上到下的适当顺序抛光,整个抛光过程不应有间断,最好一气呵成。在抛光时应保持抛光盘和漆面处于常温状态。

图2-3　车身抛光

5) 对于车身边角不宜使用抛光机抛光的位置,采用手工方法抛光,用干毛巾沾抛光剂抛光。注意手工抛光边角、棱角时,不要用力过大,因为这些地方漆膜较薄。

注意: 车身塑料部件不能抛光。

6) 漆面抛光后,用纯棉毛巾将整车清洁干净。

7) 若抛光剂不含防腐成分,则抛光后还需要再上蜡。有的车身抛光后,再涂一层抛光增艳剂,其增艳剂渗入车漆后,发生还原变化,使漆膜达到增艳如新的效果。

8）抛光后的验收。车身抛光后，若漆面色泽一致，出现自然光泽，和抛光前相比，亮度有明显改善，接近于新车，则说明抛光效果较好。

18. 车身为何要封釉？如何给车身漆面封釉？

汽车封釉就是依靠振抛技术将釉剂反复深压进车漆纹理中，形成一种特殊的网状保护膜，从而提高原车漆面的光泽度、硬度，使车漆能更好地抵挡外界环境的侵袭，有效减少划痕，保持车漆亮度。封釉后的车身漆面能够达到甚至超过原车漆面效果，使旧车更新、新车更亮，并同时具备抗高温、抗氧化、抗腐蚀、耐水洗、增光等特点。封釉步骤如下：

（1）车身清洗　把车身清洗干净，注意不要有污物残留，残留物会在擦拭车身时造成摩擦而损坏车漆。用一些特别的去污材料，擦去车漆表面的铁锈、飞漆、尘粒和树脂等杂质。

（2）车身打磨　由于长期积存的尘土、胶质、飞漆等脏污很难靠清洗去除，因此经过清洗的车漆表面仍然是毛毛糙糙的，这就需要进行全面的打磨处理。用较柔软的兔毛轮配以静电抛光剂研磨，除去汽车漆面附着的杂物和氧化的层面，使细小的伤痕拉平填满。

（3）深度清理　使用静电抛光轮，配以增艳剂，在旋转的同时产生静电，将毛孔内的脏物吸出并将车漆表面细微的划痕磨平。同时，增艳剂可以渗透到车漆内部，使之恢复原有的艳丽。

（4）振抛封釉　把釉倒在车身上，用封釉机把釉从头到尾封一遍。在专用振抛机的挤压下，晶亮釉被深深压入车漆的毛孔之内，形成牢固的网状保护层，附着在车漆表面，达到增艳如新的效果（图2-4）。

（5）无尘抛光　用无尘纸轻抛一遍车身漆面，可使漆面焕然一新、光亮照人，如同镜面（图2-5）。

图2-4　振抛封釉　　　　图2-5　无尘抛光

注意：封釉后，8h 内切记不要用水冲洗汽车。因为在这段时间内，釉层还未完全凝结，将继续渗透，冲洗将会冲掉未凝结的釉，接下来的一个星期内也应尽量避免水淋。封釉是上蜡的替代品，一般封釉之后半年之内可不用上蜡。

19. 什么是车身镀膜？镀膜具有哪些作用？

汽车漆面镀膜就是在车漆表面镀一层保护膜，使漆面在物理上得到一层隐形防护罩。车漆的主要成分是树脂，分子间隙比较大，镀膜后膜液中的硅素、二氧化硅、纳米无机硅等小分子元素可以充分渗透到车漆分子间隙里和微孔中，在其表面形成一层具有极其坚固、细致、持久的网状保护膜，将车漆与外界完全隔离，从而有效保护车漆，使漆面保持新车般的光亮效果。

车身漆面镀膜具有如下作用。

（1）抗氧化、老化　汽车镀膜后，将车漆与空气完全隔绝，能有效防止外界因素导致的车漆氧化、变色等。

（2）耐腐蚀　车身镀膜后，其坚硬的膜层在自身不会氧化的同时也防止外界的酸雨、飞虫、鸟粪等对车漆的腐蚀和损害，并防止车漆的褪色。

（3）耐高温　车身镀膜后，其镀膜的玻璃晶体本身具有耐高温的特质，能有效反射阳光将外部的热辐射进行有效反射，防止高温对车漆的伤害。

（4）防划痕　镀膜层可以将车体表面的硬度提高到7H，远高于车蜡或釉的2H~4H的硬度，能更好地保护车漆不受沙砾的伤害。

（5）更加靓丽　车身镀膜后，能够大大地提高车漆表面清漆的清澈度，使车漆看上去更加光彩夺目。

（6）易清洗　镀膜具有超强的自洁性和拨水性，不易粘附灰尘、污物，清洗时只用清水即可达到清洗的效果，使车辆保持高清洁度和光泽度。

（7）超稳定性　镀膜性能持久稳定，保护漆面时间可达一年以上，远远超过打蜡和封釉。

20. 如何给车身漆面镀膜？

汽车美容店给漆面镀膜的步骤如下。

（1）检查　检查车身有无掉漆、凹点等现象，并请客户确认。

（2）普通洗车　清洗车身，若车上有沥青点要用柏油清洗剂进行处理。

（3）洗车泥洗车　湿润洗车泥，用湿毛巾衬垫在车漆表面湿润的情况下，按板块均匀用力、纵横交错、不遗漏地对车漆表面进行擦洗。

> **您知道吗？**
>
> 洗车泥又叫洗车去污泥，是由超细纤维及固体胶经过反复密炼而成，具有细、粘的特点。经反复擦洗，可以擦入车体因氧化而产生的细孔、斑状，可以粘除车体上的自然氧化、水垢、鸟（虫）粪便、铁粉、酸雨、树胶以及不当护理的残留物质，可以在不损伤车漆的情况下，清除漆面的有害残留物质。

（4）**粘贴美纹纸** 用专用美纹纸把车漆边缘或车身装饰件、塑料件等位置进行粘贴保护。

（5）**研磨抛光** 采用机用研磨机加研磨剂，进行抛光研磨。采用机械抛光机，加上镜面处理剂抛去研磨留下的旋印，达到漆膜镜面抛光的效果。处理完毕后，轻轻地将美纹纸撕下，并清洗车辆。

（6）**镀膜** 镀膜分涂膜和擦膜两个过程。

1）涂膜。将镀膜剂充分摇动均匀，倒在海绵（图2-6）或专用镀膜巾上，按横—纵—横顺序，以分块形式将其均匀地涂抹在车漆表面上（图2-7）。

图2-6 倒镀膜剂 　　图2-7 涂膜

2）擦膜。用专用超细纤维毛巾先横向再纵向擦拭刚刚镀过膜的漆面，擦匀擦亮，直至车身漆面光洁如新。

注意：镀膜应在常温下进行，不要在阳光直射下镀膜。擦膜时用力应均匀，避免产生划痕；等待时间不要超过3min，以免膜液开始结晶！

（7）**全车检查** 镀膜完毕，要进行全车检查，以保证漆缝无粉尘，漆面无印迹，车门擦干等效果，然后再请客户确认交车。

注意：镀膜后2h内不要沾水；7天内不要洗车；若7天内淋雨，则雨过天晴后用清水冲洗一下即可。

> **您知道吗？**
>
> 镀膜剂新产品的出现，使得车主可以自己动手完成镀膜。其镀膜步骤是普通洗车→专用清洁剂洗车→镀膜剂涂擦车身→擦拭车身镀膜剂→硬化剂涂擦车身→车身光亮如新→镀膜完成。

21. 怎样处理车身漆膜的浅划痕？

车身漆膜浅划痕包括发丝划痕、浅度划痕。发丝划痕一般是指手摸无感觉的细划痕；浅度划痕是指漆膜被破坏，但没有露出底漆的划痕。漆膜划痕的产生主要是汽车维护不当，如不正确的洗车、擦车、抛光以及汽车在运行中的轻微摩擦所致。由于浅划痕未伤及面漆，可采用抛光的方法来处理，具体处理措施如下。

1) 用高压水清洗，去除车身表面浮尘、泥土及污物，并擦干车身。

2) 当车身划痕处污垢较重时，可用清洗剂或美容粗蜡，并利用抛光机的海绵抛光盘，以中速抛光，可一次轻易去除细小划痕、砂痕、氧化层等缺陷。

3) 在发丝划痕或浅度划痕处涂用美容手蜡或水晶镀膜蜡，并进行手工抛光，可有效地清除其划痕，可使漆膜长久保持镜面效果。

还可以在车身划痕处清洗干净后，直接利用抛光的方法恢复漆面。可用抛光轮配合抛光增艳剂，除去汽车漆面附着的杂物和氧化层，使发丝划痕和浅度划痕拉平，同时增艳剂渗入车漆，发生还原变化，使漆面达到增艳如新的效果。

22. 怎样处理车身漆膜的中度划痕？

中度划痕是指面漆被破坏，露出了底漆的划痕。当划痕较多时，车身就会伤痕累累，不仅严重影响美观，而且还会降低车辆的使用寿命。因此，应采取相应的措施对表面漆膜划痕进行维护。中度划痕其漆膜划伤到底漆层，但尚未划破底漆层，故可采用补漆的方法处理，具体维护措施如下。

1) 用高压水清洗，去除车身表面浮尘、泥土及污物。

2) 使用脱蜡洗车液除去划痕处及划痕周围的残蜡、污垢，并用清水洗清，然后擦干。

3) 用漆笔或喷枪，将底漆均匀涂抹在划痕处，涂抹面积应尽可能小，应涂抹1～3层。

4) 确定汽车中涂层漆和面漆的种类、牌号，或可代用的涂料品种。

5) 采用计算机配漆或找出相应的划痕漆。

6) 将配好的漆倒入微型喷枪，先将喷枪在废纸上试喷，直到喷射均匀为止。

7) 按底漆→中涂层漆→面漆→罩光清漆的顺序在划痕处底漆上进行喷漆。喷涂每一种漆时均按喷涂→干燥→打磨的程序分别进行。喷涂时，将喷枪放到距离划痕约 50mm 处，以常速对划痕覆盖式喷涂，上漆一定要量小层多，细致薄涂，一层干涸后再涂第二层，直至对划痕全部覆盖为止。

8) 对划痕周边溅出的漆，用蘸过稀释剂的净洁布擦掉。

9) 进行打蜡、抛光处理，恢复车身漆面。

23. 怎样处理车身漆膜的深度划痕？

深度划痕是指伤及底漆，露出汽车基体金属的划痕。对车身漆膜的深度划痕，如不及时维护，则划痕处就会氧化生锈，由表及里，伤至基体，乃至腐蚀周围漆面。因此，应根据车身划痕的程度，采取相应的措施对表面漆膜的深度划痕进行维护。由于深度划痕已经伤及底漆，露出金属，但对金属无损伤，故可采用含有原子灰的底漆及补漆方法处理，具体维护措施如下。

1) 用高压水清洗，去除车身表面浮尘、泥土及污物。

2) 使用脱蜡洗车液，除去划痕中的残蜡、污垢。

3) 使用 600 号砂纸，将划痕棱角打圆。

4) 在露出的金属处涂一层防锈的氧化中和剂，以达到防锈的目的。

5) 使用含有原子灰的底漆涂于划痕处，应涂 2~3 层。

6) 待底漆干燥后进行打磨，然后按中度划痕维护的措施继续维护，直到打蜡、抛光处理，恢复车身漆面。

24. 怎样处理车身面漆的刮伤？

很多轿车在撞擦或刮伤时，由于油泥污物附着在轿车被刮擦表面，初次外观检查时，似乎很严重，但经清洗后仔细检查，却只轻微刮伤了表层面漆。对于这种车身面漆稍有刮伤而未刮透面漆层的轿车，采用最简便的涂装维修工艺进行维护，可以达到较好的效果。车身面漆刮伤的维护修复工艺如下。

1) 用高压水清洗，去除车身表面浮尘、泥土及污物。

2) 使用脱蜡洗车液除去面漆刮伤处的残蜡、油膜和其他异物。

3) 在面漆刮伤处进行打磨抛光。根据刮伤的情况，选用适当的磨石或磨片,或砂纸对刮伤的表面层进行打磨。打磨抛光,一般用手工,也可用电动抛光机。打磨抛光,直至光滑平整,目测看不出刮痕,注意不能磨穿面漆层。打磨抛光后,因面漆层都是原来的涂层,颜色应是完全一致的。

4) 打蜡抛光。选用适当的车蜡,在已打磨光洁的面漆涂层上,打蜡并进行抛光处理,直至漆膜平整光亮。在打蜡抛光时,也可将其他表面同时打蜡抛光一遍,再涂上光蜡,至漆膜清晰光泽显目为准。必要时,还可涂一层增艳剂,使车身更加艳美。

需要注意的是,在打磨刮痕时,若透出中涂漆层,则应喷补面漆层,然后再进行打蜡抛光。

5) 质量检验。修复后,若面漆刮伤表面色泽均匀光亮,与原装完全一样,则说明表面清理和打蜡抛光的效果较好。

25. 鸟粪、昆虫尸体、酸雨对漆膜有何影响?

汽车在行驶及停放过程中,车身不可避免地会遇到鸟粪、昆虫尸体等污物以及酸雨。它们对车身漆膜存在不同程度的侵蚀作用。

鸟粪、昆虫尸体等污物有很强的酸性,当车身漆膜上聚积了鸟粪、昆虫尸体等污物时,其酸性对漆膜和车身具有很强的腐蚀性,能使漆膜失去光泽。其腐蚀程度与鸟粪等污物的多少和聚积的时间成正比,即聚积越多,聚积时间越长,则腐蚀程度就越严重。

酸雨是指含有较高酸性(pH)的雨水。由于工业化程度的提高,汽车保有量的增加,使得工业废气和汽车尾气的排放量显著增加,造成城市污染日趋严重,大气中的二氧化硫或氧化氮与水和臭氧混合生成硫酸或硝酸,致使雨水中的酸性值越来越高,形成酸雨。当汽车受到酸雨的袭击后,漆膜就遭到酸性腐蚀。金属漆受到酸雨侵蚀之后,漆中含有的铝片将会与酸发生化学反应使漆膜腐蚀。硝基漆和瓷漆对酸雨的侵蚀最为敏感。罩有透明清漆的面漆,虽然其清漆有一定的保护作用,但酸雨仍能腐蚀清漆,同样会损伤漆膜,只不过需要的时间长一些。漆膜侵蚀后,会呈现出一些类似水滴干后的印迹,并使漆膜褪色,其褪色程度取决于颜色本身。例如,黄色面漆发生酸雨侵蚀时出现白点或暗褐点,适中的蓝色变得发白,白色却像褪色的粉红,而适中的红色成为紫色。有时漆膜损坏处具有清晰可见的白圈,其中心颜色发暗,严重时漆膜出现点蚀状况。

综上所述,鸟粪、酸雨等对漆膜损坏的基本类型有三种:即漆膜出现印迹与变色损伤、漆膜轻微损伤和漆膜点蚀损伤。喷清漆可增加一层保护层来抵抗鸟粪和酸雨等的侵蚀,所以喷有 2~3 层清漆的新型汽车可减少车身面漆的腐蚀和损坏。

26. 怎样处理鸟粪、昆虫尸体、酸雨侵蚀的漆膜?

车身表面漆膜受到鸟粪、酸雨等侵蚀后,一般可采用清洗、打磨抛光、打蜡的方法维护。但为了使维护效果更好,漆膜的使用寿命更长,应根据漆膜的受损程度确定相应的维护方法。其具体的维护措施如下。

(1) 消除鸟粪、酸雨等腐蚀隐患　当发现鸟粪或昆虫尸体或车身受到雨淋时,应及时进行彻底清洗,最好使用专用洗车液清洗,然后用清洁的水冲洗,并擦拭干净,消除鸟粪、昆虫尸体、酸雨等腐蚀漆膜的隐患,确保车身表面漆膜的清新美观。

(2) 消除漆膜的印迹与变色损伤　当鸟粪、昆虫尸体和酸雨等腐蚀使漆膜出现印迹、变色时,只是漆膜的表面受到腐蚀,面漆罩光层受到损伤但并未穿透漆膜,其维护修复的方法是:先用高压清水冲洗车身表面,除去印迹、变色处的浮尘、泥浆、砂粒等,并擦拭干净,再用除蜡剂清洗,然后用浓度适中的碳酸氢钠溶液(1 汤匙碳酸氢钠溶液溶于 1L 水中)进行中和处理,然后用高压清洁水彻底冲洗并擦干,最后用护理车蜡进行打蜡抛光维护,能使车身光亮如新。

(3) 消除漆膜的轻微损伤　当漆膜出现白环、中心呈暗色时,漆膜具有轻微损伤,其腐蚀已进入面漆层。此时,应先用高压水冲洗并用干净布擦净,然后在损伤的漆膜处用浓度适中的碳酸氢钠溶液进行中和处理,再用手工抛光受损部位,并仔细检查面漆的受损情况。如果受损面积较大,可在损伤处涂上抛光膏或抛光剂,采用抛光盘进行抛光。在抛光时,应尽量减少抛光范围,注意漆膜的损伤状况。当面漆层未伤透,可用 2000 号砂纸水磨并抛光,最后用护理车蜡进行打蜡抛光处理。

(4) 消除漆膜的点蚀状损伤　当漆膜出现点蚀状时,其腐蚀已进入底涂层。相对来说,这种损伤的维护和修复比较麻烦,此时可按如下步骤进行。

1) 清洗表面。用高压水冲洗车身表面,以清除浮尘、污垢等。

2) 清除旧漆层。将点蚀状损伤的旧漆层彻底清除干净,若底漆层已受损伤,则还应清除受损伤的旧底漆层,使其露出清洁平整的基体金属。

3) 喷涂底漆。工艺过程如下:在基体金属上进行喷涂前的磷化处理→清洗干燥→喷涂底漆。

4) 喷涂中涂层漆。在喷涂底漆干燥并磨平后,即可喷涂中涂层漆。

5) 喷涂面漆。其工艺过程如下:打磨、抛光并干燥中涂层漆→喷涂面漆→

打磨、抛光并干燥→喷漆罩光层漆。

6）打蜡抛光。在喷漆罩光层漆后，对修复表面进行打磨、抛光并干燥，然后进行打蜡、抛光，再涂上光蜡。

27. 怎样处理车身表面的锈斑？

车身表面锈斑是指在车身面漆上能用视觉容易看到的具有锈色的斑点，其锈斑损伤处用手触摸有明显的砂粒状或起伏不平的感觉。车身表面锈斑一般来说是由飘浮在空气中的工业散落物——微细铁粒落下并粘在车身表面所致。这种铁粒长时间黏附在车身上，由于空气和雨水的作用，使车身表面产生锈斑，如果不对锈斑加以消除，甚至会将油漆蚀穿，导致基体金属锈蚀。因此，应对车身表面锈斑加以修复维护。

根据车身表面锈斑产生机理可知，做好汽车的日常维护，经常洗车，保持车身的清洁，是防止车身表面产生锈斑的有力措施。通常，车身表面锈斑出现初期，锈斑往往没有伤透面漆层，此时可采用下列修复维护步骤。

1）将汽车开到阴凉地带，清洗汽车表面。

2）用液体洗涤剂和液体去污蜡彻底清洗车身表面锈斑部位，并将该部位擦干。

3）使用清洗剂，或美容粗蜡，并利用抛光机的海绵抛光盘对受损部位进行打磨抛光，以消除汽车表面锈斑、划痕、砂痕、氧化层等缺陷。

4）在打磨抛光处打蜡，并进行手工抛光，可有效地清除汽车表面锈斑。

5）处理完毕后，若在面漆上还留有小坑，则可采用专用的油漆修补喷罐，喷涂同标号颜色的油漆至小坑表面，修补后的油漆可在空气中干燥。

28. 保险杠等硬塑料部件如何养护？

（1）保险杠等塑料部件的常见现象

1）容易弄脏。保险杠安装在车的前端和后端的下部，是车身前后最突出的部位。行车中，容易受到路面泥水的飞溅和砂粒的冲击，容易弄脏保险杠表面。

2）容易出现划痕。保险杠大部分都是用塑料制成的，由于所处的位置特殊，在行车中，容易受到刮碰和冲击，使保险杠的外部出现不同程度的划痕损伤。

3）保险杠的漆膜与车身漆膜不一致。保险杠等塑料件上喷涂的面漆，一般与车身面漆不同，大多使用丙烯酸漆、丙烯酸瓷漆或丙烯酸底漆加光亮漆层。

在损伤后修补时要使用相同的塑料件面漆。局部修补时，容易出现面漆色泽的差异。

（2）保险杠等硬塑料部件的美容养护

1）清洗保险杠等硬塑料部件。采用塑料件清洗液，对保险杠的表面进行彻底清洗，去除污物或油垢，彻底干燥，擦干或风干均可。

2）在保险杠等塑料部件表面涂用亮光蜡。亮光蜡能在漆膜上形成保护膜，能防止氧化、酸水的侵蚀；光亮持久，品质稳定；还能使漆膜不粘灰尘。其操作方法是将亮光蜡直接均匀地喷涂在清洁而干燥的保险杠漆膜上，即可达到对保险杠等塑料部件的美容维护目的。

（3）保险杠等塑料部件的翻新维护　当保险杠的漆膜在使用中受到损伤，甚至穿透底漆层，但尚未使保险杠塑料件断裂时的喷漆维护，称为翻新维护，其操作要点如下：

1）清洗保险杠等硬塑料部件。选用清洁剂，对保险杠漆膜进行彻底清洗，然后用干净的拭布擦拭干净。

2）对漆膜损伤部位进行修复。根据保险杠的材质，采用相应的漆膜修复工艺进行修复，为保持保险杠面漆色泽一致，应将保险杠的面漆全部重新喷涂一遍，然后在其表面涂用亮光蜡进行美容维护。

29. 车内仪表板如何养护？

（1）仪表板的养护特点　汽车仪表板，大部分是由塑料制品加上蒙皮组成，一些高级豪华车则用真皮制作。仪表板在驾驶室内，不受风吹雨淋，工作环境较好，不易受到划伤和腐蚀。仪表板养护的主要任务是清洁，由于汽车仪表板结构复杂，边边角角多，清洁养护应小心细致。

（2）仪表板的养护

1）仪表板的清洁。选用专用的"仪表板清洁剂"进行清洁护理，这类产品能保持车内人造革及真皮的光泽；使灰尘无法沾污；不会损伤漆膜。使用时直接将清洁剂喷涂到仪表板表面上，然后用干净的拭布擦拭干净即可。

2）仪表板的上蜡。选用专用的仪表板蜡进行上蜡维护，这类产品具有洗涤、上光及防尘效果；有良好的去污能力、抗静电功能，能防止灰尘吸附与沉淀；还具有防老化功能，能在被处理的物品表面形成一层保护薄膜，可防止或延缓塑料、橡胶制品的老化，并使仪表板表面靓丽如新。使用时先将仪表板蜡均匀地喷涂在清洁的表面上，然后用干净的拭布轻轻擦拭即可。

30. 车内座椅如何养护？

（1）**座椅的养护特点**　座椅的外表绝大部分都是用人造革制作的，内有一定形状的泡沫塑料填充。有的还在人造革的外部加上座套。装饰豪华的座椅，其表皮是用真皮精工制作的，这种座椅的外部一般不加座套。座椅在车内占了大部分面积，因此要注意保持座椅的清洁，故对座椅的养护主要是进行清洁。清洁时应根据座椅外表的实际情况，采用相应的方法。

（2）**座椅的养护**

1）座椅清洗的常用方法。在座椅不是很脏时，建议使用长毛刷子和吸力强的吸尘器配合去尘，此种方法对不同材质的座椅都有良好的清洁效果。对于较脏的座椅，要进行几个步骤才能彻底打扫干净。首先，用毛刷子清洗较脏的局部，如较大的汗渍、油泥等。然后，用干净的海绵蘸少量的中性洗涤液，在半干半湿的情况下全面擦拭座椅表面。最后，用吸尘器对座椅进行清洁，以消除多余水分，使座椅干爽。

2）人造革座椅的清洗方法。这类座椅可采用擦拭法清洗，即先用半湿毛巾进行擦拭，擦拭时，应从上往下逐一擦拭，然后用干的清洁毛巾再擦一遍即可。如果局部有油污、印痕未擦掉时，可用毛巾蘸上一点仪表板清洁剂进行擦拭，即可去除。

3）真皮座椅的清洗方法。可选用皮革乙烯材料清洗剂进行清洗。这种清洗剂能保护车内真皮座椅饰品，恢复其表面光泽；可防止因恶劣环境影响而提前老化；可使真皮座椅焕然一新。使用时，先将此清洗剂均匀地喷涂到座椅表面上，然后用干净的软布擦拭干净即可。

4）有座套座椅的清洗方法。座套是座椅的装饰和保护用品，其制作的材质绝大部分是化纤、棉、毛等混纺制品，可选用多功能清洁柔顺剂进行清洗。多功能清洁柔顺剂去污力强，尤其对丝绒及地毯表面可起到清洁、柔顺、还原着色和杀菌等功效。手工清洁时，将适量的清洗剂喷洒到座套上，然后，用软布轻轻擦拭，再用干布擦净即可。

31. 车身顶棚内衬如何养护？

（1）**顶棚内衬的养护特点**　汽车顶棚内衬，一般是用人造革或化纤混纺材料制作的。其顶棚内衬的面积较大，保持其表面清洁对美化室内环境具有重要作用。因此，对顶棚内衬的养护主要是清洁。在清洁时，应按具体顶棚内衬的材质选用相应清洗方法。

(2) 顶棚内衬的养护

1) 顶棚内衬常用的清洗方法。先用大功率吸尘器和刷子清除顶棚内衬的灰尘，然后用中性洗涤液清洗，再用拭布擦干。但需注意：顶棚内填充物是隔热吸声的材料，易吸收水分，因此抹布要保持干燥。

2) 人造革制成的内衬表面的清洗方法。当内衬表面不太脏时，先用半湿毛巾擦拭一遍内衬表面，然后用干毛巾再擦拭一遍即可；当内衬表面污垢较严重时，可用毛巾蘸上全能泡沫清洗剂涂在内衬表面上，然后用干毛巾或擦布进行擦拭即可。

3) 化纤、棉、毛混纺材料制作的内衬表面的清洗方法。可用多功能柔顺剂进行清洗。人工清洗时，先将该清洗剂喷涂在顶棚内衬上，然后用拭布擦拭即可。若有喷抽机时，可采用喷抽机清洗，选用低泡柔顺剂作清洗剂，先在内衬表面上喷涂该清洗剂，然后再用喷抽机吸出污液，再用拭布擦干即可。

32. 车身镀铬件如何保持光亮？

车身镀铬件养护的好坏能使汽车外观的视觉效果截然不同。为了使爱车更加漂亮，在每次洗车之后不要忘了将各个电镀件清洁擦拭一遍，并用专用的镀铬金属抛光剂保养上光。方法如下。

(1) 清洗镀铬件表面　用轿车洗涤剂清洗镀铬件表面，清洁污垢，再用浸水的抹布拭净，然后用柔软干净的抹布把表面拭干。

(2) 擦拭镀铬件表面　使用铬清洁剂涂到污垢表面，然后用柔软干净的抹布将斑痕或黏附物拭净，直到把清洁剂擦到透明。

(3) 涂蜡保护　将固体蜡或铬防护剂全面均匀地涂在镀铬件表面，形成保护膜可有效保护镀铬件表面。

(4) 镀铬件表面上光　在涂蜡层半干时，用柔软的擦布在镀铬件表面进行抛光，最后再更换一块干净的擦布抛光，直至镀铬件表面光亮如新。

提示：若镀铬件表面出现锈痕，则应将白粉或牙粉撒在柔软的法兰绒上，蘸上氨水或松节油将其拭去，然后用透明漆涂覆，以防锈蚀进一步扩展。

33. 汽车为什么要贴膜？

选择适当的车膜贴在汽车玻璃上，具有如下作用。

(1) 隔热　贴膜可免遭来自太阳辐射引起的过量热能的灼烤，采用合适的汽车隔热膜，对太阳辐射热的阻隔可高达83%。在炎热的夏天可使车内冷气需求下降60%，变得凉爽舒适，可以少开或不开汽车空调，有效节省能源。

(2) 护肤　过强的紫外线会对人的皮肤造成伤害，甚至引起皮肤癌等疾病。普通车窗玻璃只可以阻隔19%的紫外线侵害，而高质量的专业太阳膜紫外线阻隔率可达到99%。因此，贴膜可以使肌肤免受阳光紫外线的伤害。

(3) 防爆　意外汽车事故可能因车窗玻璃飞溅而引起人身伤害。隔热防爆膜贴上后，可在汽车最薄弱的车窗构筑一道坚韧屏障，在突发意外时，能有效地黏着碎裂玻璃而不使其飞溅，起到保护车内乘员的作用。

(4) 舒适　过热、眩光引起的头晕眼花可能导致安全事故，汽车贴膜可减少来自太阳、雪地和其他光源产生的危险眩光，有助于安全驾车，并使驾乘人员感到舒适。

(5) 防盗　窃贼盗窃车内物品通常是寻找最容易得手的汽车作为袭击目标。只经过钢化的玻璃，无疑不能有效防止被盗。贴上汽车安全膜，可增强车窗抗爆性能，大大延长实施偷盗行动的时间。实验表明，当贴上高质量的汽车安全膜以后，击碎一块玻璃的时间从几秒钟会延长至数十秒钟。据警方统计，10s的时间就足以让犯罪分子心中发慌，知难而退。

(6) 私密　贴膜后可增强车内私密性，营造私密空间，阻挡他人对车内的窥视，并减少车内物品偷窃的机会。

34. 如何自己动手贴车膜？

给汽车贴膜，去维修店一般价钱较高，那么自己给汽车贴膜（图2-8），不光是价钱便宜，还可享受自己动手的乐趣。给汽车贴膜的方法如下。

(1) 清洁车窗玻璃密封胶条　车窗密封胶条内存留的沙石、灰尘会对贴膜造成影响，还会伤害到车膜，因此在贴膜前需要用吹风枪、刮板等清洁密封胶条内部。

(2) 清洁内外侧玻璃　虽然贴膜是在内侧玻璃上进行的，但外侧玻璃因为定型的需要同样要进行清洁。在玻璃上喷水，先用硬刮板把玻璃上的明显污垢刮干净，然

图2-8　汽车贴膜

后再用软刮板把玻璃上的水迹刮干净。这样反复操作即可完成玻璃的清洁，如果污垢过多，外侧玻璃可使用粘泥进行清洁，内侧则使用专用的去污剂进行清洁。

（3）**外部定型** 在外侧玻璃上喷水，利用清水将膜附着在外侧玻璃上，进行外部定型。如果车窗玻璃的弧度较大，车膜在玻璃上会出现褶皱，这时需要用风筒和刮板对车膜进行烘烤定型，以使车膜和玻璃之间形成完好的贴合。

（4）**裁膜** 根据玻璃的大小形状，去掉周围多余的部分，对车膜进行细致的剪裁。车膜顶部需比车窗顶部略低几毫米，以防止玻璃升降过程中造成卷边。

（5）**贴膜** 撕去车膜背面的保护膜，在内侧玻璃和车膜上喷水，将二者贴合在一起，并仔细修正车膜边缘使之与车窗配合完好。

（6）**赶水** 将车膜背面撕下的保护膜再次喷水附着在车膜上，用专用刮板刮压表面，使车膜与车窗之间的水分排出，使之粘贴紧密。粘贴保护膜的意义则在于避免刮板直接作用于车膜上，造成车膜的损伤。用刮板把膜刮平，最后把保护膜撕下。

（7）**粘贴警示贴** 用鹿皮把车窗角落留下的水迹擦拭干净，将警示贴粘贴在玻璃升降控制开关上，提醒车主3天内不要升降玻璃，以免造成车膜移位或卷边。

35. 汽车贴膜后应注意哪些问题？

汽车贴膜后3～7天，由于车膜与玻璃尚没有完全贴合，因此应注意下列几点问题。

1）贴膜后3天内不要升降车窗，因为车膜与车窗玻璃还没有完全贴合好，升降车窗可能造成车膜的移位和打卷。

2）贴膜后7天内不能清洗车膜，避免造成车膜脱落。

3）贴膜后7天内不要开启后窗除雾线开关，以免除雾线通电发热导致车膜变形。

4）不要让空调风对着车膜吹，以免剧烈的热胀冷缩，导致车膜脱落。

5）不要用尖锐物将膜的边缘拨开，以免进入脏东西。

6）贴膜后车膜与玻璃之间如有云雾状水雾，请不必担心，2～3周内它会自然干透消失。

7）贴膜2～3周后可以清洗，可用不起毛的布等柔软物品蘸有洗涤灵的水擦试，但不能用含酒精或氨水的溶液清洗，因为这种清洗液会影响车膜的性能。

36. 什么是底盘装甲？为什么要底盘装甲？

底盘装甲实际上就是在底盘上涂一层具有多功能的坚固物质，形成一种防锈、防撞、隔音的涂层，就像给爱车底盘穿了一层盔甲，可防止飞石和沙砾的撞击、避免潮气、酸雨、盐分对车辆底盘金属的侵蚀，防止底盘生锈和腐蚀。汽车底盘装甲不仅能够让您的爱车更坚固，而且会让汽车的使用时间更加长久，给汽车多一层保护，给自己多一份安全。底盘装甲的主要作用如下。

(1) 防腐蚀　附着在底盘上的泥土，洗车后积存在底盘的污水，以及潮湿的空气、酸雨、融雪剂等都会造成车辆底盘腐蚀，导致使用过一段时间后的车辆底盘锈迹斑斑。底盘装甲后，其涂层可以很好地避免外界污物、水汽对底盘的侵蚀，为底盘提供良好的保护。

(2) 防石击　车辆在行驶中溅起的小石子猛烈撞击到底盘上，会对底盘相关部件上涂有的保护漆膜造成损坏，导致金属部件缺少防护而生锈。而底盘装甲后具有弹性的树脂保护层可以在石击时对底盘起到很好的保护作用，即便砾石以3000N的力冲击都不能击破它。

(3) 隔音降噪　车辆行驶中噪声主要由轮胎噪声和道路噪声组成，其中大部分噪声从底盘传入车厢内，而底盘装甲后具有出色的密封性，能在一定程度上隔音降噪，并抵御噪声从底盘侵入车内，从而提高车辆在行驶中的舒适度。

(4) 减缓冲击　汽车行驶时路面障碍物托住或碰上底盘，往往会给车辆底盘带来很大的伤害。而底盘装甲后的弹性涂层会在底盘轻微触底时起到一定的缓冲作用，减少路面上凸起对底盘的冲击；当底部被路面突起刮蹭时，底盘装甲会减轻对底盘的伤害。

37. 如何给汽车安装底盘装甲？

先准备好底盘装甲胶等用材和必要的工具，然后按下列步骤进行底盘装甲。

(1) 清洁　升高汽车，用外部清洗剂去除底盘上粘结的油泥和沙子，如有锈迹应铲除、砂光。用高压水枪冲洗底盘，清洁后用干布、压缩空气将预喷涂部位弄干，保证底盘需喷涂的部件彻底清洁，达到无尘、无油。

(2) 保护　利用报纸和遮蔽带将不能喷涂的部位包覆，如排气管、发动机、传动轴、三元催化器、镀锌板类散热部件、各种管线及接口、螺钉；利用大张塑料薄膜包覆轮胎；利用遮蔽膜包覆整个轮弧，并沿车身裙边贴好。

(3) 喷涂　将底盘装甲各组分材料依次喷涂到底盘的施工部位，如底盘钢板、翼子板、油箱外壳等处，至少喷3层，厚度约为4mm，并对涂层局部进行修补。

(4) 清理　不慎粘在车身及其他地方的底盘胶请用专用清洁剂去除；清除遮蔽用的报纸、塑料薄膜、粘贴胶带，并清洁场地，至此施工完毕。

提示：喷涂完毕等待风干，一般20~30min即可。用手轻触底盘装甲，装甲表面若干，车即可上路。涂层完全固化时间为 3 天左右，在此期间，不影响汽车的使用。

38. 什么是发动机护板？其作用如何？

发动机护板又名发动机下护板（图 2-9），主要是根据车型及发动机周围大梁的原车孔位量身设计的发动机防护装置。其设计理念首先是防止路面突起的石块撞击而造成发动机损坏；其次是为了防止在行驶过程中，泥土、污水侵入发动机舱，导致发动机出现故障。

发动机护板的作用：保持发动机舱清洁，防止路面积水灰尘进入发动机舱；防止汽车行驶过程中轮胎碾压后卷起的沙石硬物撞击发动机，防止发动机受损及出现故障；防止凹凸不平路面及硬物对发动机的刮碰，保护发动机能正常安全运行。

图 2-9 发动机护板

提示： 发动机加装护板后，车体与地面的间隙是降低的，这在一定程度上会影响汽车通过性。因此，经常在城市道路行驶的汽车，由于路况好，没有必要安装发动机护板。若汽车经常行驶在坑洼、石子、泥沙、雨水多的路面，则可考虑安装发动机护板。

39. 如何选购发动机护板？

发动机护板多种多样，只有在了解其特性的基础上，再根据汽车的类型，才能正确选择合适的发动机护板。

(1) **发动机护板的特性** 不同材质种类的护板，其特性不同。

1) 硬塑树脂护板。这种护板生产工艺简单，重量轻、价格低，但使用中护板容易破碎，冬季更是如此，且受损破碎之后无法修复，起不到长期的保护作用。

2) 钢质护板。这种护板扎实、抗冲击性强，不易损坏，可以最大程度地保护发动机重要零件，缺点是较重。

3) 合金护板。合金护板有铝合金、钛合金等，它们重量轻，抗冲击性比硬塑树脂护板强。钛合金强度比铝合金高，而密度比铝合金小，但钛合金价格高些。合金护板总体来说，价格较高，但其强度却远远不如钢质护板，且破损修复难度较大。

4) 合金塑钢护板。这种护板采用全新创新型高分子塑钢材料，根据原车量身定做，重量轻、韧性强、耐高温、抗冲击性较强。材料采用的是进口高分子聚合物，造价成本高，因而合金塑钢护板价格比较高。

（2）发动机护板的选购　应根据汽车的类型选购发动机护板。

1）轿车类。轿车发动机护板可选择钢质护板或合金护板，因为轿车发动机一般离地高度不大（20cm 左右），首先需要考虑的是防止凹凸地面对发动机的拖挂和撞击。当然，合金塑钢护板也可选择，因为其抗冲击性较强。

2）微型车类。微型车、面包车一般选择硬塑树脂护板，它能够对路面的泥土有一定的防护作用，当然选择合金塑钢护板会更好。

3）越野车。越野车一般都用于非正常道路行驶，所以发动机护板是不可缺少的主要部件，一般选择非常坚固的钢质护板。

40. 汽车天窗有哪些功用？

汽车天窗安装于汽车的顶部（图 2-10），一般由玻璃窗、密封橡胶条和驱动机构组成。很多人比较看重汽车天窗，认为天窗可以提升车辆的档次，是车型高端的象征。调研表明：在 15 万元以上的汽车，没有天窗，销售都成问题。天窗主要具有如下功用。

（1）舒适享受　有天窗的汽车，自然采光好，打开天窗还可享受阳光沐浴，在城市观光、旅游行驶时，能感到特别的温馨、舒适。

（2）快速换气　汽车高速行驶时，如果想开车窗改善车中空气质量，往往会使车中乘员不舒适，不仅噪声大，而且人脸被风吹得难以承受。此时，若将天窗打开，则可利用负压换气原理，依靠汽车行驶的气流在车顶快速流动形成的负压，将车内污浊的空气顺畅地从天窗抽出，自然清新空气会从车头进入很快充满车室。

图 2-10　汽车天窗

（3）降温节能　天窗在夏天的作用最大，尤其是在炎热的天气中停放较长时间后，要想尽快将车中的热气赶出车外，这时除了开空调外，打开天窗利用汽车行驶中形成的负压抽出燥热的空气就可以迅速降温。另外，高速行车时，开启天窗比开启侧车窗空气阻力系数小，因此可减少燃油的消耗从而节能。

（4）除雾方便　在雨季可以利用天窗迅速除雾。在南方地区夏秋等雨水较多或温差较大的季节，如果行车过程中车窗紧闭，会造成车内外温差，前风窗玻璃和侧窗都容易形成雾气。虽然可以开空调降雾，但车中温度又会让人不舒服，此时，只要让天窗处于后翘通风位置，可轻易消除前风窗玻璃的雾气，而且既不必担心车外恶劣脏污的环境,也不必担心雨水被吹进车内。

41. 如何正确使用和养护汽车天窗?

(1) 汽车天窗的使用　汽车电动天窗在开启和关闭过程中,应轻松自如、关闭严密,不应发出难听的噪声。在颠簸的道路中最好不要完全打开天窗,否则会因天窗与滑轨之间的振动太大而引起相关部件的变形,甚至会损坏天窗电动机。在天窗结冰时,不要强行开启天窗,以免损坏天窗电动机。

日常使用天窗时,要关注天窗开启的声响和密封性。若天窗打开时发出干涩的摩擦声,甚至卡住不动,则说明天窗轨道变形或润滑不良;若天窗即使关闭很紧,但下雨天还渗水,则可能是天窗密封圈在使用中老化密封不严或排水口被灰尘堵塞引起。若天窗开启有异响或雨天有漏水现象,则要立即进行养护或修复。

(2) 汽车天窗的养护　自己动手对天窗进行养护的方法如下。

1) 平时保持天窗清洁。在平时洗车时,要顺便检查天窗的胶条及凹槽内有无沙尘、树叶或小树枝等脏东西,及时清洗或处理干净,并确保排水口不被灰尘堵塞。

注意: 使用高压水枪洗车时,不要直接将水对准天窗周围的密封圈喷射,否则高压水柱的喷压容易造成密封圈的变形损坏。

2) 适时清洁润滑天窗。如果汽车常在风沙大的地方使用天窗,最好每个月用湿海绵轻擦天窗滑轨上的灰尘或泥沙;在春秋两季,可以隔一个季度用湿海绵清洁一次密封圈。清洁润滑天窗时,将天窗完全打开,先用干净的海绵或软布擦拭滑轨上的灰尘(图2-11),再用不易吸附灰尘的润滑剂,对天窗的滑轨和传动机构进行润滑,最后将天窗完全关闭打开反复几次,再用软布擦拭掉多余的润滑剂。天窗的玻璃面板可用软布和清洁剂清洗。

图2-11　清洁天窗

注意: 汽车天窗养护时,千万不要使用容易吸附或沾染灰尘的润滑剂,以防止滑动部分和滑轨在运动过程中过早的磨损,以及其他不正常的天窗故障。使用润滑剂定期润滑,可减少天窗开关的摩擦力。

3) 停放车辆天窗的养护。车辆在准备长期停放前,可用细细的滑石粉或胶条专用的润滑剂涂抹天窗周围的胶条。如果天窗周围是绒质材料,只要用清水和干净的布擦拭即可。彻底清洁一次,以免因时间过长造成胶条在空气中发生化学变化而老化。

三、汽车的简易检查与养护

1. 出车前、行车中、收车后对车辆主要检查哪些内容？

无论是自己经常驾驶的车辆，还是驾驶其他车辆，驾驶人都要养成出车前、行车中和收车后检查车辆的习惯，及时发现隐患，保证车辆具备安全行驶的基本条件。

(1) **出车前的检查** 环视汽车检查：查看灯光装置有无损坏，车身有无倾斜，停车地面有无漏油、漏水痕迹；检查各轮胎外表有无损坏，轮胎和备胎气压是否正常，轮胎螺母有无松动；检查车门、发动机舱盖、行李舱盖和车身玻璃状况是否正常。进入驾驶室检查：查看后视镜是否干净，角度是否合适；检查转向，晃动并转动转向盘，感觉其间隙和连接是否正常；检查制动，踩下并稳住制动踏板，感觉其连接是否正常；观察仪表显示，查看机油、燃油等仪表是否正常，如有红色的故障灯报警，则需要排除故障才能出车；检查车灯、喇叭工作是否正常；检查证件、牌照及随车工具是否齐备；检查乘车人员是否安坐，门窗是否关好；检查周围安全情况。检查符合要求时，方可出车。

(2) **行车中的检查** 观察各仪表指示及工作状况是否正常，尤其要注意燃油、机油指示状况；检查转向是否灵活可靠；检查制动系统是否工作正常；检查离合器、变速器是否操作便利；倾听发动机及行车系统有无异响；注意行车中有无异味产生。行驶中出现任何不正常情况，都应立即停车查明原因，排除故障后方可继续行车。

(3) **收车后的检查** 检查车辆各部有无损坏，必要时进行适当的维护，或及时排除车辆故障，使车辆经常保持最佳技术状态，确保下次出车的行驶安全。

2. 空气滤清器如何维护？

空气滤清器用来过滤进入气缸的空气。空气滤清器既要滤除空气中的灰尘和杂质,又要保证空气的通畅,因此,必须对空气滤清器进行及时的维护。

空气滤清器的维护周期,应根据汽车行驶道路的清洁情况确定。在多尘的道路行驶的车辆,需勤维护、勤清洗。

目前,大多数轿车发动机使用一种质量轻、成本低、更换方便、滤清效率高的纸质滤芯干式空气滤清器,一般每行驶5000km清洁一次。清洁时,拆下滤芯,用压缩空气吹净(图2-12),或用木棒轻轻敲击,或用软毛刷处理,除去滤芯上的灰尘,并清除滤清器壳内的杂质。

图2-12 空气滤清器的维护

注意:滤芯清洁时切勿用汽油或水洗刷,也不要用湿布擦滤芯;滤芯装复时要确保连接处的密封良好;每行驶25000km必须更换纸质滤芯。

3. 燃油滤清器如何维护?

发动机燃油滤清器的作用是滤掉燃油中的水分和杂质,以减少气缸、活塞环、喷油器等的磨损,并避免燃油系统堵塞特别是喷嘴堵塞。燃油滤清器本身应保持清洁,以免沉淀杂质和水分(冬季结冰)堵塞油路。因此,对燃油滤清器应定期维护。

目前,大多数轿车发动机上装的是一次性不可拆洗式的纸质滤芯燃油滤清器,其更换周期一般为10000km。当汽车行驶里程达到更换周期时,应更换燃油滤清器。燃油滤清器有进出油口箭头标记,更换时切勿装反。

对于可拆洗的燃油滤清器,其维护的主要内容是放出其沉淀杯内的脏物和水分,清洁滤清器,通常汽车每行驶5000km应清洗一次滤芯,30000km左右应更换滤芯。

4. 机油滤清器如何维护?

机油滤清器的作用是滤掉机油中的机械杂质与胶质,以确保发动机机油清洁,润滑系统油路畅通,并减少运动零件的磨损。如果机油滤清器发生堵塞,则会使供油不足,破坏发动机的正常润滑,使磨损加剧,易造成烧瓦拉缸故障,使机件损坏。因此,应加强对机油滤清器的维护,及时清洗或更换机油滤清器。

目前，大多数轿车发动机使用的是整体旋装式机油滤清器，这种滤清器是不可拆洗的一次性滤清器，无需维护，但当汽车行驶一定里程或发动机定期更换机油时，必须同时更换机油滤清器。对于可清洗或更换滤芯的机油滤清器，其维护的主要任务就是清洗或更换滤芯，当滤芯使用达到更换周期里程时，应更换滤芯，通常锯末滤芯的更换周期为6000~8000km。

5. 如何检查机油的品质和油面高度？

发动机消耗机油是正常的，但是过多的消耗则属于不正常。因此，汽车每行驶一定里程，最好检查一下发动机的机油量（油面高度），以确保发动机有足够的机油，同时也可判断发动机消耗机油是否正常。另外，机油长期使用后，其品质下降会导致油膜强度降低，润滑性能下降。因此，当汽车行驶一定里程后，也应检查机油的品质。若机油品质变差，不能满足发动机润滑条件的要求，则应更换机油。

(1) 机油油面高度的检查

1）车辆停放在水平地面，将发动机停机后，等待几分钟，以便机油流回到油底壳。

2）抽出机油标尺，用干净的擦布擦干，并把机油标尺重新插回直至挡住。

3）抽出机油标尺，察看机油面位置，看是否符合要求。油面高度应在上限标记和下限标记之间，在山区行驶的汽车或夏天持续在高速公路上行驶的汽车，应保持在上限标记附近。

如油面过低，则应检查有无漏油现象，然后加注规定的机油至适当的油面高度。但油面高度不能高于上限标记。

(2) 机油品质的检查　用擦净后的机油标尺插入曲轴箱再取出，以标尺上的机油滴为研究对象，看机油是否变质、含水、变色、变稀或杂质过多。若油滴呈乳浊状并有泡沫或含黄白色乳化油膜，则机油中含水量极高；若油滴表面颜色暗淡，甚至完全失去光泽或颜色很深，说明机油的抗氧化添加剂失效，机油已氧化变质；若油滴有汽油味，说明机油里已混入汽油，机油被稀释。

用手指捻机油，可简单检验机油的品质。用油标尺滴一滴机油在食指、拇指间，两指头搓捏，若有细粒感，说明机油含杂质多；两指头分开，油丝长度若大于3mm，表明黏度过大；两指头搓捏若无滑腻感，手指分开后油丝长度小于2mm，说明机油被冲得过稀，黏度太小。

6. 何时需要更换机油？

在使用过程中，机油受高温的氧化和燃烧产物的作用，以及外部尘埃、水分等的混入，使机油劣化变质。变质后的机油，润滑性能不良，抗磨损性能下降，会加剧零件的磨损。因此，对在用机油应适时更换。根据换油准则的不同，机油的更换可分为定期换油、按质换油和油质监测下的定期换油三种。

(1) 定期换油　定期换油就是按照汽车行驶里程或使用时间对机油使用性能的影响规律来更换机油，当机油使用到一定时间或里程，必须进行更换。

一般按汽车制造厂商推荐的换油周期换油，大部分车换油周期是 5000～10000km，部分高档车辆，当达到换油里程时车内会出现换油提示。在实际使用中，路况、车况、机油品质，都会影响换油周期。如长期在市区行驶，汽车停车、起步频繁，会加剧发动机磨损、加快机油污染，因此须缩短换油周期。

定期换油不需对在用机油的质量进行鉴定、化验，操作简单、方便，目前国内普遍采用这种换油方法。

(2) 按质换油　按质换油就是根据发动机在用机油的质量（使用性能）更换机油，当能够反映在用机油质量的一些代表性项目指标达到换油指标要求时，应更换机油。

在实际使用中，在用机油的变质速度与使用时间或里程的长短不是成比例的，在相同的使用时间或里程内，机油的主要性能指标变化是有差别的，这主要取决于汽车的技术状况和使用条件。如果汽车技术状况较好、使用条件较好，机油变质速度就较为缓慢，到了定期换油周期时油质仍然较好；如果汽车技术状况不好、使用条件差，机油变质速度就比较快，使其未到定期换油周期时油质就已经很差了。因此，采用定期换油的方法就容易造成不该换的换了，浪费了油料；而该换的没有换，润滑条件无法保证，使机件磨损增加。

由于定期换油的不合理性，随着在用机油化验技术的进步，按质换油正在逐步取代定期换油。实行按质换油，必须配备一定数量、具有监测化验能力的技术人员和必要的化验设备，在汽车维护时，按规定对在用机油进行监测、化验。当在用机油检测指标达到规定极限时，必须更换机油。

(3) 油质监测下的定期换油　油质监测下的定期换油是指在规定发动机换油期的同时也监测在用机油的某些理化指标，必要时可提前报废的一种换油方法。它是定期换油和按质换油的一种综合方法。这样不仅可及时更换不适用的机油，更为重要的是能够发现发动机的隐患，以便提前采取措施加以消除，从而避免造成重大损失。

7. 如何更换机油？

1）适当预热发动机，但温度不能过高。停机后，彻底排出机油。
2）视需要清洗润滑系统，并更换机油滤清器。
3）使用新的垫圈，重新安装好放油螺栓。
4）给发动机加注机油。按发动机说明书的要求，加注推荐的适量的机油，使油面上升到规定的高度。
5）运转发动机3min，待发动机熄火数分钟后，检查机油是否渗漏，同时检查油面高度是否合适。应确保油面高度符合标准，且无漏油现象。

8. 什么是节温器？如何检查节温器性能？

节温器是控制冷却液流动路径的阀门，通常安装在气缸盖水套的出水口处。节温器的功用是根据发动机冷却液温度的高低，打开或关闭冷却液通向散热器的通道，自动调节冷却强度，保证发动机在最适宜的温度下工作。目前，汽车发动机装用的节温器多为蜡式节温器。这种节温器内部装有石蜡，它是利用石蜡在温度较低时呈固态，温度较高时为液态时的体积变化来自动开启或关闭阀门的。

若节温器性能不佳或存在故障，则发动机冷却液温度可能过高或过低。节温器的常见故障有主阀门不能开启或开启和全开的温度过高；主阀门关闭不严。前者将造成冷却液不能有效地进行大循环，致使发动机过热；后者将造成发动机升温缓慢，出现发动机温度过低现象。此外，随着节温器性能逐渐衰退，主阀门的开度将逐渐减小，造成进入大循环的冷却液流量减少，发动机将逐渐过热。节温器性能的检测方法如下。

（1）就车检测法

1）在冷却液温度升高过程中检查。冷车时，运转发动机，观察冷却液温度表的指示情况。若发动机工作时冷却液温度很快升高，而当升至80～90℃后，即达到主阀门开启时刻的温度后，升温明显减慢，则说明节温器性能正常；若发动机工作时温度上升很慢，长时间达不到正常工作温度，则说明节温器主阀门卡住没关闭，无小循环；若发动机工作时温度一直飙升，直至温度表指针长时间指在红区，则说明节温器主阀门卡住不开启，无大循环。

2）在发动机高温时检查。若冷却系冷却液足量、冷却液泵及散热器工作正常，则运转发动机。当发动机过热时，用手触摸缸盖的冷却液出口处和散热器进液口处，若两者的温差很大，则表明冷却液不能进入大循环，说明节温器失效。

(2) 拆下检测法　将节温器拆下，浸入可调温的热水容器中，测量节温器主阀门开启温度、全开温度及全开升程，来检验节温器的性能，不同车辆装用的节温器可能有不同的要求。例如，富康轿车发动机蜡式节温器，当冷却液温度低于89℃时，主阀门关闭，侧阀门打开；当冷却液温度升至89℃时，主阀门开启，随着冷却液温度的提高，主阀门渐开，侧阀门渐关；当冷却液温度温升到101℃时，主阀门全开，侧阀门全关；节温器主阀门全开时最大升程为8mm。

注意：节温器的性能检验若不符合要求，则必须更换，而不要去修复。

9. 如何检查冷却系统的电动风扇及温控开关？

采用电动风扇的发动机冷却系统，其冷却风扇驱动电动机很多是受温控开关控制的。这种风扇一般有两档转速：冷却液温度高时，其风扇转速快；冷却液温度低时，风扇转速慢，甚至停转。

(1) 电动风扇高温不转的检查

1）停机后用手转动风扇，若运转正常，说明无机械故障。

2）若冷却液温度很高（100℃）但风扇不转，应检查熔断器。若熔断器完好，则应停机检查温控开关和电动机的功能。

3）直接连接温控开关接插件内的12V电源线和电动机接线，可判断出温控开关及电动机的好坏。若使这两线头连接后风扇开始运转，说明电动机功能正常；若在高温时接上温控开关接插件后风扇仍不转，则说明温控开关损坏，应换用新件。

(2) 温控开关功能的检测　温控开关检测的主要内容为电动风扇低、高速时的导通及断开温度是否符合要求。下面以桑塔纳轿车为例说明其检测方法。

将电动风扇的温控（热敏）开关放入加热的水中，改变水温，用万用表测量温控（热敏）开关的导通及切断，用温度计测量开关导通及切断时的水温。第1档，当水温达到93~98℃时导通，当水温达到88~93℃时断开为正常；第2档，当水温达到105℃时导通，当水温达到93~98℃时断开为正常。否则，说明电动风扇的温控（热敏）开关有故障，应予以更换。

10. 怎样更换发动机冷却液（防冻液）？

发动机冷却液（防冻液）的更换方法如下。

1）放出冷却液（防冻液）。拧下散热器盖，打开散热器放水阀，放出冷却液（防冻液）。

2）冲洗冷却系统管道。将连接自来水管的橡胶管插入散热器加水口，打开自来水开关，使自来水连续不断地流经发动机冷却系统冲洗。在冲洗操作时，要使发动机怠速运转，直至散热器放出清水为止。

3）关上散热器放水阀。冷却系统冲洗干净后，将自来水放净，并关上散热器放水阀。

4）加注冷却液。从散热器加液口加入冷却液，使冷却液充满散热器。拧开储液罐盖，加入冷却液，并达到"MAX"刻度线，注意不要超过"MAX"刻度线。

5）盖上散热器盖和储液罐盖，并拧紧。

6）补加冷却液。起动发动机，怠速运转2~3min，然后拧开散热器盖。此时若冷却系统由于排除了部分空气，冷却液面有所降低，则再补充冷却液，使冷却液达到"MAX"刻度线。

11. 如何判断发动机点火正时？

点火正时是指正确的点火时间，一般用点火提前角表示。若点火正时，则发动机的动力性、经济性和排放性能都比较好。若点火不正时，则应到汽车维修店修复。利用经验法可以判断发动机点火是否正时。经验法主要是依据加速时发动机的声响及加速的快慢程度来判断点火是否正时，它需要经过发动机运转和汽车路试来确定，其方法如下。

（1）根据发动机运转情况判断　起动发动机，使冷却液温度上升到80~90℃，在发动机由怠速运转突然将加速踏板踩到底时，若能听到轻微的敲击声并很快消失，而且发动机转速迅速上升，则说明发动机点火正时；若敲击声很大，则说明点火时间过早，即点火提前角过大；若完全听不到敲击声，发动机加速感到发闷，其转速不能随加速踏板的加大而迅速增加，排气管发出"突突"声，则表明点火过迟，即点火提前角过小。

（2）根据汽车路试情况判断　使汽车满载，发动机冷却液温度为80~90℃，在平坦路面以直接档30km/h的车速行驶，突然将加速踏板踩到底，此时若有短促轻微的爆燃敲击声，瞬时声响又消失，其车速迅速提高，则说明点火正时准确；若在加速中有强烈的爆燃声如金属敲击声，且不消失，则说明点火过早；若在加速中听不到突爆声，且车速提高不快、加速发闷，则说明点火过迟。

12. 如何维护火花塞？

火花塞对发动机工作性能影响很大，如火花塞积炭过多，电极间隙不当，火花塞沾有油污存在漏电现象，则会导致火花塞工作不正常，引起发动机动力降低、油耗增加。此时，必须对火花塞进行维护。火花塞维护的主要内容是清洁、检查和调整，必要时还应更换火花塞。

(1) 火花塞的清洁　维护时对火花塞的清洁工作如下。

1）除净螺纹积垢。

2）清洗火花塞。用汽油或酒精洗净火花塞的瓷芯表面，保持瓷芯与壳体之间的空腔内无异物。

3）清除电极积炭。用铜丝刷刷洗，可先在煤油中浸泡一定时间，使之软化后再清洗，不允许用刮刀、玻璃砂纸或金刚砂纸来清理积炭。当积炭严重用上述方法无法清除时，可采用化学法进行火花塞退炭，将需清除积炭的火花塞放在退炭剂中浸泡 2～3h，当积炭溶解后将火花塞从退炭剂中取出，先用毛刷在热水中清洗，然后再用汽油清洗，清洗后用压缩空气吹净。

(2) 火花塞的检查

1）检查火花塞螺纹，若螺纹损坏，则应更换火花塞。

2）检查火花塞电极，电极应无损坏、变形，中心电极绝缘柱上不能有裂纹，白瓷不能开裂，绝缘应无损坏，否则应更换火花塞。

3）检查火花塞电极间隙，电极间隙应符合标准，否则应予以调整。

4）检查火花塞积炭，有积炭时应予以清除。当积炭严重渗入绝缘体内部时，通常是应更换火花塞。

5）检查火花塞能否工作。把火花塞放在气缸盖上，用中央高压线对准接头螺钉作跳火试验，如两电极间有火花，则可初步判断良好；如无火花，则说明火花塞短路，应更换。

(3) 火花塞电极间隙的调整　火花塞中心电极与侧电极之间的间隙称作火花塞电极间隙。该间隙的大小对发动机的点火性能具有重要影响，其间隙过小会使电火花变得微弱，火花能量小，不易点燃混合气，而且容易形成积炭，造成短路而不能跳火；其间隙过大，所需的击穿电压就高，火花塞跳火的可靠性就较差，容易造成缺火，或根本不能跳火。电子点火系统火花塞电极间隙为 1.0～1.1mm。

当火花塞的电极间隙不符合说明书规定的要求时，应予以调整。其调整方法如图 2-13 所示，可轻轻扳动火花塞的侧电极进行调整，调整后的间隙测量可用调整火花塞的专用量规进行。

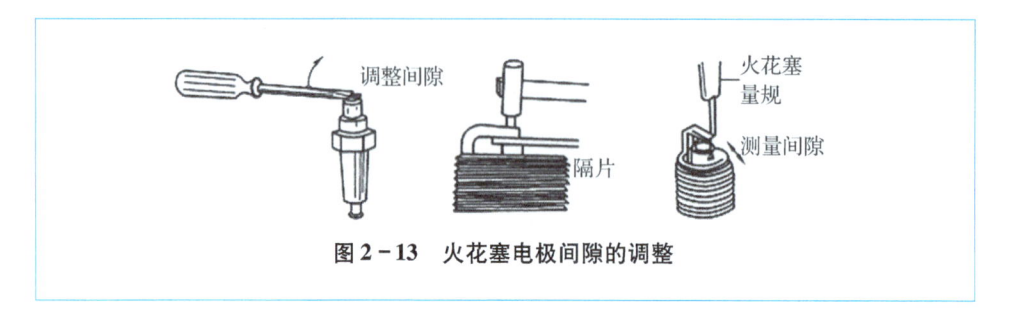

图 2-13 火花塞电极间隙的调整

(4) 火花塞的更换　火花塞维护时，若火花塞出现电极损坏、绝缘体损坏、螺纹损坏等现象，则应更换火花塞。

1) 火花塞的选用。一般按照汽车使用说明书的规定，选配相同型号、相同热特性的火花塞。但有时应根据发动机的实际使用条件而定，选用更合适的火花塞。

火花塞有热型、冷型之分。热型火花塞，其绝缘体的裙部较长，受热面积大，吸热容易，散热较慢，温度高；冷型火花塞，其绝缘体的裙部较短，受热面积小，吸热少，散热较快，温度低。

在选用火花塞时，最好能根据发动机的特性及实际使用条件选用不同热特性的火花塞，甚至对同一台发动机，在季节不同、工作规范不同以及所用的燃油质量不同时，均应选用不同型号的火花塞。如对某一发动机来说，如果选用的火花塞积炭和油污比较严重，则说明选用的火花塞过"冷"了，应换用较"热"的火花塞；反之，当发动机在工作中经常发生爆燃，且在停止点火后，仍要工作一段时间，则表示所选用的火花塞过"热"了，产生了炽热点火，应换用较"冷"的火花塞。同一台发动机应选用同一规格的火花塞，不允许混用不同型号的火花塞。

2) 火花塞的安装。为保证火花塞的密封性，在火花塞与发动机的机体之间必须装设密封垫圈，密封垫圈不能多装，也不能少装，以免影响火花塞的热特性。在安装火花塞时，应先用手将火花塞旋入螺纹孔，再用套筒扳手紧固，其紧固力矩要适当，确保火花塞的固定牢固可靠，但力矩不能过大，以免损伤气缸盖上的火花塞螺纹孔。

13. 如何检查调整发动机气门间隙？

对于机械传动的发动机配气机构，若气门间隙过小，则气门会因热胀而关闭不严；若气门间隙过大，则气门会产生噪声。因此在维护中，要检查和调整气门间隙。气门间隙的检查与调整原则是：能检查与调整的气门，其挺杆必须与凸轮的基圆部分相接触。遵从上述原则，检查调整前，应先根据气门和活塞冲程的相应关系，使气门处在可检查调整状态，实践中四冲程发动机气门间隙的检查调整常采用下面两种方法。

(1) 逐缸检查调整法　转动曲轴将某缸活塞置于压缩行程上止点位置，然后即可检查调整该缸的进、排气门间隙。各缸依此法进行，逐缸检查调整。

检查调整时，应以各种车型冷、热发动机状态时进、排气门的标准间隙值为根据，选择相应厚度的塞尺，插入待检查缸的气门间隙处，来回拉、推塞尺，如图 2-14 所示，若感觉有轻微的阻力，则表示间隙合适；若无阻力，或阻力过大或根本插不进去规定的塞尺，则表示间隙过大或过小，应进行调整。

调整时，先松开调整螺钉上的锁紧螺母，再转动调整螺钉，调到气门间隙适当后，保持调整螺钉不动，将锁紧螺母拧紧（图 2-14）。然后复查气门间隙，如有变化，应重新调整。

逐缸检查调整法准确可靠，适应各种车辆。但其工效不高，操作麻烦，特别是中间各缸找上止点位置比较困难。

(2) 两次检查调整法　根据发动机的工作循环、点火顺序、配气相位和气门的开闭角度，推算在某缸压缩终了开始做功时，除该缸的进排气门可检查调整外，还可检查调整其余缸的有关气门，一次即可检查调整发动机进、排气门总数的一半，因此两次即可检查调整发动机所有的进、排气门间隙。

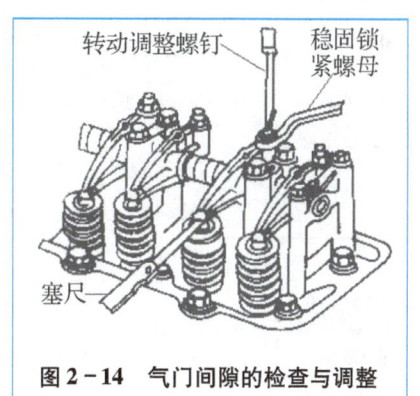

图 2-14　气门间隙的检查与调整

第 1 次，在第 1 缸处于压缩终了上止点（开始做功）时，检查调整所有气门中的一半；第 2 次，摇转曲轴 360°，检查调整其余的一半气门。不同发动机每次可检查调整的气门可用"功双调，叠不调，功前调进，功后调排"的简便易记规律加以概括，这样只要知道发动机的点火顺序，便可知道两次各应检查调整的气门，下面举例说明。

例如，6 缸发动机的点火顺序为 1→5→3→6→2→4，为了便于说明，可变成图 2-15 的形式。当 1 缸活塞处于压缩行程上止点准备做功时，则 1 缸为"功"，其进排气门均可调（双调），2、4 缸属于功前，调进气门，5、3 缸属于功后，调排气门，6 缸为叠，即进排气门重叠开启，因而其进排气门均不可调，整个气门已调了半数。而当曲轴转动 360°后，6 缸活塞处于压缩行程上止点准备做功，则可再调未调的半数气门。

```
调进 双调 调排 不调              调进 双调 调排 不调
2→4→1→5→3→6   曲轴转动360°    5→3→6→2→4→1
  ┬   ┬   ┬   ┬      ───────→      ┬   ┬   ┬   ┬
  前  功  后  叠                    前  功  后  叠
```

图 2-15 可调气门的判别

这种两次检查调整气门间隙的方法，适用于各种四冲程发动机。只要巧妙地将多缸发动机的点火顺序作出类似图 2-15 的变化，则可容易地判断可检查调整的气门。表 2-1 列出了常见多缸发动机两次气门间隙调整法可调气门的判别情况。

表 2-1 几种发动机两次气门间隙调整法可调气门的判别

发动机气缸数	点火顺序	在压缩上止点做功的气缸	进气门可调的气缸	排气门可调的气缸	举 例
直列 4 缸	1→3→4→2	1	1、2	1、3	富康轿车、桑塔纳 3000
		4	3、4	2、4	
直列 6 缸	1→5→3→6→2→4	1	1、2、4	1、3、5	EQ6100、CA6102
		6	3、5、6	2、4、6	
V6 缸（120°夹角）	1→6→5→4→3→2	1	1、2、3	1、5、6	通用 V6
		4	4、5、6	2、3、4	
V8 缸（90°夹角）	1→5→4→2→6→3→7→8	1	1、3、7、8	1、2、4、5	吉尔 130 V8
		6	2、4、5、6	3、6、7、8	
V10 缸（90°夹角）	1→6→5→10→2→7→3→8→4→9	1	1、3、4、8、9	1、2、5、6、10	日产 RD10V
		7	2、5、6、7、10	3、4、7、8、9	

14. 怎样检查蓄电池的技术状况？

（1）**常规检查**

1）检查蓄电池安装是否牢固，蓄电池导线与极柱连接是否坚固，接触是否良好。

2）观察蓄电池外壳是否破裂。

（2）**状态检查** 现代轿车普遍采用免维护蓄电池。这种免维护蓄电池大多数在盖上设有一个孔形的密度指示器（俗称"电眼"），它会根据电解液密度的变化而改变颜色，通过不同的颜色来显示蓄电池的状态。通常，当电眼呈绿

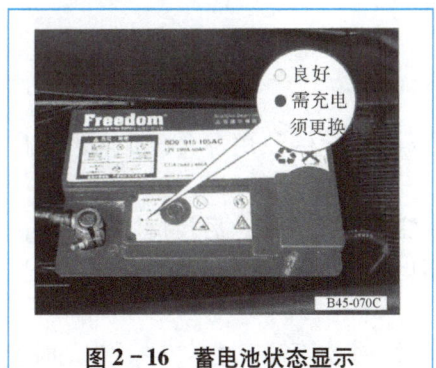

色时，表明蓄电池电量较足，蓄电池正常；当电眼呈黑色时，表明蓄电池电量不足，需要及时充电；当电眼显示淡黄色或没有颜色，表明蓄电池的酸液液面过低或内部有故障，需要修理或进行更换（图 2-16）。

（3）液面检查　检查电解液液面是否在规定的位置。在塑料外壳的蓄电池侧面，标有两条液面线：MAX 标记和 MIN 标记。电解液液面应保持在两条液面线之间的范围内，在任何情况下，电解液的液面位置不得超过 MAX 标记和低于 MIN 标记。

图 2-16　蓄电池状态显示

15. 怎样维护和更换蓄电池？

（1）日常维护

1）擦去蓄电池表面的灰尘、油泥以及残余的电解液，保持清洁干燥，防止自放电。

2）清除极柱和导线接头上的氧化物，以免电阻增大。

（2）免维护蓄电池的维护　免维护蓄电池并非真正的免维护，而是说这种蓄电池在通常状况下不需要拿出来充电。对可加液的免维护蓄电池，必要时还要补充蒸馏水。

1）蓄电池的充电。当电眼指示蓄电池需要充电时，应进行充电。在充电过程之前关闭点火开关和所有的用电器。一般情况下在小电流充电（如用小的充电设备）时，不必取下蓄电池的连接电缆，但在快速充电之前，也就是说以大电流充电之前，要取下两根连接电缆。将充电器的电极卡夹按规定夹到蓄电池的电极上，再把充电器电源线连接进行充电。充电结束后首先关闭充电器，然后拔下充电器电源插头，再把充电器的电极卡夹从蓄电池上取下。

2）蓄电池的加液。对带有加液栓的蓄电池，当蓄电池的液面接近 MIN 标记时，用蒸馏水充满所有的蓄电池单格直至 MAX 标记，但不要充得过满超过它，否则蓄电池酸液能经排气孔流出，会导致车漆损伤和汽车的腐蚀损坏。蒸馏水充满后，必须用蓄电池栓塞密封所有的蓄电池单格。

（3）蓄电池的更换　更换蓄电池时，新的蓄电池必须具有相同的电压和结构形式。其电流强度和容量应该同旧蓄电池一致。在安装蓄电池之前，关闭点火开关和所有的用电器，首先固定正极电缆（通常情况下是红色），然后固定负极电缆（通常情况下是黑色或褐色）。

16. 蓄电池使用应注意哪些事项？

为保持蓄电池处于良好的技术状态，延长蓄电池的使用寿命，蓄电池在使用过程中应注意下列事项。

1）在车辆上安装蓄电池时，应先接正极柱上的连接线，后接负极柱上的搭铁线，这主要是防止扳手万一接铁而造成蓄电池损坏。从车上拆下蓄电池时，则按相反步骤进行。

2）严禁长时间的大电流放电。使用起动机时，每次不得超过5s，再次起动时应停歇10~15s。若连续3次不能起动发动机，则应查明原因，排除故障后再起动。

3）不要大电流充电和过充电，以防蓄电池极板活性物质脱落。实践证明：充电电压若增高10%~12%，则蓄电池寿命将缩短60%左右。因此，发电机调节器的电压值应严格调整到规定的范围。

4）避免过放电和长期亏电使用，以防蓄电池极板硫化。当汽车灯光暗淡发红，按喇叭声音不响亮，起动机运转无力时，蓄电池就不要再继续使用，应立即充电。使用中应尽量增多充电机会，经常保持在充足电的状态下工作。

5）冬季使用蓄电池，应注意经常保持蓄电池处于充足电的状态，以免电解液因密度低而结冰，致使蓄电池损坏。

17. 如何检查、调整离合器踏板的自由行程？

离合器踏板自由行程是指离合器踏板在消除离合器分离杠杆端面与分离轴承之间的间隙所移动的一段空程。若离合器踏板自由行程过小，则离合器片磨损后会使分离杠杆端部顶住分离轴承，离合器不能很好地接合使离合器打滑，同时易造成分离轴承早期损坏；若自由行程过大，则容易使离合器分离不彻底。因此，离合器踏板应具有合适的自由行程。但由于离合器踏板自由行程会随着离合器摩擦片的磨损而变化，故对离合器踏板自由行程应进行定期检查和必要的调整。

（1）离合器踏板自由行程的检查　将有刻度的直尺支在驾驶室地板上，先测出踏板完全放松时的高度，再测出按下踏板感到阻力明显增大时的高度，两次测量的高度差，即为离合器踏板自由行程数值（图2-17a）。各种车型的离合器踏板自由行程都有其规定的数值，不尽相同，如桑塔纳轿车离合器踏板自由行程为15~25mm，而奥迪轿车离合器踏板自由行程为10~15mm。

（2）离合器踏板自由行程的调整　当离合器踏板自由行程不符合该车的规定，如过大或过小时，应进行调整。其调整方法和部位因离合器的操纵方式不同而有差异。机械操纵式离合器一般通过改变分离拉杆有效长度的方法来调整其自由行程。调整时，旋松锁紧螺母（图2-17b），当自由行程过大时，将调整螺母旋进，使分离拉杆有效长度缩短，则自由行程将减小；当自由行程过小时，将调整螺母旋出，使分离拉杆有效长度增长。调好后，将锁紧螺母锁牢。调整完毕，再检查一次踏板自由行程，确保其符合规定值。

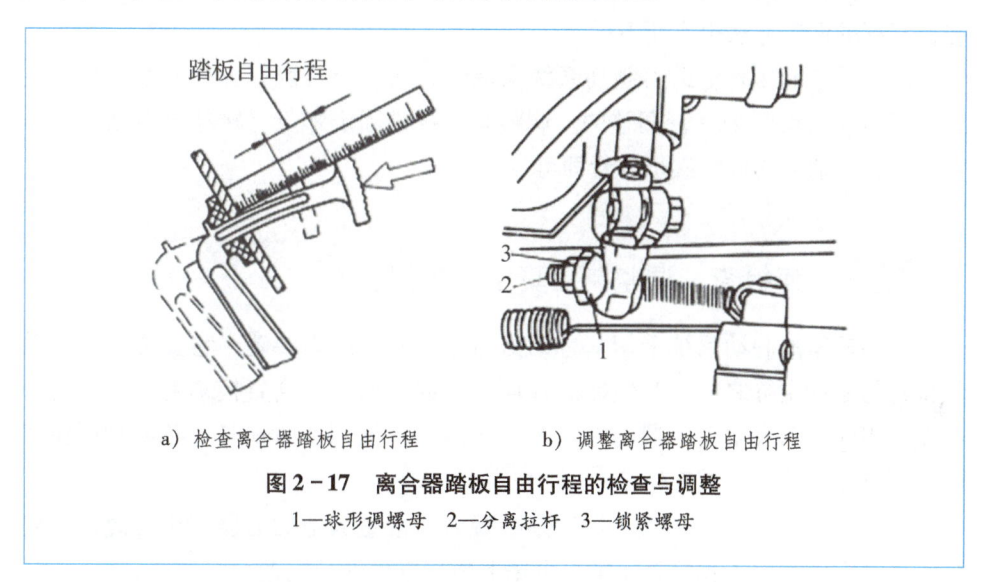

a）检查离合器踏板自由行程　　b）调整离合器踏板自由行程

图2-17　离合器踏板自由行程的检查与调整

1—球形调螺母　2—分离拉杆　3—锁紧螺母

18. 如何检查、调整制动踏板的自由行程？

制动踏板自由行程是指制动踏板在自由状态最高位置，踏下制动踏板感到有阻力为止时，制动踏板所移动的距离。制动踏板自由行程过大，会使制动迟缓而不灵，导致制动效能降低；自由行程过小，则不能彻底解除制动，造成制动拖滞。因此，必须经常检查与调整制动踏板自由行程。

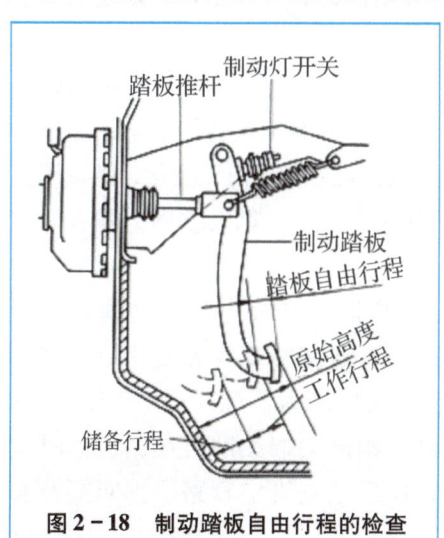

（1）制动踏板自由行程的检查　检查前，将发动机熄火，踏下制动踏板数次，直到真空助力器中已无真空存在时为止。用直尺一端放置于制动踏板的前围板上，另一端接触制动踏板一侧（直尺应垂直于踏板平面），使制动踏板处于自由状态下的最大高度，用手轻压踏板，当感到有阻力时停止，察看踏板移动的距离，即为制动踏板自由行程（图2-18）。各种车型的

图2-18　制动踏板自由行程的检查

制动踏板自由行程都有其规定的数值，不尽相同，如夏利轿车制动踏板自由行程为 3～7mm，而广州本田雅阁轿车制动踏板自由行程则为 1～5mm。

(2) 制动踏板自由行程的调整　当制动踏板自由行程不符合该车的规定时，则应进行调整，使其符合原车的要求。对于不同结构的制动系统，其制动踏板自由行程的调整方法也有所不同。

对于轿车液压真空助力制动系统来说，制动踏板自由行程是通过改变真空助力器推杆的长度来进行调整的。调整时，拧松固定螺母，转动真空助力器推杆，调整合适后将固定螺母拧紧即可。

19. 如何检查、调整制动真空助力器？

许多轿车的制动系统采用真空助力器作为制动助力装置。它安装在制动踏板推杆与制动主缸之间，其性能的好坏及零部件的损坏会直接影响汽车的行车安全。因此，对真空助力器的性能及工作情况应做到及时检查，必要时更换或调整真空助力器，使其工作正常。

(1) 真空助力器的检查　制动踏板费力通常是真空助力器完全失效的重要信号。真空助力器工作是否正常，可用下列行方法进行检查。

1) 密封性能检查。起动发动机，运转 1～2min 后关闭发动机。以常用制动踏板力踩制动踏板若干次，每次踩踏板的间隔时间应在 5s 以上，其制动踏板高度若一次比一次逐渐提高（图 2-19），则表明真空助力器密封性能良好。否则，应检查发动机真空供给情况，若发动机运转时提供的真空度正常，则表明真空助力器密封不良，应更换真空助力器。

2) 负荷密封性能检查。起动发动机，使发动机在怠速运转 1～2min 后，踏下制动踏板数次，并在踏板处于最低位置、保持踏板力不变的情况下，停止发动机运转。若发动机提供的真空度正常，而踏板高度在 30s 内无变化，则说明真空助力器密封性能良好。如制动踏板有明显的回升现象，则真空助力器有漏气故障。

3) 助力功能检查。在发动机熄火时，用相同的踏板力踩制动踏板若干次，以消除真空助力器的全部残余真空度，并确认踏板高度无变化后，踩住制动踏板不动，然后起动发动机，此时若制动踏板略为下沉（图 2-20），则说明真空助力器助力功能正常。如踏板不动，则助力器无助力作用，此时应首先检查真空源是否提供了一定的真空度，然后检查真空管路、止回阀及真空助力器。

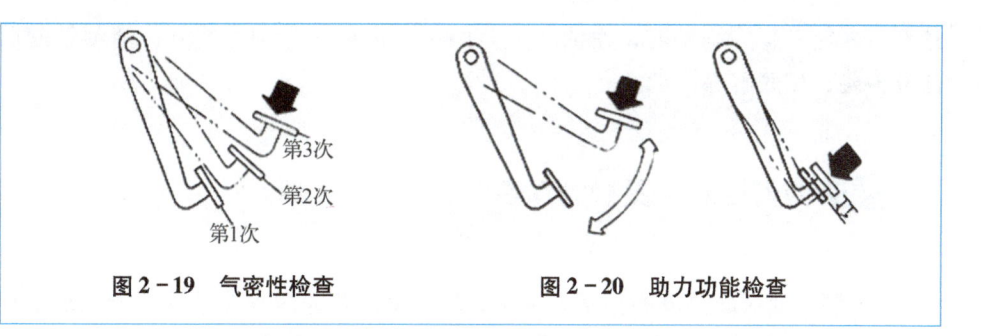

图 2-19 气密性检查　　　图 2-20 助力功能检查

4）真空助力器空气阀的检查。真空助力器空气阀若存在漏气故障,则汽车无制动行车时,部分空气进入真空助力器使膜片两侧腔产生压差,导致助力器自动工作,使车轮行车的阻滞力较大,导致汽车动力性、经济性严重下降。真空助力器空气阀故障可用下面两种方法检查。

① 通过车轮的阻滞试验来检查真空助力器的空气阀。其步骤如下：

a）将车轮升离地面悬空。

b）踩制动踏板数次,以便清除真空助力器内的残余真空。

c）松开制动踏板,用手转动车轮,注意其阻力的大小。

d）起动发动机,并怠速运转 1min,然后关闭发动机。

e）再次用手转动车轮,如果阻力增加,则说明真空助力器的空气阀存在漏气故障,其故障的原因是真空助力器解除制动后,让空气进入了真空助力器使膜片两侧腔产生压差,导致助力器自动工作,产生制动。此时应更换真空助力器。

② 直接检查空气阀的密封性能。方法是当放松制动踏板,发动机怠速运转时,悬一小束棉纱或纸条于空气阀进气口前面,如被吸入,说明空气阀密封不良,有漏气故障；如此时不吸入,而当制动踏板刚一踏下时便被吸入,则说明空气阀良好,无漏气故障。

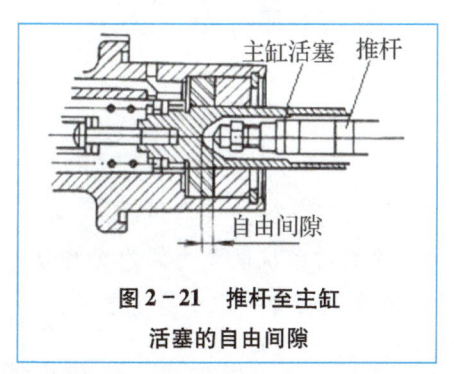

图 2-21 推杆至主缸活塞的自由间隙

（2）真空助力器的调整　当真空助力器出现壳体破损或有裂纹、推杆弯曲或损坏、漏气、失去助力功能时,应更换真空助力器,真空助力器通常不允许进行分解检修。

在更换或调试真空助力器时,应注意检查和调整推杆到制动主缸安装面的距离,使真空助力器推杆与制动主缸活塞间有 2~3mm 的自由间隙（图 2-21）。只有这样，才能在解除制动时，使活塞完全回位，将膨胀孔彻底放开，使制动液回流储液罐，彻底解除制动。

20. 如何检查、更换制动液？

（1）制动液的检查

1）制动液液面高度的检查。液压制动系统汽车的制动储液罐位于制动主缸上方，其上有制动液面上限标记和下限标记。在制动过程中，储液罐的液面高度将产生上下波动现象，为了保证制动安全可靠，制动液面高度应在上限和下限标记之间，并尽量接近最高液面。在行车制动液压油路系统不泄漏的情况下，储液罐里制动液面的高度，可反映制动摩擦片的磨损程度。汽车行驶一段时间后，制动摩擦片磨损加大，制动液面会有小的下降。为保证汽车制动的安全性，正常情况下，汽车每行驶10000km时和制动系统维修后，应检查储液罐内制动液的液面高度。

检查时，将汽车置于水平路面，直接查看制动液的液面高度。若制动液面不符合规定，下降到下限危险标记以下时，则应先检查制动系统是否有泄漏及其他故障，确信无故障或排除故障后，再向储液罐内加入制动液至上限，修复出厂的汽车，制动液在储液罐里的高度应在上限标记处。

2）制动液泄漏的检查。液压制动系统的泄漏有内漏和外漏。内漏发生在系统内，它不损失制动液，但可导致制动性能丧失；外漏可发生在整个制动系液压通道内的连接松动处、密封件损坏处、管壁裂纹处，它既能损失制动液，又能导致制动性能的丧失。因此，对于制动系统的内漏和外漏，应加以检查，找出原因并排除故障，以保证行车安全及减少制动液的损失，其常用的检查方法如下。

① 就车目检。对于外漏严重的制动系统，可在停车时查看车上制动管路布置处制动液的泄漏痕迹，以确定泄漏故障部位，但对于内漏则无法检查。

② 踏板施压法检查。其步骤如下。

a）将变速杆置于空档。
b）使发动机怠速运转。
c）踏下制动踏板，以中等踏板力稳定地保持在踩下的踏板上约15s。若在稳定的踏板压力下，踏板不降落，则说明制动系统既无内漏也无外漏；若踏板降落，则表明主缸可能有内漏或者在制动管路中可能有泄漏，此时可进行下一步的直观检查。

d) 当制动系统有泄漏故障时,用举升器将汽车升起,直观检查所有制动管路、软管和接头、前后制动器分泵是否有漏油的痕迹,查看制动管路是否有损伤、裂纹、接头松动等现象,确诊制动系统泄漏部位。若经检查无外漏,则表明制动主缸有内漏,因此应更换或修复制动主缸。

(2) **制动液的更换** 当制动液吸潮、脏污及变质后,应及时更换制动液,否则会引起制动主缸及轮缸的早期磨损或使制动性能下降。制动液宜选用汽车使用说明书上规定的品种和型号,目前多选用合成型制动液,切忌将不同型号的制动液混合使用,否则会导致制动液失效。

更换新制动液时,应清除液压制动管路的旧制动液。通常采用不拆卸管路而又有良好清除效果的方法,即由两人配合,一人用力踏制动踏板,另一人按由远而近的顺序拧松制动轮缸的放气螺钉,使旧制动液和污物从此排出流入到事先准备的容器中,当储液罐内刚好没制动液时加入新制动液,再按上述方法将旧制动液彻底排净,直到新制动液流出为止,并使注入的制动液的液面至上限标记处。整个加注过程始终要保持制动液在下限记号之上,以防空气侵入回路。加注完毕后,对制动系统进行排气。

21. 如何排出制动系统内的空气?

液压制动系统内若有空气侵入,则制动时将造成制动踏板无力,踏板行程过长,致使制动力不足,甚至制动失灵。因此需要对有空气渗入的液压制动系统进行排气。一般说来,制动系统维修后,或者制动系统进行清洗、换液后,或者制动液中渗入空气时,都需对制动系统进行排气。在进行排气之前,应先排除制动系统中存在的故障,并检查制动液压系统中的管路及其接头,如发现管路破裂或接头松动,应进行修理,以免制动系统排气完毕后,重新渗入空气。

制动系统常用的排气方法是利用脚踩制动踏板提供的制动管路压力,由远至近地对各个制动轮缸逐个地进行排气(图2-22)。在开始进行排气时,制动主缸储液罐液面必须处于最高液位标记处,在排气过程中,要经常检查液位,至少使储液罐保持半满,以免液位过低时空气重新渗入制动系统,给每个轮缸排气之后都应检查液面,按要求及时补足制动液。其排气过程如下。

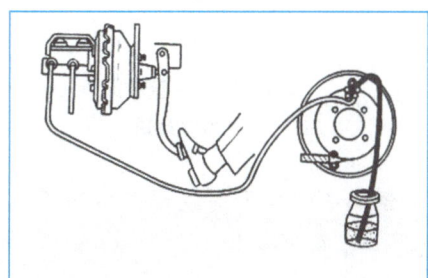

图 2-22 制动系统排气方法

1) 发动机停转,检查储液罐液面高

度，若液面不符合规定，应加注制动液。

2）在右后轮制动轮缸的排气螺钉上接一根透明的塑料软管，另一端放入盛有制动液的容器内。

3）踩制动踏板数次，然后用力踩住踏板不动。

4）拧松右后轮排气螺钉，使空气从系统中排放出来，然后拧紧排气螺钉。注意应在轮缸中的油压消失之前拧紧排气螺钉。

5）慢慢将制动踏板完全松开。

6）重复3）~5）操作步骤数次，直至从管中流出的制动液里没有气泡为止。

7）按由远至近的排气顺序即右后轮制动轮缸→左后轮制动轮缸→右前轮制动轮缸→左前轮制动轮缸的顺序，对其他的制动轮缸进行排气。

8）向储液罐中加注制动液至上限处。

9）踏下制动踏板，检查制动管路各个部位，不应有油液泄漏现象。

22. 如何检查、调整转向盘的自由转动量？

转向盘自由转动量是指汽车转向轮处于直线行驶位置静止不动时，转向盘可以自由转动的角度。合适的转向盘自由转动量对于缓和路面冲击，避免驾驶人过度紧张是有利的。但自由转动量过大，则会导致汽车转向不灵敏，影响行车安全。由于转向盘自由转动量会随着转向器及其传动件的磨损而增大，因此应定期对转向盘自由转动量进行检查和调整，使其符合要求。

（1）转向盘自由转动量的检查　转向盘自由转动量的检查步骤如下。

1）停放汽车，使前轮位于直线行驶位置。

2）用指尖向左右侧轻轻转动转向盘，在转向盘外周边缘上测量手感变重（即轮胎准备偏转）时的自由行程（游动量），即为转向盘的自由转动量，如图2-23所示。

3）如果转向盘自由转动量不符合要求，则应对其进行调整。

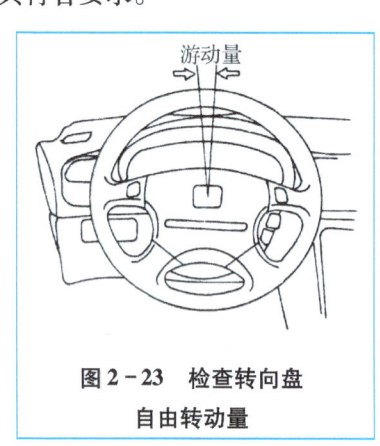

图2-23　检查转向盘自由转动量

提示：各种车辆转向盘自由转动量的数值不尽相同。一般说来，轿车转向盘的自由转动量从中间位置向左或向右均不得大于10°，最大设计车速小于100km/h的载货汽车不得大于15°。

（2）转向盘自由转动量的调整　调整前，应先查出引起自由转动量不符合要求的原因,然后再进行转向盘自由转动量的调整。

1) 转向盘自由转动量不正常原因的检查　检查时最好有两人协作进行,一人在车上左右转动转向盘,另一人在车下观察。若转向盘转动较大角度,而转向器拉杆并不移动,说明自由转动量过大的原因在转向操纵机构和转向器部分;若转向器拉杆移动,而前轮并不转动,则说明自由转动量过大的原因在转向传动机构和转向车轮部分。

如果故障在转向操纵机构和转向器部分,则应首先检查转向盘固定螺母、转向轴万向节等处是否松动。若有松动现象,应根据具体情况予以拧紧或更换损坏的零件。若转向盘转动量仍大,则说明转向器内传动间隙过大,应予以调整。

如果故障在转向传动机构和车轮部分,应检查前轮轮毂轴承是否松旷、各转向连接杆间的连接部位是否松旷或有零件损坏等情况。通常采用的检查方法是,支起汽车前部,用手扳动两前轮左右转动及上下摇动,观察各传动部分及连接部位有无松动等缺陷。若感觉接头松旷、轮毂轴承松旷,则应拆下检查;若磨损严重,则应更换;若接头紧固螺母松动,则应加以紧固。

2) 转向盘自由转动量的调整　引起转向盘自由转动量不当的原因,主要来自转向器和转向传动机构。对于不同的转向系统,则有不同的调整方法。现代轿车多采用齿轮齿条式转向器,它主要由齿轮、齿条及其啮合间隙调整结构组成,如图 2-24 所示。下面以齿轮齿条式转向器为例说明其调整方法。

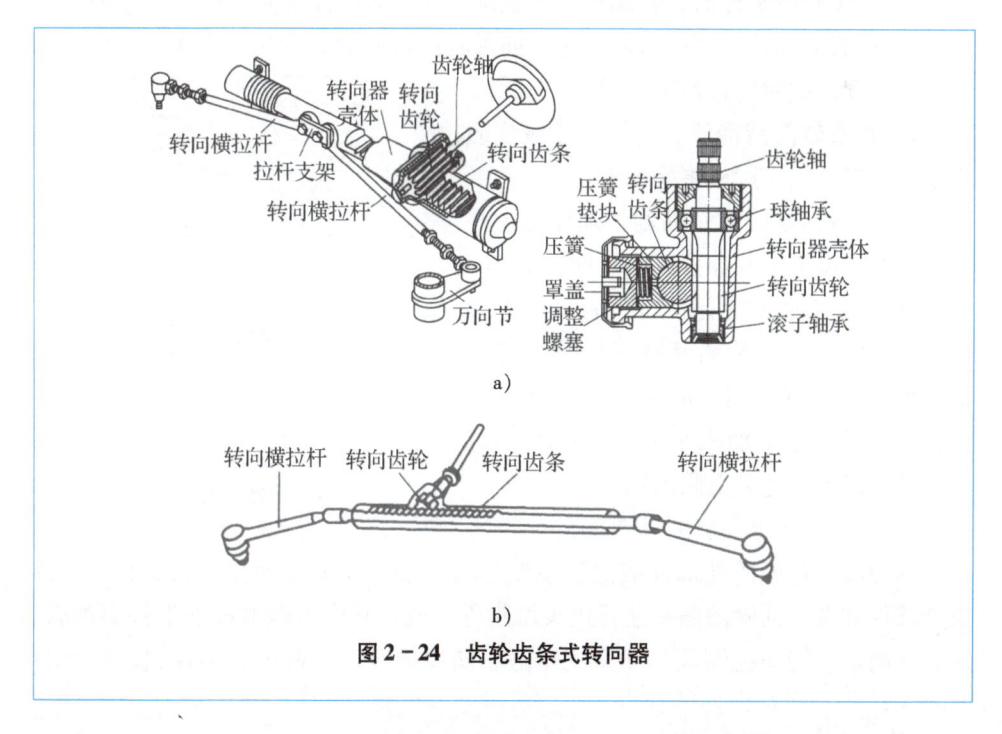

图 2-24　齿轮齿条式转向器

① 转向器齿轮与齿条啮合状态的调整。通过转动调整螺塞，可使转向器齿轮与齿条处于最佳啮合状态，使转向盘自由转动量合适。调整完毕后，在转向全行程范围内检查转向时的松紧程度，应做到既转动自如，无犯卡现象，又无松旷感。若转向犯卡，自由转动量过小，说明调整螺塞拧进过多；若转向松旷，自由转动量过大，说明调整螺塞拧进过少或弹簧弹力过小，应加以检查并重新调节。

② 横直拉杆球头销的调整。调整时，取出螺塞上开口销，用偏置弯头起子将螺塞旋到底，使弹簧座抵紧球头碗，然后再按各种车型的规定退回适当行程如 1/4～1/2 圈，使螺塞槽口对正开口销孔，保持其弹簧具有合适的张力。检查球头销，以能在球座内活动而无松旷现象为宜。检查调整装复后，将开口销切实锁定，并加注润滑油脂。

23. 如何检查、更换动力转向液？

目前，轿车大多数采用液压动力转向系统。轿车长期使用后，需要检查和更换动力转向液。

（1）动力转向储液罐油液的检查

1）将汽车停放在平坦的地面上。

2）在发动机怠速时，转动转向盘数次，使转向油液温度达到 80℃左右。

3）检查转向液是否起泡或乳化，如果转向液起泡或乳化，则表示转向液内已渗入空气，此时应进行排气操作。

4）检查转向液油质，若转向油液变质或使用期限已到，则应更换油液。

5）检查储油罐油位高度，确保油位在储油罐的油位上限和油位下限之间，如图 2-25 所示。当油液没有变质，油液中也没有渗入空气，而只是油面高度低于油位下限，此时可能有泄漏，应检查并修理泄漏部位，然后按需添加汽车使用说明书推荐的油液，使油位达到上限附近。

图 2-25 油液检查

（2）动力转向系统油液泄漏的检查

液压动力转向系统的外部油液泄漏主要是由于油封及密封圈损坏或老化、壳体或金属件破裂、油管渗漏或油管接头松脱等造成，其中可能泄漏的部件有油管、动力转向泵、转向控制阀、动力液压缸、储油罐等。可通过更换油封、损坏件

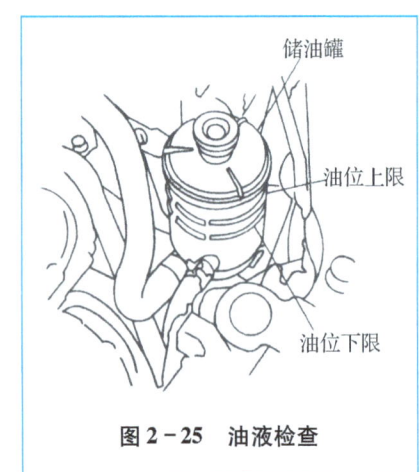

或紧固接头予以修复。

检查泄漏时，首先起动发动机，然后左右转动转向盘若干次，每次都转到极限位置（注意：在极限位置停留不得超过5s），使转向泵输出最大压力，从而使整个动力液压管路系统产生最大压力，此时在转向泵管路连接处及动力转向泵、转向控制阀、动力液压缸的常见泄漏点处检查泄漏。

提示：液压动力转向系统常见的泄漏部位有动力转向泵油封泄漏、泵壳体与泵盖端泄漏、转向控制阀体外壳顶部的油封泄漏、动力转向液压缸泄漏、动力转向泵与转向控制阀及动力液压缸的各油管接头泄漏。因此，动力转向液压系统外部油液泄漏时，应对上述部位进行重点检查。

(3) **动力转向油液的更换** 一般情况下，汽车在二级维护时，需更换动力转向液。汽车每使用两年，需更换动力转向液一次。另外，在动力转向油液检查时，若发现其油液变质及有杂质，则应及时更换。其更换步骤如下：

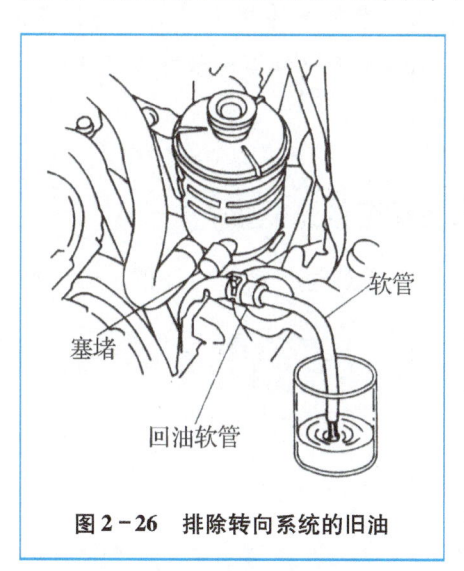

1) 用千斤顶或举升器将轿车前部顶起，并稳固地支撑。

2) 卸下储油罐的回油软管，从储油罐及回油软管上放出旧油至适当的容器中（图2-26）。小心不要把旧油洒到车体或零部件上，以免损坏车漆，若溅洒应立即擦净。

3) 使发动机怠速运转，一边排油，一边将转向盘连续地左右转到极限位置，直到油液排尽，再关闭发动机。

4) 将回油软管重新安装到储油罐上。

5) 向储液罐加注规定的动力转向油液至油位上限。

6) 起动发动机并且怠速运转，然后转动转向盘从左极限到右极限位置若干次，以便排出转向液压系统中的空气。

7) 重新检查油位，必要时可加注规定的转向液压油，使油位至储油罐上限。

图2-26 排除转向系统的旧油

24. 如何排出动力转向油液中的空气？

当汽车转向液压系统渗入空气后，由于空气的可压缩性，造成汽车转向操作不稳、忽轻忽重，影响汽车的转向安全性。为保证汽车转向省力，操作平稳安全，应及时地对转向液压系统中的空气予以排出。在对动力转向系统进行排气前，应先检查储油罐油位高度，并据需要添加动力转向油液。待液面合适后，便可按下述方法排气。

1）将汽车前部用千斤顶或举升器顶起，并用支架牢靠固定。

2）转动转向盘，从左极限位置转到右极限位置，来回转动3~5次。

3）起动发动机，使之怠速运转，并重复上述转动转向盘的过程3~5次。

4）将汽车前部放下，在发动机怠速运转的状态下，来回再转动转向盘5~8次，使油温升高，然后将转向盘置于中间位置，检查并记录储油罐内油面高度。

5）关闭点火开关，使发动机熄火，待其停止转动3~5min后，再查看储油罐内油面高度，并与步骤4）的油面高度进行比较，若两次无差值或差值小于5.0mm，而且油液中无气泡或乳化现象，说明系统内空气已排净。否则，仍需重复4）、5）两步骤，直至空气被排净为止。

6）检查油位，根据需要可向储液罐中加注油液至规定油位。

提示：转向液压系统渗入空气的主要原因油管接头连接不牢或接头损坏；油管破裂或重新连接油管后没有进行排气或排气不干净；在更换转向油时排气不干净；储油罐油面过低等。

25. 如何检查、调整动力转向泵传动带的张紧度？

汽车动力转向油泵工作的动力来自发动机，是通过传动带传递的。若传动带过松，传动带易打滑，将会导致油泵供油量降低，转向系统的油压过低，使转向沉重；若传动带过紧，会导致油泵轴及轴承受力增加，从而加快零件的磨损，降低机件及传动带的使用寿命，同时发动机功率的消耗增加。因此，动力转向泵传动带的张紧度应调整适宜。

(1) 传动带张紧度的检查

1）传动带静挠度检查法。在动力转向泵传动带的中部施加100N的力，测量传动带的静挠度（图2-27），其挠度值应符合标准。一般轿车动力转向泵旧传动带的标准静挠度为13~16mm；新传动带的标准静挠度为10~12mm。若静挠度过大，则传动带过松；若静挠度过小，则传动带过紧。

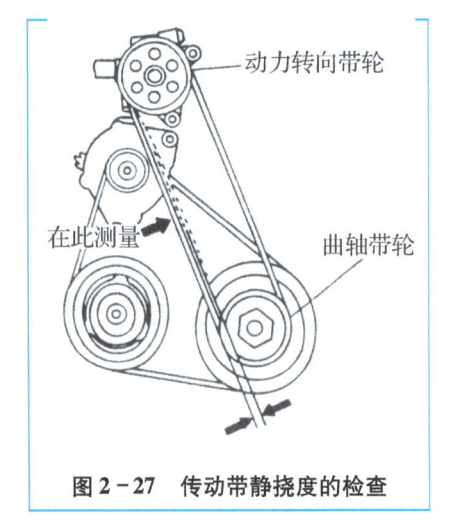

图2-27 传动带静挠度的检查

2)传动带运转检查法。汽车停在干燥路面上,发动机运转使油液升到正常温度后,左右转动转向盘,当转向盘转到极限位置时,动力转向泵输出油压最大,此时传动带的负荷最大,传动带应能正常运转。如果传动带打滑,则说明传动带紧度不够或油泵内有机械损伤。

(2) **传动带紧度的调整** 当传动带过紧或过松时,应对传动带的紧度进行调整,其调整步骤如下。

1)松开张紧轮固定螺栓。
2)压紧张紧轮使传动带张紧并同时拧紧固定螺钉。
3)起动发动机,将转向盘在左右极限位置之间连续转动几次,再关闭发动机。
4)重新检查传动带挠度。若传动带张紧度不符合标准,则重新调整直至符合要求。
5)传动带运转检查时,传动带应能正常运转,而不应打滑。

26. 如何检查转向操纵力、转向性能?

(1) **检查转向操纵力** 检查车轮开始转动的操纵力时,应将汽车停放在水平干燥、清洁的路面上,轮胎充气到正常气压,并使储油罐油位正常及转向泵传动带张紧至标准值。其检查过程如下。

1)起动发动机,使其怠速运转,同时连续左右转动转向盘至各极限位置若干次,以使转向油液升温。
2)使前轮处于直线行驶位置。
3)按图2-28所示将弹簧测力计连接到转向盘轮缘上。

4)起动发动机,使其怠速运转,并拉弹簧测力计,一旦转向轮胎开始转动时,记下弹簧测力计读数。

5)对于轿车来说,其弹簧测力计的读数一般应小于29N,如果此读数过大,说明车轮开始转动所需的转向盘操纵力过大,说明动力转向工作不正常,则应检查动力转向泵和转向器;如动力转向泵压力正常而转向操纵力过大,则应检查转向控制阀、动力液压缸及转向器。

图2-28 检查转向盘操纵力

(2) **检查转向性能** 起动发动机,并使之怠速运转,动力转向泵工作正常,然后左右转动转向盘,动力转向器总成应在其整个工作范围内工作正常，操作轻便，转向盘转向、回正顺畅，噪声小，无振动。

27. 什么是车轮前束？如何检查、调整？

（1）**车轮前束** 汽车同轴上的两轮（左、右轮），其前端距离小于后端距离的现象，称为车轮前束（图 2-29）。其差值 $A-B$ 为正数时，称为正前束；$A-B$ 为负数时，称为负前束。目前，轿车上前后轮都有车轮前束的要求。车轮设置前束的目的是与车轮外倾相配合，消除车轮外倾产生的不良后果，减少轮胎的磨损，保证汽车的行车安全。

汽车在行驶过程中，由于轮毂轴承和横拉杆球头销的磨损，会造成车轮前束值发生变化，这不仅导致车轮侧滑，影响转向盘的操纵，而且还会增大行驶阻力，加速轮胎磨损。因此，当发现轮胎磨损严重且不均匀、车轮有摆振、操纵稳定性变差时，应对车轮前束进行检查和调整。

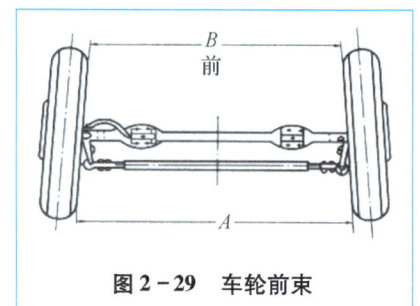

图 2-29 车轮前束

（2）**车轮前束的检查** 在检查车轮前束之前，应使汽车满足下列条件：轮胎充气压力符合规定值、各轮胎尺寸一致；车轮及轮胎无摆振现象；车轮轴承间隙正常；悬架系统的球头销无过大间隙；油液加满，汽车空载。

车轮前束可用钢卷尺进行测量，可用"架车法"或"推车法"测量。"架车法"：将车轮架起离开地面少许，使车轮处于直行位置，用粉笔在轮轴中心线高度上的左右轮胎边缘画上记号，量出两记号之间的距离，然后将左右车轮转 180°，其记号则转至前轴后面，再量出两记号之间的距离，其后端间距与前端间距之差即为前束值。"推车法"与"架车法"基本相似，只是应将汽车停放于平直路面上，测量完轮胎前端后，向前推动汽车使车轮转 180°后再测量轮胎后端。

各车型车轮前束规定值可能不同，同一汽车前后车轮的前束规定值也不尽相同。例如，富康轿车前轮前束规定值，有助力转向车型为 1~3mm，无助力转向车型为 -3~-1mm；后轮前束规定值为：-2~2mm。广州本田雅阁轿车前轮前束规定值为（0±2）mm；后轮前束规定值为（2±2）mm。

（3）**车轮前束的调整** 若车轮测出的前束值不符合其规定值，则应对其进行调整，使之满足要求。依据车型结构的不同，车轮前束的调整有所变化。下面以轿车为例，说明车轮前束的调整方法。

1）前轮前束的调整。前轮前束的调整依赖左、右转向横拉杆中的调整螺母进行。调整时，左右车轮对称调整，不可单独调整某一边，否则，左、右前轮的前束角不等，可能会出现跑偏、转向轮与车身干涉等现象。其调整步骤如下。

① 松开左、右转向横拉杆的锁紧螺母。

② 转动左、右转向横拉杆的调整螺栓，调节左、右转向横拉杆的长度，直到前束调整至规定值为止。注意：前束值过大时，须缩短横拉杆，反之则调长横拉杆。

③ 调整结束后，按规定的力矩拧紧转向横拉杆锁紧螺母。

前轮前束调节完成后，应将转向轮处于直行位置，以检查转向盘是否居中。若转向盘不居中，则需对前轮前束进行重新调整，以保证转向盘居中、转向轮处于直行位置时前束值符合规定。

2）后轮前束的调整。有的轿车后轮前束也可调整，例如，广州本田雅阁轿车，该车后轮采用独立悬架，其左、右后轮的前束应分开调整，其调整步骤如下。

① 使左右后悬架控制臂上的调整螺栓固定不动，松开各自调整螺栓上的锁紧螺母。

② 转动左右后悬架控制臂上的调整螺栓，将后轮前束调到规定值。

③ 将各自的调整螺栓固定不动，再装上自锁螺母，并以规定的力矩拧紧锁紧螺母。

28. 如何维护汽车轮胎？

汽车轮胎的技术状况，直接关系到汽车行驶的安全和汽车使用性能的好坏。因此，应经常维护汽车轮胎，使其具有良好的技术状况。

1）加强轮胎的例行维护。做到：勤查气压、勤查胎温、经常检查轮胎有无损坏，并随时除去嵌入轮胎花纹中的杂物。

2）拆装轮胎要规范。不正确的拆、装轮胎往往会使轮胎的胎圈部位变形或损伤，轻则影响轮胎的气密性或导致轮胎胎侧出现鼓包，重则使轮胎胎体帘线断裂而报废。因此，轿车轮胎的拆装必须使用轮胎拆装机，严禁直接用手工拆装。大车轮胎的拆装要严格按照操作规范进行。

3）轮胎修补或更换后要动平衡。使用动不平衡的车轮，会使汽车行驶的振动和噪声加大，并且使轮胎出现不规则磨损而缩短轮胎使用寿命。因此，对修补或更换的汽车轮胎，装车前应进行动平衡。

4）提高底盘维护质量，延长轮胎使用寿命。底盘技术状况会直接影响轮胎寿命，如车轮定位不正确；轮毂轴承松动、轮辋变形、车轮不平衡；转向系统、制动系统、行驶系统调整不当均会导致轮胎工作不正常，降低轮胎使用寿命。因此，汽车维护时，要特别重视底盘的检查与调整，保持底盘具有良好的技术状况，保证车轮正常工作，使车轮行驶尽可能纯滚动，从而减少轮胎与路面滑移造成的异常磨损。

29. 如何更换汽车轮胎？

换轮胎是一件很平常的事。但是，许多新手不会换轮胎。更换汽车轮胎的正确步骤如下。

1）取出备胎。确保备胎正常完好、气压合适。

2）拆卸需换的轮胎。先拆下车轮的装饰盖，再用套筒按对角顺序拧松轮胎螺母（注意：轮胎螺母拧得很紧，有时要用脚踩才能松掉），然后用千斤顶将车顶起（注意：千斤顶一般应顶在车门下铁槽的两个小缺口上，如图2－30所示），最后将轮胎螺栓全部卸下并将轮胎拆下。

3）安装备胎。先将备胎螺栓孔对正，把备胎装入车轴，然后将轮胎螺母分几次对角拧紧，如图2－31所示。先稍拧紧1，再稍拧紧对角的2，然后稍拧紧3再对角稍拧紧4，最后再拧紧5。这样分3~4次逐次拧紧，当拧紧到最后一次时，放下千斤顶紧固，用随车套筒扳手用力拧紧就可以达到要求。

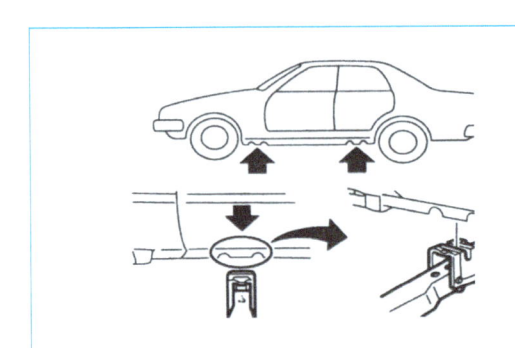

图2－30　千斤顶顶车部位　　图2－31　轮胎螺柱拧紧顺序

提示：轿车轮胎螺母的拧紧力矩是多少，要视轮胎螺栓的直径而定。如果轿车的轮胎螺栓直径为12~14mm，那么一般来说拧紧的力矩是120~140N·m，成年男子只要用随车的轮胎螺栓套筒用力拧紧即可，而不要用脚去踩套筒手柄或违规加接套管来拧紧。

4）最后安上车轮装饰盖。

> **您知道吗？**
>
> 拆卸轮胎时，不要一开始就将千斤顶顶起让车轮悬空，而应利用轮胎与地面的压紧力来拧松轮胎螺母。安装轮胎螺母时不能一次拧紧，而应按对角顺序逐渐拧紧；轮胎螺母拧紧力矩过小过大都不行，过小易松脱，过大易导致螺栓拉伤，金属早期疲劳损坏；不允许在第1次拧螺母时就放下千斤顶，这样会导致螺母似紧非紧。

30. 如何检查悬架减振器的性能？

悬架减振器性能的好坏对汽车行驶的舒适性产生影响。当汽车振动严重，舒适性变差时，应对悬架减振器的性能进行检查。对悬架减振器的性能可进行就车检查，方法如下。

（1）振动检查　停车时，用手把车辆压下（图2-32），然后迅速地松手，使减振器处于工作状态，此时若车辆的反弹次数超过两次，则说明减振器工作效能差，性能不良，应更换减振器，该法适用于小车。

图2-32　检查减振器

（2）触摸检查　让汽车运行一段时间停车后，迅速用手触摸减振器筒体，如果感到筒体发热、烫手，说明减振器工作正常，不缺油。若感觉筒体不发热或温度变化不大，则说明减振器失效或缺油。

提示：减振器缺油时，往往导致减振器发响并使减振器失去减振功能。此时汽车在不平路面行驶，就会发出"咯噔""咯噔"的撞击声，并使振动加剧。因此，一旦减振器有异常响声，并伴有车身振动严重现象，则应停车检查，用手触摸减振器筒体，并查看减振器体是否有漏油的痕迹，以此确诊减振器是否缺油。

四、汽车用品及选购

汽车用品的丰富多彩和点缀是营造流动生活空间的需要，是汽车美容服务的延伸，是一种汽车文化生活的体现。精美的汽车用品带给驾乘人员的是一种贴身的关怀。一分工夫一分精彩，用品美丽的背后绝不仅仅是追逐时尚的冲动，更多的是对另一种物质文化的把握。因此，要用功选购汽车用品。

1. 什么是车载导航仪？它有什么作用？

车载导航仪是指利用车载 GPS（全球定位系统）配合电子地图来进行行车定位、导航的仪表（图 2-33）。它能让您在驾驶汽车时随时随地知晓自己的确切位置，能方便、准确地告诉您去往目的地的最短或者最快路径，是驾驶人的好帮手。

图 2-33　车载导航仪

车载导航仪的主要作用如下。

（1）路线规划　GPS 导航系统会根据您设定的起始点和目的地，自动规划一条线路。其规划线路可以设定是否要经过或避开某些途径点。

(2) 地图查询　可以在操作终端上搜索您要去的目的地位置；可以记录您常要去的地方位置信息，并保留下来，也可以和别人共享这些位置信息；还可以模糊查询您附近或某个位置附近的如加油站、宾馆、取款机等信息。

(3) 自动导航

1) 语音导航。用语音提前向驾驶人提供路口转向，导航系统状况等行车信息，使您无需观看操作终端，而只通过语音提示就可以安全到达目的地。

2) 画面导航。在操作终端上，会显示地图，以及汽车现在的位置、行车速度、距目的地的距离、规划的路线提示、路口转向提示的行车信息。

3) 重新规划线路。当您没有按规划的线路行驶，或者走错路口时，GPS 导航系统会根据您现在的位置，为您重新规划一条新的到达目的地的线路。

(4) 倒车后视　只要挂倒车档，导航仪屏幕会自动显示车身后的倒车画面，使倒车更加方便、安全。

2. 如何选购车载导航仪？

随着车载导航仪功能的更加丰富，新车车主安装车载导航仪的需求越来越多。面对市场上众多的车载导航仪品牌，应熟悉车载导航仪的选购技巧。

(1) 看导航地图准确性　导航地图是整个产品的核心，车载导航仪好用与否，地图及其准确性是关键。其地图覆盖面应广泛，地图的更新服务应及时。选择一两个您所熟悉的路段，或是新近开张的酒店，看导航仪是否能够准确地显示汽车的位置，因为街道、路段总是在不断地变化，其导航仪系统也必须提供定期的更新服务。最好买质量可靠的品牌导航仪，这样不仅可以避免导航仪不导航，还可以自动升级地图，避免二次购买。

(2) 看 GPS 搜星速度　一般而言，GPS 搜索卫星速度在几十秒，搜星速度的快慢是反映 GPS 导航仪产品好坏的重要标准。搜星速度受产品性能、天线以及导航软件算法控制的影响。好的导航仪，内部电路结构优化合理，硬件配置高，搜星速度快，输入待查找信息，导航仪能够很快的呈现。若 GPS 卫星信号接收模块的芯片是第 1 代或第 2 代的，则比较落后，导航过程易死机，导航搜星速度慢，这就意味着您的汽车到路口时需要等待 GPS 告知您怎样走之后，您才能开车行走，若按正常车速行驶，则会给驾驶带来很多麻烦。2014 年后，主流机型配置 256M 缓存、8G 内存的导航仪，其运行速度较快。

(3) 看图像显示效果　车载导航仪的图像显示，以在阳光和阴暗状态下能看清屏幕、看清屏幕字体为准。为了适应不同的天气和光线条件，图像显示屏幕下必须有足够强的亮度，还要有足够的大小和好的分辨率。7in（1in = 25.4mu）左右的屏幕、高清的效果较好。

(4) 听语音播放质量 语音导航时，一般声音比较清晰、不失真的产品较好，反之则质量有问题。另外，检测时，还要看 GPS 播放的内容是否准确。

3. 什么是行车记录仪？它有什么作用？

行车记录仪是指记录车辆行驶途中的影像及声音等相关资讯的仪器。其实就是一个汽车摄像机，它可以通过高清镜头摄影，将车辆行驶途中的影像、声音、车况资料等进行完整的记录。通俗一点说，行车记录仪就是汽车使用的"黑匣子"。行车记录仪的作用如下。

1) 为驾驶人提供有力证据。当意外交通事故发生时，驾驶人可根据行车记录仪的记载资料立刻拿出证据，保障驾驶人的各方面权益不受侵害。

2) 有助于交警快速处理交通事故。利用行车记录仪的影像资料可以快速、真实、准确地协助交警公平、公正、合理地处理交通事故。事故车辆既可快速撤离现场恢复交通，又可保留事发时的有效证据，营造安全畅通的交通环境。同时，可避免自己遭到不公正的待遇。

3) 防止"专业碰撞人"敲诈勒索和拦路抢劫。"专业碰撞人"或车辆可以制造出各种各样的交通事故，没有行车记录仪时浑身是嘴也说不清，但行车记录仪可以回放事情经过，还驾驶人清白。对于拦路抢劫者，行车记录仪可以提供破案的决定性证据，如事故发生现场和案犯的外貌特征等。

4) 记录旅途风景。行车记录仪相当于车上的录像机，开车时边走边录像，可以为您记录下旅途的风景，可以长久保存，以便随时回放旅途风景，享受温馨的快乐生活。

4. 如何选购行车记录仪？

面对市场上良莠不齐，功能却都大同小异的行车记录仪，怎样才能选到合适的行车记录仪？在选购时，需要对产品的有关参数、性能及价格进行分析，才能最后视情而定。

(1) 像素 对于一款专业摄像的行车记录仪来说，最关键的就是其像素。摄像头的像素越高，成像就越好。但像素越高，价格也就越高。一般来说，正规 500 万像素的行车记录仪就已经能够达到 720P 的摄影效果，而 800 万像素的甚至可以延伸为 1080P 的摄影效果。对于普通车主来说，一款 500 万像素或者 800 万像素的行车记录仪就已经足够。当然想要追求更高品质的像素，也可选择 1200 万像素的行车记录仪。

(2) 图像处理器 高像素的行车记录仪需要搭载性能稳定的图像处理器。

市面上的主要图像处理器大致有安霸、联咏、太欣、SQ。

目前录制视频格式为 MOV 的均采用安霸方案，avi 格式的为联咏或太欣方案。如果行车记录仪达不到 30 帧/s，在 1080P 的摄影模式下，视频会卡顿，不流畅。而在 720P 摄影模式下，最少也需要达到人眼能够适应的 24 帧/s，才可以看到流畅清晰的视频画面。

(3) 镜头　　目前市面上销售的行车记录仪镜头材质有全塑料、全玻璃以及塑料玻璃合成三种。在这三种镜头材质中，全玻璃镜头是最好的。玻璃比塑料更清晰，显示画面更清楚。行车记录仪在使用中会受热，镜头也会受热，玻璃受热后不会变形，使用寿命更长。

(4) 拍摄广角　　行车记录仪需要记录车辆前面的影像（图 2-34），当车辆从旁边经过时，很多行车记录仪就无法拍摄。理论上用 180°的拍摄广角，就能看见车辆前方的全部景象。但实际上，行车记录仪的广角最好是在 120°、140°左右，如果镜头拍摄的角度太大，拍出来的画面会扭曲，关键时刻可能无法帮助车主还原现场。现在行车记录仪有 70°、90°、120°、140°的广角。对于一般家用汽车来说，120°已经足够使用，当然 140°可记录更多信息，不过价格会高些。

图 2-34　拍摄广角范围

(5) 夜视效果　　夜间开车路况比白天复杂，行车时容易发生磕磕碰碰，且碰瓷事件大多都发生在晚上。因此，行车记录仪必须具备超高的夜视效果，以便能清晰记录夜间行车状况。有些行车记录仪在夜间的拍摄效果真的很差，选购时一定要注意。用户可以选择同一画面分别在光线充足和昏暗的情况下进行视频录像，然后进行对比确定。

(6) 电源接口　　行车记录仪一般都同时具备内置电源和外置电源，其中内置电源一般为锂电池，少部分会使用 5 号电池。行车期间，行车记录仪大部分都是通过点烟器取电。因此，对于内置电源的要求不需要过高。

(7) 体积大小　　国内多数行车记录仪停留在摄像头与显示屏一体化的设计中，其安装大部分利用支架粘贴在前风窗玻璃上。如果其屏幕尺寸过大，则会使行车记录仪体积增大，不便于固定在后视镜范围附近。另外，行车记录仪体积小，有利于隐蔽性安装，可减少砸窗被盗的风险。

（8）价格　行车记录仪便宜的有 200 多元，贵的有 2000 多元。在千元以内的范围内，200 元的价格差距已经足以在产品质量上提升一个档次，而超出千元的产品差别更多的是在高端功能上，如增加安全预警、GPS 导航等功能。因此，对于一般的行车记录仪，选择 400~800 元价格的产品，其质量、性能及功能都已经足够使用。

5. 如何选购汽车座垫？

好的汽车座垫（图 2-35）不仅能提高驾驶人在开车过程中的舒适度，而且还能保持身体的驾驶姿势，提高个人品味。现在座垫市场上有各式各样的汽车座垫，可通过下列方法选到好的座垫。

（1）选类型

1）普通绒垫。档次较低，价格便宜，易起静电。

2）纯棉座垫。版型好看，坐上去舒服，经过防静电处理。

3）亚麻座垫。通风透气，舒适感好。

4）仿毛皮座垫。款式多样，价格适中，适合普通家庭轿车使用。

5）纯羊毛座垫。摸上去毛茸茸的，给人温暖舒适感觉，价格贵，达数千元，甚至上万元，适合中高档汽车使用。

（2）看外观　一般好的汽车座垫，从外观上看，会见到座垫色彩光泽鲜亮而生动。若是劣质座垫则会见到颜色黯淡，看上去很容易掉色，没有立体感，颜色搭配不协调等。

图 2-35　汽车座垫

（3）试手感　好的汽车座垫，摸上去会感觉到细腻、柔滑、没有一点瑕疵，反之劣质的座垫手感自然会粗糙，手工不精细。

（4）闻气味　靠近座垫，用灵敏的嗅觉去闻一下是否是优质的汽车座垫。一般质量好的座垫，在出厂时需经过多次消毒，是可防虫蛀、防细菌生长的，其座垫是没有任何异味的。反之，劣质的座垫会发出各种异味，多闻几次会觉得恶心头晕。

6. 如何选购真皮座椅套？

座椅套是用来装饰座椅的，它应表达出车主的情趣，体现出车主的个性。它是汽车内饰中相当显眼的一部分，对汽车整体的装饰风格有重大影响。不管选择皮套还是布套，始终要牢记两大标准：一是舒适，二是美观。真皮座椅套美观耐用、触感舒适、档次高，是高贵豪华的象征。同时，真皮座椅套与人体表皮功能接近，透气性好，冬暖夏凉；真皮座椅套表面平滑，容易打理，一擦如新。但真皮座椅套一次购买价格较高，怎样选到较好的真皮座椅套呢？

(1) 查看皮质　目前，市场上汽车真皮座椅套的材质主要采用进口和国产的黄牛皮、水牛皮。

黄牛皮是专业汽车真皮座椅套最常见的原料，黄牛皮表面细腻、手感柔软、毛孔细小、粒面细致、表面薄、抗张强度大；各部位厚薄较均匀，部位差小，质地结实又非常具有韧性，因而加工出的座椅套极为美观、舒适耐用。

水牛皮次于黄牛皮，其表面粗糙、纤维粗松、强度较低，外观较黄牛皮稍差，但结实耐磨。现在水牛皮后期加工工艺不断改进和完善，加工出的汽车真皮座椅套也相当不错。

好的汽车真皮座椅套皮面光滑、皮纹细致、色泽光亮、价格昂贵，适合高档车和追求完美的客户所选用。

(2) 检查皮厚　检查汽车真皮座椅套的皮厚，其真皮越厚越好，越厚越耐用。从皮料的侧面看，专业汽车真皮座椅套皮厚为 (1.2 ± 0.2) mm，好的皮料厚薄均匀。

(3) 闻查气味　真正好的真皮是没有刺鼻味道的，只具有一点淡淡的皮料特有的清香，若闻出皮料有太多的溶剂味或涂料味，则说明其皮的质量比较差。

(4) 查看做工　驾驶人经常接触汽车真皮座椅套，因此必须看着赏心，用着舒心。一套高标准的汽车真皮座椅套应做工精细，缝制应该双针明线对称、单针针距均匀、不跳针、不断线、针孔小、直线平直、弧度圆润、折皱自然均匀、线条流畅、几何尺寸对等。

(5) 查看效果　安装好的真皮座椅套应紧贴座椅且饱满，皮套在座椅上无移位无松动。好的真皮色泽光亮柔和，无反光感、不变色、无异味、表面手感好、韧性强、用手轻按有明显的纹理发散感觉。

7. 如何选购拖车绳？

车辆抛锚时需用拖车绳应急拖车。想安全拖车，必须使用安全的拖车绳。

拖车绳选购方法如下。

(1) 选拖车绳的材质　拖车绳一般有尼龙和钢丝之分，两者各有所长，尼龙绳使用轻便，钢丝绳结实可靠。对于一般的轿车，尼龙绳（图 2-36）就够用了，且质量轻又便于存放和携带。

(2) 选拖车绳的粗细和宽度　拖车绳结实与否，与它的粗细和宽度密不可分。薄一些的拖车绳，必须要宽一些才行；若是圆形麻绳，要粗一些才结实。

提示：通常的拖车绳有 2.5 的安全系数，若车重为 2t，则可选择 5t 负载的拖车绳；若是越野车，其拖车环境不好，则可适当加大拖车绳的负荷能力。

(3) 查看拖车绳的挂钩　挂钩的好坏是拖车绳结实度的关键，绳子再结实，挂钩不牢固也是徒劳。在看拖车绳时，要注重查看挂钩是否耐用，很多挂钩质量较差，轻轻一拉就损坏了，这样的拖车绳不安全。另外，要仔细查看挂钩接口是否牢固，拖车绳和挂钩的连接处是否结实。

图 2-36　尼龙拖车绳

(4) 查看拖车绳的长度　拖车绳过长、过短都不好，过长的绳子容易让后面的车压到拖车绳，过短怕不够用。合适长度是 3~4m，这样两车既保证了足够距离，又能及时把车拖起来。

8. 防滑链有何作用？如何选购？

防滑链一般是由钢链或橡胶链制成。按照结构可以把防滑链分为两种：一种是已经结成罩状的防滑链；另一种是交叉安装的几根单独的防滑链，它比较简单便宜，但安装不如前者方便。

防滑链能有效增强车辆在冰雪道路行驶的附着力，能提高在冰雪道路上行驶的稳定性，具有起步不打滑、行驶不侧滑、制动距离短的优点。在冰天雪地和陡峭的坡道行驶，装上合适的防滑链，可以提高汽车行驶的安全性。

(1) 根据汽车质量选

1) 中、重型货车，其总质量较重，一般选用铁质防滑链（图 2-37a），它比橡胶或牛筋防滑链效果好，经久耐用。

2) 家用轿车类，其质量轻，一般选用橡胶或牛筋防滑链（图 2-37b、c），它比铁质防滑链噪声小，安装方便，防滑效果也不错，同时它对车胎的损伤较小。

a) 铁质防滑链　　　　b) 橡胶防滑链　　　　c) 牛筋防滑链

图 2-37　防滑链

（2）根据冰雪道路行驶的频繁程度选

1）对于只是偶尔一次或者并非总是要走冰雪道路的车辆，为减少对车胎的损伤，可选择橡胶或牛筋质防滑链。

2）对于经常跑冰雪道路的货车或轿车，为提高防滑效果，增加行车安全性，可选择铁质防滑链。

（3）轿车优先选择橡胶防滑链　　防滑链的材质有塑料和橡胶等。牛筋防滑链，也叫聚氨酯防滑链，其主要构成是塑料，它外观漂亮，质量较轻，但在严寒、低温时，极易变脆变硬而产生断裂，给雪地行车安全造成威胁。同时，牛筋制防滑链在安装过程中由于链体遇低温变硬，很难与胎面完整贴合。

橡胶防滑链采用纯橡胶，它具有较高的弹性以及耐寒性，具有极强的抗拉性和延展性，且能在-40℃的低温下不出现断裂情况。橡胶制防滑链由于延展性好，安装起来更方便，其防滑链与胎面能达到完整贴合。

橡胶防滑链与牛筋防滑链相比，性能好些。因此，为了冰雪道路行车安全，应优先选择橡胶防滑链。不过，在价格上牛筋防滑链便宜些，若不经常使用，也可选择牛筋防滑链。

提示：不同的轮毂尺寸和胎宽，需要不同的防滑链尺寸，因此要注意选择与轮胎尺寸相配的防滑链。

3

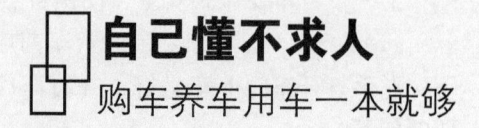

自己懂不求人
购车养车用车一本就够

用车篇

　　朋友，您若是驾车新手，一定会想得到教练的指点迷津；您的爱车也许有很多好的配置、有优良的性能，您一定想正确合理地使用它。怎样才能驾好车、用好车，发挥汽车的最佳使用性能？本篇愿作为您的用车顾问，引您进入丰富多彩的用车世界，这里有技艺精湛的教练，有饱经沧桑的大师，将从驾驶技巧开始，到走合期用车、自动变速器的使用、运行材料的使用、经济用车、安全用车、应急用车、汽车理赔等方面为您解答问题。

一、汽车驾驶技巧

1. 上、下汽车的动作要领有哪些？

上、下汽车要做到安全，动作自然潇洒，并防止额头碰及汽车门栏。

(1) **上汽车的动作要领**　上车前应注意观察周围情况，在确保安全的情况下，左手打开车门上车坐好，并将车门顺势关紧，保持正确驾驶姿势。其具体要领如下。

1）上车前绕行汽车一周（图3-1a），观察车体周围有无行人、障碍物，轮胎、车灯等是否良好，车身表面有无异常，车身下的路面有无滴痕等，绕车一周，在打开车门前，要观察车辆后方交通情况。

2）开门。驾驶人站在汽车左驾驶室门外，观察车后的交通情况，以便看清车后的静态障碍、过往车辆和行人，左手握住门把打开车门（图3-1b）。

3）上车。按右脚、腰部、上身、左脚的顺序上车（图3-1c），左手拉住车门，防止车门开得过大。

4）关门。轻轻地关闭车门，把车门拉到离关闭位置10cm左右，再用力（图3-1d）。

5）确认关好车门（图3-1e）。

(2) **下汽车的动作要领**　将车停稳，前后观察，在确认安全的情况下打开车门下车，随手关紧车门并锁好。其具体要领如下。

1）观察。下车开门前应观察（图3-2a）、确认周围的交通情况，特别是汽车后方的情况，看有无来车和行人，以防碰撞车门的事故发生。

2）开门。确认安全后用左手打开车门，随后左手握住车门的内把手，推开车门约10cm，前后观望一下，再次确认安全后方可将车门完全推开（图3-2b）。

3）下车。先迈出左脚着地（图3-2c），然后右脚从驾驶室抽出，并转动身体，随即两脚落地站稳。

a) 绕行一周　　b) 开门　　c) 上车

d) 关门　　e) 确认关好车门

完全关闭时指示灯熄灭

图 3-1　上车动作要领

4) 关门。左手先将车门关至 3/4 处稍用力推车门（图 3-2d），将车门关牢。

a) 观察　　b) 开门　　c) 下车

d) 关门　　e) 锁门并确认锁好

图 3-2　下车动作要领

5）锁门并确认锁好。用钥匙或电子钥匙将车门锁好，并轻拉门把确认车门是否锁好（图 3-2e），各个车门都应锁好。

2. 如何调整驾驶座椅？

驾驶人身高有高矮之分，手足有长短之异，千差万别。如果固定汽车驾驶座椅，不同体形的人驾驶汽车，其座位与驾驶人的身体很难保证协调。因此，汽车驾驶座椅是可调整的，有的还实现了电动调整。

(1) 座椅前后位置调整　驾驶人应根据自己的身高、胖瘦来调整座椅的前后位置。调整时，驾驶人一手握住转向盘，另一手控制座椅调节柄，在抬起座椅调节柄时，驾驶人脚着地不动，屈伸膝关节，使座椅随身体前后滑动（图 3-3a），直到感觉前后位置适当，再松开座椅调节柄。

(2) 座椅靠背的调整　驾驶人应根据自己背靠在椅上的感觉来调整。调整时，驾驶人操纵座椅靠背调节装置（图 3-3b），上身前倾或后仰，直到后背全部靠在座椅上感觉舒适为止。

a) 前后位置调整　　　b) 靠背调整

c) 前后位置太近　　　d) 前后位置太远

图 3-3　座椅的调整

> **您知道吗？**
>
> 座椅前后位置正常时，驾驶人身体距转向盘、离合器踏板、制动踏板、加速踏板的距离适宜，双手转动转向盘方便敏捷，两腿伸缩自如、灵活。座椅离操纵机构太近（图3-3c）或太远（图3-3d），会使驾驶人感觉不舒适，从而影响驾驶技术的正常发挥，甚至会诱发事故。
>
> 座椅靠背调整合适时，驾驶人会感到舒适自然，视野开阔，手、足能灵活操纵。若座椅靠背调整不当，如后靠背过仰，则影响视线，身体距转向盘距离增大，造成转动转向盘手臂不灵活，操作动作迟缓；如后靠背过于立直，则身体距转向盘较近，会影响动作发挥，并使背部受力、腰部空虚，长期行车易造成背部、腰部的疲劳。

3. 如何调整转向盘？

手握转向盘时，有人两臂极力伸展，有人感觉转向盘太高，这些都会导致驾驶汽车不灵活、不便捷。为了保证不同身材的驾驶人与转向盘有合适的位置关系，很多汽车都设置可调转向盘，可对其高度及角度进行适当调整。图3-4为上海大众帕萨特轿车转向盘的调整示意图，调整时，将转向柱下方的手柄下压，将转向盘视需要按图3-4a方向调整高度或角度至正确位置，然后上推手柄，使其锁定。对于没有装备可调转向盘的汽车，可通过座椅前后位置调节来保证驾驶人与转向盘之间合适的距离。

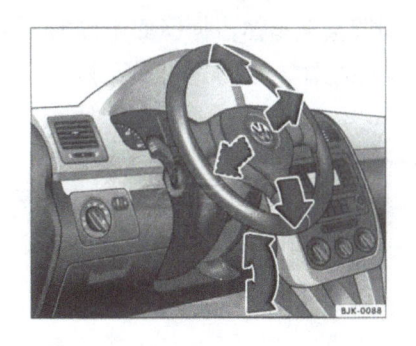

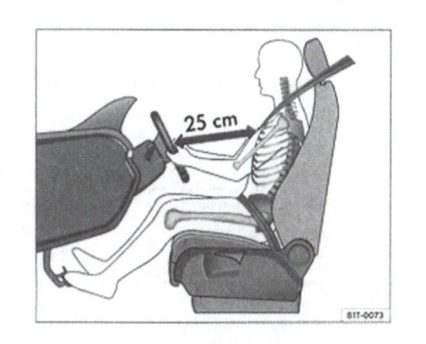

a) 调整方法　　　　b) 注意最短距离

图3-4　转向盘的调整

注意：转向盘调整后必须对着驾驶人的胸部而切勿正对着脸，驾驶人胸部与转向盘之间至少应保持 **25cm** 的距离，否则，发生事故时，安全气囊触发膨胀后将不能发挥保护作用，甚至还可能严重伤害驾驶人。

4. 如何调整后视镜？

坐在驾驶座位上有时会感到后视镜不能很方便地看到后方，侧面后视镜的位置也不合适，只能看见地面或天空，盲区和死角太大，等等。在这种情况下，驾驶人就必需对后视镜进行调整，使之与自己适应。

后视镜可以用手简单调节，如果是装有遥控后视镜的汽车，就没有必要到车外进行——调节了。后视镜位置调节时，驾驶人应正确地坐在驾驶座位上，摆好驾驶姿态。

(1) 内后视镜的调整　保持正确坐姿，面向正前方，手握内后视镜边缘进行左右上下翻转调整，调整到只要转动眼睛就能看到后窗全部视野。在一般驾驶情况下，从内后视镜里是看不到自己的，而上、下位置则是把远处的地平线置于镜面中央，如图3-5a所示。

(2) 左侧后视镜的调整　左侧后视镜一般要求：上、下位置应把远处的地平线调整至镜面中央，即镜上侧1/2是天空，镜下侧1/2是道路；左、右位置则调整至车体占据镜面范围的1/4，即镜内侧1/4是车体，镜外侧3/4是道路和其他物体，如图3-5b所示。

(3) 右侧后视镜的调整　由于驾驶座位于左侧，所以驾驶人对车右侧情况的掌握不是那么容易，再加上有时路边停车的需要，因此右侧后视镜一般要求：上、下位置调整时镜面中地面面积应留得较大，约占镜面的2/3，即把远处的地平线置于后视镜的2/3位置；左、右位置则调整至车体占据镜面范围的1/4，即镜内侧1/4是车体，镜外侧3/4是道路和其他物体，如图3-5c所示。

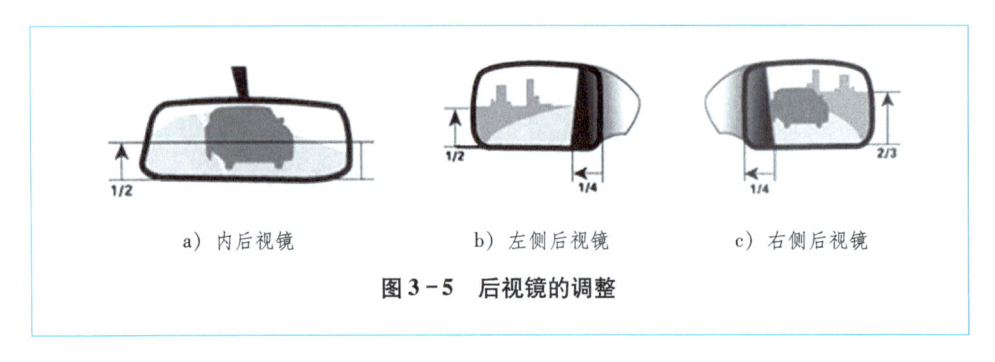

a) 内后视镜　　b) 左侧后视镜　　c) 右侧后视镜

图3-5　后视镜的调整

倒车时左右侧后视镜可根据需要调整，必要时应调整至能观察到两后轮触及地面的情况。

> **您知道吗？**
>
> 驾驶人在仅转动眼球而不回头的情况下，约可以看到前方200°的范围，再加上左、右后视镜及内后视镜，约增加60°的可视范围。虽然现在有很多新车都配备了双曲率后视镜，但这不过是把左、右后视镜的视角范围稍作扩大，并不能完全涵盖所有的区域，总有一些看不到的死角。因此，为了行车安全，车主们还是多回头看看吧！

5. 安全带有什么作用？怎样正确使用安全带？

安全带是驾驶人和乘员最重要的安全装置之一。安全带的作用就是在汽车发生事故时，将驾乘人员束缚在座位上，防止发生二次碰撞；同时安全带有缓冲作用，能吸收大量的撞击能量，化解巨大的惯性力，减轻驾乘人员的伤害程度。汽车交通事故调查表明，如果系安全带，正面撞车死亡率可减少57%，侧面撞车死亡率可减少44%。

图3-6 正确配戴安全带

只有正确使用安全带，才能达到保护驾乘人员的目的。驾驶人通常采用三点式安全带，其正确的配戴方法是三点式安全带的胯带应系得尽可能低些，紧贴臀部，刚刚接触大腿为合适；三点式安全带的肩带应经过肩部，斜挂胸前（图3-6）。

注意：安全带不得压在坚硬或易碎的物体上，如衣服里的钢笔、眼镜或钥匙等，否则发生事故时将会给使用者造成本可以避免的伤害。

6. 如何保持正确的驾驶姿势？

正确的汽车驾驶姿势如图3-7所示。驾驶人进入座椅之后，身体轻靠座椅的后背，胸部稍挺，保持上身端正，使身体轴线与转向柱对正，两只手分握转向盘左右两侧适当的位置，目视前方、顾及两旁，两脚均匀分开成八字形，右脚以脚跟做支点放在加速踏板上，左脚放在离合器踏板旁。

图3-7 正确的驾驶姿势

要保持正确的驾驶姿势,在驾驶前应根据驾驶人的需求,将座椅高度或靠背倾斜角度调至适当位置,使驾驶人感到舒适自然,视野开阔,手、足得以自由活动,能顺利地操纵转向盘、拉杆、踏板和按钮等机构。

> **您知道吗?**
>
> 正确的驾驶姿势,有利于驾驶人运用各种驾驶操纵机构,便于驾驶人观察各种仪表和道路情况,有助于保持旺盛的精力,减轻驾驶人疲劳程度,能使驾驶人准确、灵活、敏捷、持久、安全地进行驾驶操作。另外,长期稳定地保持正确的驾驶姿势,能使驾驶人保持正常的血液循环状态,不会出现肢体麻木、抽筋现象,对减少颈椎骨质增生、腰间盘突出及胃下垂的发生都有着重要的意义。

7. 发动机起动后为什么要先暖机后起步?

发动机温度过低时,机油黏度较大,摩擦阻力较大,机油不能及时顺畅地流入至所有润滑部位,从而造成润滑不良。若发动机温度过低时汽车就起步运行,则发动机的负荷就会加大,发动机磨损加剧,缩短发动机寿命。若怠速运转几分钟,让发动机暖机,使其温度升高,则机油的温度也升高,这样机油黏度会下降,流动性提高,发动机各部位的润滑效果变好,再加载起步,则发动机承载能力加强,磨损会很少。同时,发动机温度升高后,会改善燃油的雾化状况,使混合气的燃烧效果变好,发动机的动力会更强,有利于克服汽车起步时的较大阻力。

8. 发动机冷却液的最佳温度是多少?

发动机冷却液温度可以间接反映发动机温度、机油温度、发动机舱盖内空气温度,它对汽车的燃油经济性、动力性及发动机的使用寿命都有较大影响。通常,发动机冷却液的最佳温度区间是80~95℃。

若冷却液温度过高,则发动机温度过高、进气温度过高,将导致发动机产生早燃、爆燃等不正常燃烧,功率下降、油耗增大,发动机寿命下降。若冷却液温度过低,则发动机的传热损失增大,燃烧速率下降,导致有效功率下降、油耗增大;同时冷却液温度过低,则发动机温度、进气温度过低,燃油不易挥发,混合气变稀,使燃烧火焰传播速度减慢,导致功率下降、油耗增大;另外,冷却液温度过低,还会使机油黏度过大,润滑性能变差,摩擦阻力增大,发动机磨损加剧,油耗增大。因此,保持发动机冷却液处于最佳温度,可使汽车具有良好的经济性、动力性并延长发动机使用寿命。

提示：驾驶人要经常观察发动机冷却液温度表或冷却液温度警告灯，当温度过高或过低时，都必须采取相应措施，确保发动机冷却液温度最佳。

9. 手动变速器汽车怎样起步？

汽车起步时，由于惯性较大，需要较大的驱动力，故选用 1 档或 2 档起步。手动变速器汽车的起步操作顺序如下。

1）关好车门，系好安全带，保持正确的驾驶姿势。

2）将变速杆置于空档、汽车处于驻车制动位置，起动发动机，使其维持在较高的怠速运转，以快速使发动机升温至 50℃ 左右。

3）观察车辆四周及后视镜，察看、注意有无妨碍起步的情况。在夜间、浓雾天气及视线不清时，应注意开前照灯、尾灯。

4）踏下离合器踏板，将变速杆挂入 1 档（图 3-8）。

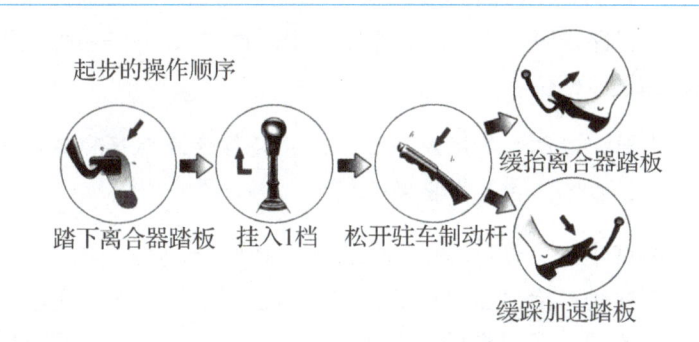

图 3-8 汽车起步操作顺序

5）握稳转向盘，解除驻车制动。

6）稍踏加速踏板，缓抬离合器踏板，同时再适当踏下加速踏板，使汽车平稳起步。

> **您知道吗？**
>
> 起步时如松抬离合器踏板过快或猛踩加速踏板，均会造成汽车突然前冲或者发动机熄火，严重时会损坏发动机和传动机件。在起步中如遇发动机动力不足，将要熄火，应立即稍踏离合器踏板，并适当踏下加速踏板，重新起步。汽车平稳顺利起步的关键是正确选择档位并合理把握好离合器踏板与加速踏板之间的配合。

10. 汽车行驶时怎样换档？如何选择合适的档位？

汽车行驶时，换档操作是相当频繁的，能否及时、正确、迅速而平稳地换档是衡量汽车驾驶人驾驶技术水平的一项重要标志。选择适宜的运行档位，把握恰当的换档时机，进行正确的换档操作是每个驾驶人应该掌握的。

现代手动变速器汽车均采用多档变速器，档位越多，适应道路条件变化的能力就越强。而档位越低，则克服道路阻力的能力就越大。汽车行驶时，要根据路面及交通情况，经常变换档位，及时调整车速。当起步、上坡、通过阻力大的路段时需要大的驱动力，应选用低速档（1档或2档），但使用低速档时，车速低，发动机转速高，温度容易升高，燃油消耗大，噪声较大，因此，低速档行驶的时间应尽量缩短；当通过良好路面，需要提高行驶速度、节约燃油时，应选用高速档（最高档或次高档）；当汽车转弯、过桥、过交叉路口、坡道、会车及通过一般困难路段时，应选用中速档（中间档位），它是由低档到高档或由高档到低档时的过渡档位。

注意： 行车时，应尽量使用高档位，以减轻机件的磨损和降低油耗；切勿低档位高速行车，也不能高档位低速行车。

目前，各类汽车的手动变速器广泛采用同步器，使得汽车的换档操作简单、方便。其换档方法是：抬起加速踏板，踩下离合器踏板，先将变速杆直接靠在需挂入的档位，待同步器同步后，再挂入档位，然后边松离合器踏板边踩加速踏板，直至离合器踏板完全抬起。

您知道吗？

踩下加速踏板，若感到发动机动力过大，说明原来的档位已不适应，应及时换入高一级档位，加档后如不出现动力不足和传动部分抖动现象，则表明档位选择适宜。若车速下降，发动机动力不足，说明原档位已不适应，要及时换入低一级档位，如减档后汽车不出现突然降速现象，则表明档位选择适宜。

11. 怎样通过加速踏板调节车速？

利用加速踏板调节车速是速度调节的主要方法，因其简便易行而在驾驶实践中广泛使用。它的调节范围在本档位的最高车速和最低车速之间。

提速时，匀速踩下加速踏板（图3-9），但不要一下踩到底，使车速迅速提高，待车速调到所需要的车速时，适度放松加速踏板且保持不动，即可停止加速过程而保持所调的车速。若大幅快速踩踏加速踏板，则提速快；若缓速踩踏加速踏板，则提速慢。

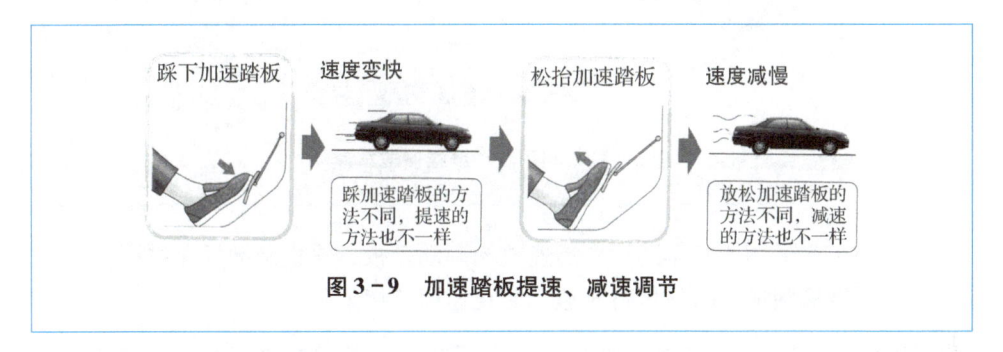

图3-9 加速踏板提速、减速调节

减速时，匀速放松加速踏板（图3-9）到适当位置且保持不动，则发动机输出的转矩下降使车速减慢到低速状态下匀速行驶。当松抬加速踏板缓慢时，则减速慢。

保持车速不变时，也可通过微调加速踏板调节。当加速踏板位置一定时，由于道路阻力发生变化而使车速变化，则适当微调加速踏板可维持车速不变（图3-10）。

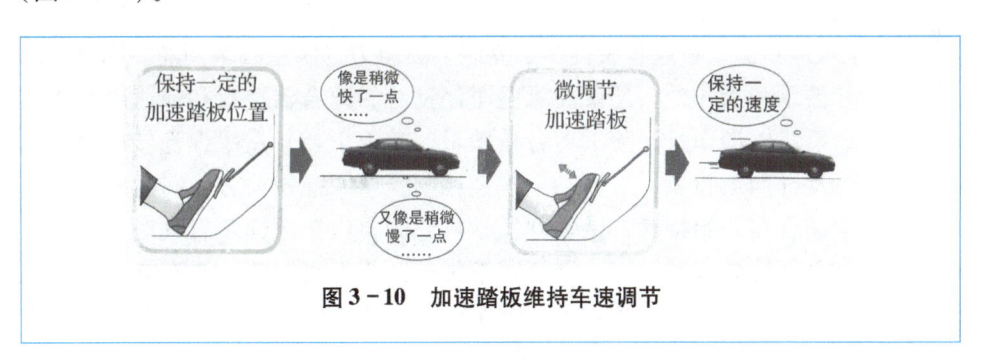

图3-10 加速踏板维持车速调节

12. 怎样通过制动踏板调节车速？

在行车中经常会遇到一些突发的情况需要迅速降低车速，仅靠放松加速踏板很难达到预期降速的效果。因此，需要利用制动踏板强制性降低车速。用制动踏板调节车速的方法如下。

1）放松加速踏板。

2）适度踏下制动踏板，根据降低车速的需要和快慢程度，调整踏下制动踏板的位置或力度（图3-11）。

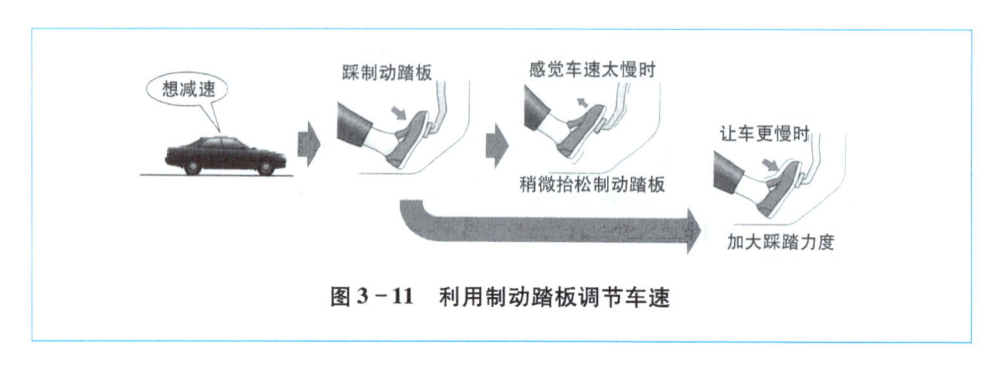

图3-11 利用制动踏板调节车速

3）当车速降到所需车速后，迅速放松制动踏板，停止制动降速过程。
4）适度踩踏加速踏板保持车速，防止速度持续下降。

注意： 采用制动踏板降低车速不可踩得过急、踩得过多；制动踏板调节车速要有预见性，提前控制，少许制动，可使汽车降速平滑，能提高汽车行驶平顺性和使用经济性。

13. 在坡道上怎样驾驶车辆？

（1）上坡驾驶方法

1）上坡起步。上坡起步关键在于克服上坡阻力，防止汽车倒溜。因此，除按平路起步要领和操作外，还要注意驻车制动杆、离合器踏板和加速踏板操作的密切配合。具体操作是，踏下离合器踏板，挂上1档；左手握稳转向盘，右手将驻车制动杆向后拉紧，右脚踏下加速踏板，两眼注视前方，同时缓抬离合器踏板；当离合器开始接触，感觉到发动机吃力，汽车欲起步行驶时，放松驻车制动杆，并缓抬离合器踏板，继续踏下加速踏板即可起步。汽车起步后，完全放松离合器踏板，不要猛烈加油。若车辆发生倒溜，应立即踏下制动踏板和离合器踏板，同时拉紧驻车制动杆，将车辆停住，重新起步。

2）上坡行驶。汽车起步后，若觉动力有余，则应逐渐换入高一级档位，动作要迅速、准确。汽车上坡时，若感动力不足，应及时减档，以免发动机熄火。

通过短而不陡的坡道时，若路面宽阔，视线良好，可利用惯性加速冲坡；通过长而较陡的坡道时，既要利用高速惯性冲坡，又要及时变换档位，不能用高速档位勉强行驶，以免发动机过载缩短机件使用寿命，也不宜过分使用低速档冲坡，以免发动机超速运转而损坏。因此，必须掌握"高档不硬撑，低档不硬冲"的操作方法，使汽车保持充足动力徐徐而上。

（2）下坡驾驶方法

1）下坡起步。下坡起步的操作要领和平路起步相同，但由于存在下坡助力，因此，其起步加速时间可大大缩短，起步更为容易。下坡起步时，一般采用2档或3档起步，放松驻车制动杆后，汽车溜动时再松抬离合器踏板，不要用高速档起步，以免损坏机件。

2）下坡行驶。由于下坡时有助力作用，因此应提前轻踏制动踏板，及早控制车速。特别是下坡转弯、视线不清、交通情况不明时，更应将车速控制在随时可以制动停车的范围内。下长坡时，最好利用发动机制动、排气制动等辅助制动，以降低行车制动器的温度，保证汽车具有良好的制动效能。在缓、直的下坡道上行驶，可加档操作，由低速挡换入高速挡，其换档动作要快，空档只需一带而过，不可停留，否则，由于下坡助力的作用，使变速器的主、从动齿轮的转速差急剧增大，难于换入档位。下坡利用发动机制动时，为提高制动力，常需进行减档操作，由高速档换入低速档，其换档动作要快。

> **您知道吗？**
>
> 下坡时，档位越低，发动机制动效果越好。因此，坡道越陡，则档位应选得越低。选择档位的原则是，用几档上坡，则应是几档下坡。

14. 驾驶时怎样调控安全车速？

汽车行驶速度越高，行车安全性越差。行车中，驾驶人要根据道路、交通的实际情况合理控制车速，做到该快则快，该慢则慢，既要考虑高速行车，又要考虑运行安全，应严格遵守交通规则的限速规定，坚决反对盲目开快车，杜绝交通事故发生（图3-12）。调控安全车速方法如下。

图3-12 控制车速防止交通事故

(1) 利用档位变化控制车速　道路条件或汽车工况变化时，可变换档位控制车速。如起步之后只要是道路条件允许，就应尽快由低速档加至高速档，以尽快提高车速；道路条件好时，可用高速档高速行车；道路条件差时，可用低速档低速行车。

　　(2) 利用加速踏板控制车速　在一般道路上行驶时，如遇有情况变化，一时还拿不准怎样处理时，应先收加速踏板，充分利用发动机的制动作用减速、观察，待情况明了时，再视情加油继续行驶。另外，汽车超车、加速行驶都可利用加速踏板控制车速。

　　(3) 利用制动控制车速　下坡时，利用制动可以控制车速不过高；正常行驶时，利用制动可以减速达到目标车速。在运用制动控制车速时，应根据行车条件变化确定制动的力度，确保行车的连续性以及控制车速的准确性和平稳性。

15. 汽车行驶时应保持多大的间距？

　　汽车在道路上行驶，为避免相互碰撞，必须保持一定的间距。行车间距分同向行驶间距和侧向间距两种。

　　(1) 同向行驶间距　两车同向行驶间距应随车速和交通条件的变化而变化，车速越高，路面越光滑，其行驶间距就应越大。在高速公路上行车时，为保证行车安全，同向行驶间距值（m）一般应大于车速值（km/h），如车速为50 km/h，则最小间距应为50m，车速为90km/h，则最小间距应为90m。在市区行车时，同向行驶间距应保持在20m以上，在繁华地区应保持在5m以上。在冰雪道路、雨雾天气视线不清时，同向行驶间距还要适当加大。

　　(2) 侧向间距　汽车的侧向间距与车速有关，一般地，车速在40~60km/h时，同向行驶车辆的侧向最小安全间距为1.0~1.4m；异向行为1.2~1.4m；车速为30km/h时，车辆的侧向最小安全间距为0.57m。另外，侧向间距也应随气候条件和道路条件的不同而变化，冰雪路滑、雨雾天气视线不清时，侧向间距应适当加大。若不能保证足够的安全侧向间距，则应降低车速行驶。

> **您知道吗？**
> 　　高速同向行驶的安全间距可用3s法确定。汽车行驶时，驾驶人选定汽车前方某一参考物（电线杆或广告牌）作记时标准，数1、2、3（代表3s）汽车即到参考物的距离就是安全间距。

16. 怎样进行会车操作？

会车时，汽车应靠道路右侧通过。会车前，应根据双方车辆的速度、车型、装载情况以及道路状况、视线好坏、气候条件、交通条件和驾驶技术水平等因素来调整自身车辆的速度及行驶位置。会车时，选择有利的会车地点，适当降低车速，握稳转向盘，同时顾及道路两侧情况，保持两车间留有足够的侧向间距，从而安全迅速地会车。

在道路上正常会车，可适当加大两车的侧向间距，减速交会，会车后，从后视镜观察确认无车辆超越时，再缓缓地驶向正常车道。会车处若遇有障碍物，则应按右侧通行规定，让前方无障碍物的车辆先行，不可争道。两车在没有划中心线的道路和狭路、窄桥、便道等处会车时，应减速慢行靠右通过，会车有困难时，有让路条件的一方应礼让对方车辆先行。遇雨、雾、黄昏等视线不清的情况会车时，应降低车速，开启示宽灯，加大两车侧向间距，必要时停车避让。夜间会车，在距来车 150m 以外，应互闭远光灯改用近光灯。

17. 怎样进行超车操作？

超车前，要认真观察被超车辆的行驶速度、道路宽度、有无交会车辆，充分估计本车的增速能力、超车所需的时间和距离。在条件成熟时，打开左转向灯发出超车信号，向前车左侧接近、鸣喇叭，确认安全后，从被超车的左边超越。超越后，在左侧行驶一段距离，在不妨碍被超车辆正常行驶的情况下，变左转向灯为右转向灯，逐渐驶入正常行车路线。超车时，若突遇对面来车，则应握稳转向盘，慎用紧急制动，及时尽快减速，让被超车辆驶离，然后尾随其后，待机再超。

超越停放的车辆时，应减速鸣号，注意观察停放车辆的动态，并保持较大的侧向间距，以防停止的车辆突然起步驶入路中，或车门突然开启有人下车，或车辆前方有人横穿道路。

> **您知道吗？**
>
> 下列情况不得超车：前车已发出转弯信号或前车正在超车时；前车时速已达后车最高时速限制时；与对面来车有可能会车，距离对面来车 150m 以内时；在超越区视线不良，如有风沙、雨、雾、雪时；通过繁华街道、交叉路口、隧道、铁路道口、急弯路、窄路时。

18. 怎样进行倒车？

倒车主要用于狭窄场地的掉头、进出车库等。倒车是驾驶人经常进行的一项操作，因此，必须熟练掌握倒车技术。

(1) 倒车时的观察方法　根据汽车的轮廓、交通环境及视线条件等，倒车时驾驶人观察车后常采用的方法有如下3种。

1) 通过后窗向后观察。驾驶人左手握住转向盘上缘，上身向右侧转，右臂依托在靠背上端，头转向后窗，两眼注视后方目标进行倒车（图3-13a）。

2) 通过左侧向后观察。驾驶人将头部从左车门玻璃窗口探出车外或打开左车门，左手扶着车门，右手把握转向盘上缘，头转向左后方，两眼注视后方目标进行倒车（图3-13b）。这种观察视线受到一定的局限性，因此倒车时应给车辆右方留有一定的余地。

3) 通过后视镜向后观察。驾驶人两眼注视两边后视镜和内后视镜，根据后视镜观察的后方目标进行倒车（图3-13c）。这种方法方便实用，但由于后视镜视线范围有限，因此只适用于作短距离的倒车。

a) 通过后窗向后观察　　b) 通过左侧向后观察　　c) 通过后视镜向后观察

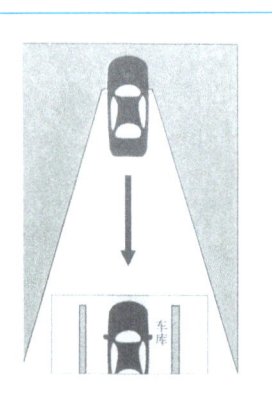

图3-13　倒车时的观察方法

(2) 倒车方法　倒车时，应先观察好周围的情况，同时选定倒车目标。然后，把变速杆换入倒档，并发出倒车信号，选择适当的观察方法，用与前进起步同样的操作顺序进行倒车。倒车中要稳住加速踏板，控制好车速，时速不超过5km/h为宜，不得忽快忽慢，以防熄火或因倒车过猛而造成危险。常用的倒车方法有直线倒车和转向倒车。

1）直线倒车。直线倒车时，应保持前轮正向倒退，并通过转向盘来及时修正倒车方位。如发现车尾偏斜时，则应立即将转向盘向车尾偏斜的反向转动，待车尾摆正后，迅速将转向盘回正。

2）转向倒车。转向倒车时，应掌握"慢行车，快转向"的操作原则，同时还要随时注意整个车辆与周围物体的接触情况。转向倒车时，转向盘转动的方向，就是车尾摆动的方向，如欲使车尾向左（右）转弯，则转向盘也应往左（右）转动，弯急多转，弯缓少转，一般当车尾将接近所选定的目标时回正转向盘，摆正车头。

19. 怎样进行预见性制动？

预见性制动是指驾驶人在行驶中，根据已发现的车辆、行人、地形的变化，或预见将会出现的复杂局面和情况，足以影响其以原有车速安全通过时，提前采取的减速或停车的措施。预见性制动的方法是，发现情况后，先放松加速踏板，利用发动机的旋转阻力作用降低车速，并根据情况连续或间歇地轻踏制动踏板，平稳地减速或停车。

预见性制动能保证汽车安全行车、节约燃料、减少轮胎磨损和延长机件使用寿命。因此，驾驶人在行车中要集中精力，对观察到的情况进行全面分析，作出正确的判断，如需减速或停车，应尽量使用预见性制动。

20. 怎样进行点制动？

点制动是指汽车在行驶中需要减速时，驾驶人使用制动器进行的轻微制动。点制动的方法是，驾驶人间歇地轻踏制动踏板，产生制动力，使汽车减速行驶，也可在下长坡时维持等速行驶。

点制动时车轮制动力小，车轮不会抱死，其制动时的方向稳定性好。因此，点制动在冰雪路面、泥泞湿滑路面制动效果较好。

21. 怎样进行紧急制动？

紧急制动是指 汽车在行驶中突然遇到紧急情况时，驾驶人迅速、正确地使用制动器，在短距离内停车的一种制动。紧急制动的方法是，握稳转向盘，迅速放松加速踏板，急速踩下制动踏板，必要时可同时拉驻车制动杆，发挥汽车的最大制动力，迫使汽车尽快停住。

紧急制动时，由于惯性力较大，对汽车各部件都有较大的冲击；对于无ABS的汽车，由于车轮制动抱死，汽车将失去抵抗侧滑的能力，其方向难以控制，同时车轮抱死拖滑会加剧轮胎的磨损。因此，行车时应尽量避免紧急制动。在冰雪路面、泥泞湿滑路面及转向时，最好不用紧急制动。

提示：不需要紧急制动的驾驶最理想，但在万一情况下，用紧急制动来避险也是非常必要的。及早准确地把握交通信息，可减少紧急制动的次数。

22. 有 ABS 的汽车制动时应注意哪些问题？

ABS 是防抱死制动系统的英文缩写。汽车行驶时，只有正确操作和使用 ABS，才能充分发挥 ABS 的作用，才能在紧急情况下取得良好的效果。驾驶 ABS 汽车制动时应注意如下问题。

1) 紧急制动时，将制动踏板一脚踩到底，始终不放松。一般来说，在制动力缓缓施加的情况下，ABS 多不发挥作用，只有在制动力猛然增加使车轮转速骤减、车轮趋于抱死时，ABS 才生效。因此，驾驶装有 ABS 的汽车，紧急制动时应快速踩下制动踏板。

2) 在湿滑路面行车紧急制动时，应将制动踏板踩到底，不用点制动。驾驶装有 ABS 和没装 ABS 的汽车，紧急制动最大的不同点就在于"刹死"与否。没有 ABS 的汽车制动时，常采用连续点制动可防止汽车失控，而有 ABS 的制动则不存在制动抱死问题，应一脚踩到底，以加大汽车的制动力，提高制动效果。

3) 驾驶 ABS 车辆制动时，也应谨慎从事，不可粗心大意。因为 ABS 只能提供较好的制动性能，而并不能随意减少制动距离，达到绝对不侧滑。因为低附着系数路面其附着力照样很低，湿滑的路面它照样湿滑。尽管 ABS 为驾驶人提供了转向时的可控能力，可它本身并不能完成汽车的转向操作。因此，驾驶 ABS 汽车时，制动车速照样不能过高，转弯时应尽量避免紧急制动，行车时要注意转向盘控制。

4) 当 ABS 出现故障时，对汽车的制动操作应与未装 ABS 的汽车相同。因为 ABS 出故障后，ABS 功能完全丧失，汽车紧急制动时，车轮可以抱死，汽车的制动效能和方向稳定性都变差。

23. 怎样检查汽车 ABS 性能？

在用汽车检查 ABS 性能最好用路试方法，通过观察汽车行驶及制动过程中发生的现象，来判断 ABS 性能。方法如下。

1）根据 ABS 故障指示灯判断。正常情况下，在点火开关接通或起动发动机时，ABS 故障指示灯应闪亮 4s 左右时间（因车型而异）熄灭。在试车期间及停车过程中，ABS 故障指示灯应保持熄灭。若 ABS 故障指示灯点亮，则表明 ABS 有故障。

2）根据制动轮胎的印迹判断。试车在大于 40km/h 以上速度紧急制动时，若在路面上留下较长的拖印痕迹，则说明车轮制动抱死，ABS 存在故障。若制动效果好但只留下很短的拖印痕迹，则说明 ABS 工作正常，因为汽车在经历低速制动停车时，车轮会出现短暂的抱死状态。

3）根据制动时汽车的方向稳定性判断。试车若以较高车速行驶，以较小的制动强度制动，其方向稳定性较好，转向正常，但试车以较高车速（如 60km/h）在弯道紧急制动时，有严重侧滑、甩尾现象（图 3-14），或转向失灵，则说明 ABS 存在故障或性能不良。因为 ABS 正常时，紧急制动，车轮不会抱死，汽车不易出现侧滑、甩尾和丧失转向能力。

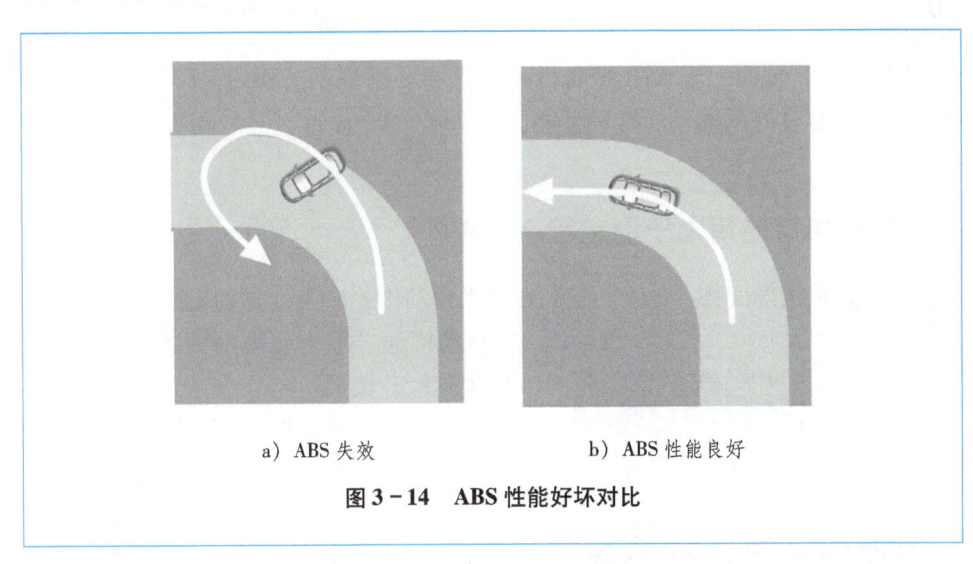

a）ABS 失效　　　　b）ABS 性能良好

图 3-14　ABS 性能好坏对比

24. 使用驱动防滑转系统应注意哪些问题？

汽车行驶时，只有正确使用 ASR，才能充分发挥 ASR 的作用。使用 ASR 系统应注意如下问题。

1）汽车行驶时，应将 ASR 选择开关按键按下（图 3-15），使 ASR 有机会参加工作，以便提高汽车的驱动、行驶性能。但在附着系数较高的良好路面上行车时，由于路面附着力足够，因而 ASR 往往不会起作用。

2）在湿滑路面行驶时，发动机节气门不能太大，车速不能过高。因为这种路面附着系数很低,驱动轮容易滑转,节气门太大只能使 ASR 经常工作,浪费能量。

3)在不对称路面行车时,ASR 能显著提高汽车的通过性,此时汽车应低速行驶,以充分发挥高附着系数一侧驱动轮的附着作用,增加汽车的驱动力,提高汽车的动力性和通过性。

4)汽车驱动行驶时,不能过于依赖 ASR 的作用。因为 ASR 只能改善或提高汽车行驶的驱动能力和方向稳定性,但并不能改变路面的特性,如湿滑的路面它照样湿滑,低附着系数路面其附着力照样很低。因此,在驾驶装有 ASR 的汽车时,还是要根据路面的行驶条件细心操作,在路况较差时,应低速行车,以确保汽车具有良好的行驶性能。

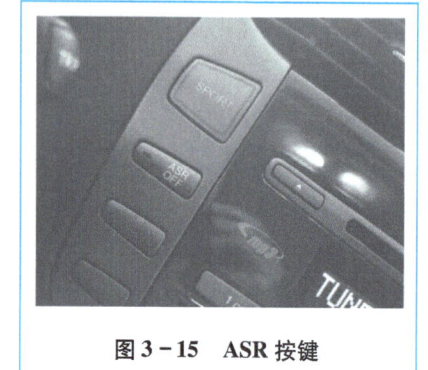

图 3-15 ASR 按键

5)汽车行驶时,若 ASR 警告灯持续点亮,则说明 ASR 系统存在故障。为确保汽车具有良好的驱动、行驶性能,应检修 ASR 系统。

25. 如何使用电子稳定程序系统?

ESP 开关按键(图 3-16)安装在仪表台的中控台上。发动机起动后 ESP 开关自动接通,按下此键则关闭 ESP,再按此键则 ESP 接通。

图 3-16 中控台上的 ESP 开关

1)在高速公路高速行驶时,应使 ESP 接通,此时 ESP 时刻监视汽车的行驶,当遇到车身失控或者已经失控时会自动启动干预对策,使行车安全性好。

2)在城市路面行驶时,车速较低,可关闭 ESP。因为低速行驶时,汽车操纵性、安全性都较好,开启 ESP 效果不明显,而开启 ESP 后还会消耗能量,使汽车燃油经济性变差。

3)开启 ESP 时,驾驶汽车也应谨慎从事,不可粗心大意。因为 ESP 只能提供较好的操控性,但它不能改变路面的状况、交通环境、行驶条件、驾驶水平。因此,当汽车在湿滑路面、山区多弯条件行驶时,还是应低速行车。

26. 汽车巡航控制系统如何合理使用？

（1）**熟悉操作开关** 汽车巡航控制系统操作开关包括巡航操控开关和取消巡航设定开关。巡航操控开关如图3-17所示，为主动操作开关，由驾驶人直接操控，用于巡航控制系统的开闭、巡航车速的设定及取消。而取消巡航设定开关为从动操作开关，它跟随驾驶人踩制动踏板、离合器踏板等操作而自动接通。

（2）**巡航控制系统的使用方法**

1）设定巡航车速。

① 按下主开关A按钮，开启巡航控制系统。

② 踩下加速踏板，使车辆加速至40km/h以上，因为车速低于40km/h时巡航系统不工作。

③ 按下设定/滑行（SET/COAST）按钮，当车速达到驾驶人所需要的目标车速时释放该按钮，同时松开加速踏板，于是巡航控制ECU就会记忆按钮释放（开关断开）时的车速，并控制汽车在此设定车速下稳定行驶。若驾驶人想加速，超越前方车辆，则只要踩下加速踏板即可，超车完毕后再释放加速踏板，汽车便又恢复到已设定的巡航车速行驶。

图3-17 汽车巡航操控开关
A—主开关　B—恢复/加速开关
C—设定/滑行开关　D—取消开关

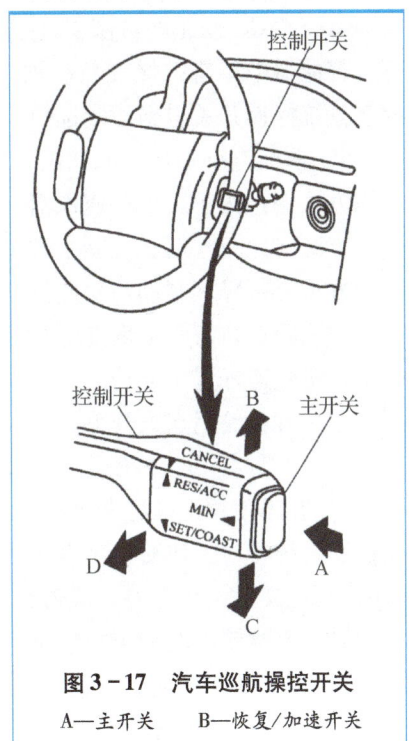

2）增加巡航车速。增加巡航车速有下列三种方法可供选择。

方法一：按住恢复/加速（RES/ACC）按钮，巡航控制ECU就会通过执行器使节气门的开度增大，汽车加速行驶，当车速增加到目标车速时释放该按钮，于是巡航控制ECU就会记忆按钮释放（开关断开）时的车速，并控制汽车在此设定车速下稳定行驶。

方法二：先加速至目标车速，再按下并释放SET/COAST按钮。

方法三：快速轻敲RES/ACC按钮，将在当前车速的基础上以1.6km/h的增幅增加设定车速，连续轻敲直至增加到目标车速。

3）降低巡航车速。降低巡航车速有下列两种方法可供选择。

方法一：按住SET/COAST按钮，巡航控制ECU就会通过执行器使节气门关闭，汽车减速行驶，当车速降低到目标车速时释放该按钮，于是巡航控制 ECU 就会记忆按钮释放（开关断开）时的车速，并控制汽车在此设定车速下稳定行驶。

方法二：快速轻敲 SET/COAST 按钮，将在当前车速的基础上以 1.6km/h 的降幅降低车速，连续轻敲直至降低到目标车速。

4）恢复巡航车速。巡航控制被各种取消开关取消后，如果车辆行驶速度未降至可设定车速（40km/h）以下，车速参数仍保留在 RAM 存储器中，这时，接通 RES/ACC 按钮即可恢复设定车速。如果车辆行驶速度已降至可设定车速以下，存储器中车速记忆参数已被消除，此时已不能恢复设定车速，需通过巡航控制系统操控开关重新设定巡航车速。

5）取消巡航车速。取消设定的巡航车速有多种方法可供选择。

方法一：按下巡航车速取消（CANCEL）按钮并释放。

方法二：断开巡航控制主开关。

方法三：踩下制动踏板使汽车减速。

方法四：装备手动变速器的汽车，踩下离合器踏板；装备有自动变速器的汽车，将变速杆置于空档。

方法五：关闭点火开关。

(3) 巡航控制系统使用注意事项

1）在不使用巡航控制系统时，应将巡航控制主开关置于关闭状态，以免巡航控制系统参与工作而引发事故。

2）在交通条件不畅，或道路条件较差，或雨、冰、雪等恶劣气候，或重载行驶时，不要使用巡航控制系统，因为此时汽车的可控性较差。

3）汽车上、下陡坡行驶时，最好不要使用巡航控制系统，因为道路阻力变化太大，汽车可控性较差，车速难以稳定。

4）汽车巡航行驶时，对装备手动变速器的汽车，切不能在未踩下离合器踏板的前提下将变速杆移置空档，以免造成发动机超速运转，导致损坏。

5）使用巡航控制系统时，应注意观察仪表板上的"CRUISE ON-OFF"指示灯是否闪亮，若闪亮，则表明电子巡航控制系统存在故障。发现故障时，应停止使用巡航控制系统，待排除故障后再使用巡航控制。

二、走合期用车

1. 什么是汽车走合期？走合期有多长？

汽车走合期是指新车或大修竣工汽车投入使用的初期。它实际上是为了使汽车向正常使用阶段过渡，而在使用中对汽车相互配合的零件摩擦表面进行走合的阶段。

汽车走合期通常用里程表示，一般为 1000~3000km，其长短取决于汽车零件表面加工精度、装配质量、润滑油的品质、运行条件和驾驶技术等。不同的车型其走合里程也略有差异，表 3-1 为几种常见车型的走合里程。

表 3-1　几种常见车型的走合里程

车　型	雪铁龙毕加索	新赛欧	标致 408	雪铁龙 C5	CA1091	EQ1091
里程/km	2000	1000~1500	7500	7500	1000	1500~2500

2. 汽车为什么要有走合期？

新车或大修车，尽管经过了生产性工艺走合，但零件的表面总存在着微观和宏观的几何形状偏差，汽车总成及部件装配也有一定的允许误差。因此，新配合件表面的实际接触面积比计算面积小得多，此时汽车若以全负荷运行，零件摩擦表面的单位压力会很大，将导致润滑油膜破坏和局部温度升高，使零件迅速磨损和破坏。若新车或大修车经过走合期的走合，将零件摩擦表面不平的部分磨去，逐渐形成比较光滑的、耐磨而可靠的工作表面，则可承受正常的工作负荷，同时，通过走合，可暴露出生产或修理中的缺陷并加以消除，这样可使汽车进入正常使用时的故障率较低，从而保证汽车的稳定行驶。

汽车走合期在整个汽车使用期中虽然短暂，但它对汽车正常使用的影响却很大。正确合理地使用走合期，可以改善零件摩擦表面几何形状和表面物理机械性能，延长汽车的大修间隔里程和汽车使用寿命，提高汽车的使用可靠性和燃油经济性。

3. 汽车走合期有哪些不良表现？

（1）零件磨损速度快　新车或大修车在出厂前虽按规定进行了走合处理，但新配合零件表面仍较粗糙且表面间单位压力较大，因此开始走合时会产生较大的摩擦力，使零件表面的磨损速度加快；加之新配合零件之间间隙小，表面凸凹部分嵌合紧密，相对运动时，在摩擦力的作用下有较多的金属屑被磨落进入相配零件之间又构成磨料磨损，使磨损加剧；另外，由于间隙小，磨损过程中表面热量增大，进而使润滑油黏度降低，润滑条件变坏，使零件的磨损量增长较快。

（2）行驶故障多　由于机件在加工、装配时存在一定偏差，同时，还隐藏着一些不易暴露和发现的故障，或者使用不当，未能正确执行走合规范，均会使走合期的行驶故障增加。例如，走合期内，若零件之间间隙过小，运行时温度过高，润滑条件较差，则容易出现发动机拉缸、烧瓦等故障；另外走合期内还容易出现气液渗漏、紧固件松动等故障。

（3）润滑油易变质　走合期内，由于零件表面比较粗糙，配合间隙较小，油膜质量较差，汽车走合时零件表面和润滑油的温度都很高，同时有较多的金属屑被磨落进入配合零件间隙中，因此润滑油容易受高温氧化、被磨屑污染而变质。

（4）燃油消耗量高　走合期内，汽车节气门开度小，经常处于小负荷运行，发动机的负荷率较小，混合气偏浓，因而汽车的燃油经济性较差，耗油量较高。同时，走合期内，汽车机件有较大的摩擦阻力，也使得油耗增加。

4. 汽车走合期为何要减载行驶？

走合期内，汽车装载质量大小直接影响汽车的走合质量。若汽车装载质量过大，则发动机和底盘各部受力较大，未走合好的零件表面压力超高，易使润滑条件变坏，导致汽车走合条件恶化，严重时还会引发故障。因此，在走合期内，必须适当减载。通常，走合期的前 $2\sim3h$，汽车一般应空载，整个走合期应按额定的装载质量减载 20%～25%，而且不允许拖挂或牵引其他车辆。

5. 汽车走合期为何要限制最高车速？

轻载高速与重载低速，都是大负荷的表现。汽车在走合期内，各配合表面还未走合好，其实际接触面比理论计算小。这样当汽车载质量一定时，若车速较高，则发动机和传动机件的负荷就较大，容易导致运动机件的磨损加剧，因此在走合期内应严格限速，各档都需要限速。

通常，走合期货车的最高行驶速度，一般不得超过60km/h，轿车发动机转速不应超过4200 r/min，车速不超过100km/h。不同类型的汽车，最好根据其使用说明书的要求，确定其最高的走合速度。

6. 汽车走合期驾驶操作应注意哪些问题？

正确驾驶汽车，可以保证汽车的走合质量。因此，在走合期内，驾驶人必须严格执行驾驶操作规程。起动发动机时不要猛踩加速踏板，严格控制加速踏板行程，避免发动机高速运转；发动机起动后，低速运转预热升温，待冷却液温度升至50～60℃时，平稳起步，以减少对传动机件的冲击；行驶中，加速应缓慢，换档要及时，冷却液温度应控制在80～95℃，机油压力应正常。要注意选择行驶路线，不在凹凸不平的路面上行驶，以减少振动和冲击；不要冲坡行驶，不用加速滑行法行驶，尽量减少汽车突然加速所引起的超负荷现象；尽量避免紧急制动、长时间制动或使用发动机制动。

7. 汽车走合期满后为何必须进行走合维护？其维护的主要内容是什么？

汽车走合期，发动机配合零件表面走合，其磨下的金属屑会进入油道、机油滤清器，会影响发动机的润滑质量；走合期内，汽车外部各种螺栓、螺母和锁销的紧固情况可能发生变化，有可能对汽车的安全运行产生影响；走合期也可能暴露汽车的缺陷或隐患，如油、液、气的泄漏等问题。因此走合期满后，必须对汽车进行走合维护，使汽车达到良好的技术状况，保证汽车能够正常地投入运行。

走合期满后维护的主要内容是对汽车进行全面的检查、紧固、调整和润滑作业。常见的维护作业如下。

1) 对汽车进行全面的检查。检查汽车外部各种螺栓、螺母和锁销是否紧固；检查润滑油、制动液、冷却液是否泄漏；检查轮胎气压是否符合标准；检查各操纵机构、电气设备、灯光、仪表工作是否正常。若不正常，则进行维护调整。

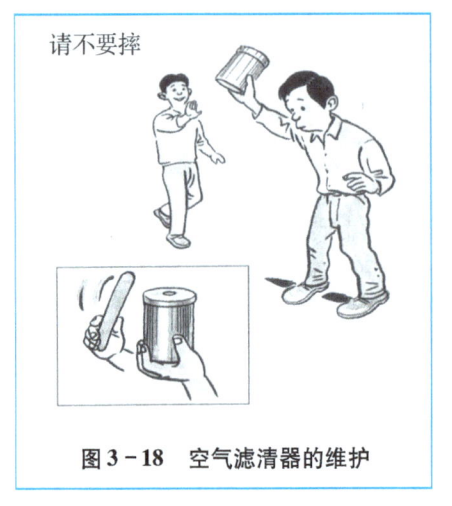

2）清洁进气通道及空气滤清器。将进气管中的灰尘和杂质清除，将滤芯从空气滤清器中取出，请不要摔，用手或木棒轻轻敲击（图3-18），或用软毛刷处理，除去滤芯上的灰尘，并清除滤清器壳内的杂质。

3）清洁发动机舱，并对空调进气通道进行清理，除去脏物。

4）更换机油滤清器芯。

5）更换机油。

6）清洁整车外表。

图3-18 空气滤清器的维护

8. 汽车走合期满后为何不要过度拉高速？

所谓拉高速，就是新车在走合期后进入正常使用阶段初期，在满载情况下，每个档位在较高发动机转速下保持一定的时间行车，用以检验发动机、底盘等各个部位的性能以及汽车高速行驶时的动力性、制动性、操纵稳定性、安全性、可靠性等性能。

对于新车，在走合期满后，车主想拉高车速检验爱车的极限工作状况，暴露高速行驶的缺陷，有问题早发现，能免费维修，是无可非议的。但过分地夸大拉高速的作用是不可取的，也是不可信的。有人说："拉高速能让汽车各个零部件更加充分的走合；拉高速可以扩大机件材料抗拉、抗压、抗撞、抗扭的承受范围，尤其是在高温下工作，金属材料的强度可以得到大幅度提高，机件的整体性能可以得到进一步增强；拉高速可以有助于把油路中污垢和杂质冲刷出去，达到清洗的效果；拉高速有利于清除气门的积炭，使堵塞的通道变得顺畅"。如果不拉高速，您的车真的会出现上述问题，这只能说明您的车质量太差。

实际上，新车走合期完成并经维护后，汽车已经具备了高速行驶的条件，拉高速是没问题的。但高速、满载大负荷行驶会加快汽车各部件的磨损，降低汽车的使用寿命。因此，刻意地去拉高速就等于有意去伤害汽车，会加速汽车的老化。因此，汽车走合期满后，不要刻意地在高速公路上玩命地开快车、拉高速。

三、自动变速器的使用

1. 什么是自动变速器？自动变速器如何换档？

自动变速器是指根据道路行驶条件能自动改变车速和驱动力的装置。目前，汽车上广泛采用电子控制自动变速器（ECT）。电子控制自动变速器主要由变速系统、电子控制系统、液压控制系统三大部分组成，如图 3–19 所示。

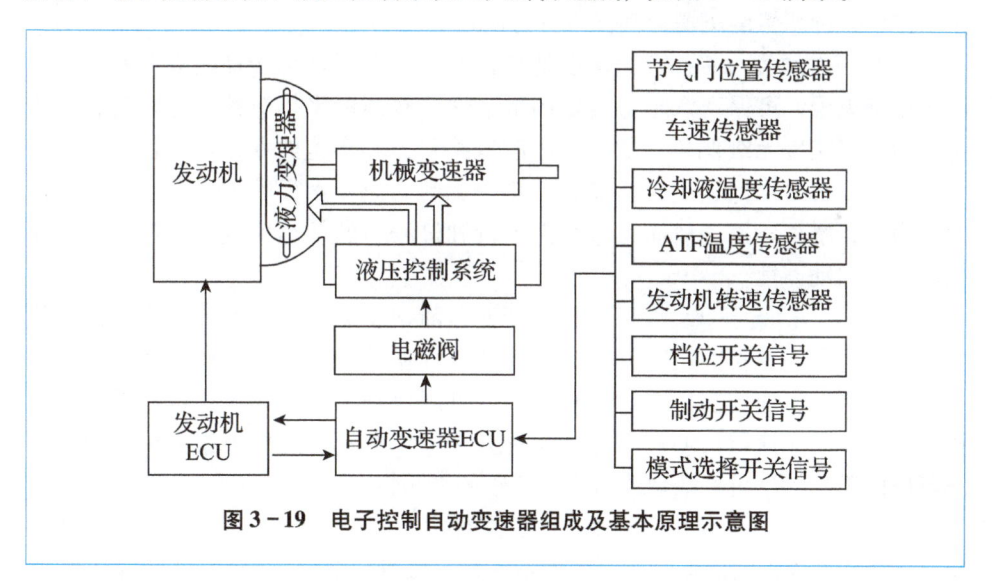

图 3–19　电子控制自动变速器组成及基本原理示意图

汽车行驶时，ECT ECU 根据各传感器提供的车速、节气门开度、发动机冷却液温度、ATF（自动变速器油）温度、档位开关、模式选择开关等信号，经过计算、处理比较后，按照预先设定的换档规律，确定换档或锁止时机，然后将相应的控制信号输送给电磁阀，电磁阀则通过控制液压控制阀的工作，来完成 ECT ECU 下达的换档、锁止等命令，使汽车在各种使用条件下实现自动换档，保证汽车顺畅行驶。

提示：实际操作自动变速器汽车时，驾驶人只需通过控制加速踏板，则汽车就会根据车速和加速踏板的踩踏程度等情况来自动换档。

2. 使用自动变速器有哪些优点？

电子控制自动变速器与普通手动变速器相比，其使用优点如下。

（1）驾驶操纵方便　在操作自动变速器时，只需将变速杆设置于 D 位，就可根据实际需要自动升档和减档，减少了手动变速器换档时松加速踏板、踩离合器、更换变速杆的位置等较复杂而又难以配合的换档操作。驾驶人控制车速时，就只需控制加速踏板即可，必要时也可用制动踏板予以配合。如果道路条件变化，需要移动一下变速杆时，其操纵也很简单省力。

（2）汽车使用寿命增加　由于液力变矩器是以液体作为传动介质，所以发动机与传动系统间是一种"软"连接，这样汽车行驶时可消除和吸收传动装置的动载荷。另外，这种汽车起步、换档平稳，冲击载荷较小。因此，汽车使用自动变速器后，可延长发动机和传动系统的使用寿命。尤其是对行驶在地形复杂、路面条件恶劣的车辆，其作用更为显著。

（3）汽车动力性提高　自动变速器汽车，换档时功率传递没有中断，换档时机准确无误，可保证汽车有良好的加速性和较高的平均车速。行驶时在一定范围内可以实现无级调速，能自动适应道路阻力和车速的变化。当行驶阻力增大时，汽车自动降低速度，增加驱动轮的驱动力矩；当行驶阻力减小时，减小驱动力矩，增加车速，从而大大减少了行驶过程中的换档次数。这些都有利于提高汽车的动力性。

（4）汽车行驶平顺性变好　自动变速器能把发动机的转速控制在一定范围内，避免急剧的变化，这有利于减少发动机的振动和噪声；自动变速器通过电控系统，能精确地控制换档时机和品质，可以得到很平稳的换档过程并减少换档次数；自动变速器可使汽车起步容易且平稳无振动。这些因素都可以提高汽车行驶的平稳性，可有效地改善汽车行驶的平顺性。

（5）汽车通过性增强　采用自动变速器的汽车，起步时，驱动轮上的驱动力矩是逐渐增加的，因而振动小，附着条件好，可避免车轮打滑，使起步容易，且行驶平稳。自动变速器汽车的稳定车速可以很低，当行驶阻力很大时（如爬陡坡），发动机也不至于熄火，使汽车仍能以极低速度行驶。在坏路面行驶时，因换档时没有动力间断，且无冲击，不会出现汽车停车的现象。因此，汽车的通过性增强。

（6）汽车排放污染减少　由于手动变速器在换档过程中常伴有供油量的急剧变化，发动机的转速变化较大，导致燃烧过程变坏，使废气中有害成分的含量增加。当使用自动变速器时，由于采用液力传动和自动换档技术，能把发动机限制在污染较小的转速范围内工作，从而能减少发动机排气中有害物质的含量。

(7) 行车安全性提高　由于简化了驾驶操作，且省力省时，减轻了劳动强度，则驾驶人不易疲劳，可以把注意力集中于观察交通情况，掌握好运行方向和车速。因此，可以大大地提高汽车运行的安全性。

3. 自动变速器汽车变速杆位置如何选用？

自动变速器汽车的变速杆，绝大多数装置在驾驶室地板上，也有的位于转向柱上。变速杆操纵位置的设置数目及其排列，不同的车型略有不同，目前流行的具有 7 个变速杆位置的排列，一般如图 3-20 所示。自动变速器汽车变速杆位置选用如下。

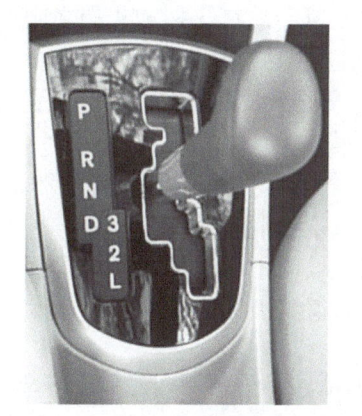

图 3-20　自动变速器汽车变速杆位置排列

(1) P 位（停车）在汽车停下并启用了驻车制动器后使用。在 P 位下变速器齿轮处于空转状态，不传递动力，但通过锁止机构将变速器输出轴锁止，以防止车辆移动。起动发动机时，建议挂此位。

(2) R 位（倒车）在倒车时使用。在 R 位，变速器输入轴与输出轴转向相反，使车辆向后行驶。R 位只有在汽车停下后才能应用，在此位置时发动机不能起动。

(3) N 位（空档位）在 N 位，变速器齿轮处于空转状态，不传递动力。汽车行驶时，不论发动机是否运转，一般都不应使用该位，只有在下列情况下使用该 N 位。

1) 遇到交通阻塞汽车停下时，该位应与汽车制动器同时使用。此时若选用 D 位加制动，则对自动变速器不利。因为变速杆在 D 位时，自动变速器汽车一般都有微弱的行驶趋势，长时间踩住制动踏板，等于强行制止这种趋势，使得变速器油温升高，油液容易变质，尤其在空调器工作、发动机高怠速时更为不利。

2）汽车在行驶中发动机熄火时，若想起动发动机，应挂此位。

3）起动发动机时，允许挂此位。

4）汽车被牵引时应使用此位。

（4）D位（前进位）在7个变速杆位置的自动变速器上，D位是自动前进档位（1~4档）。在此位，变速器可实现1~4档位间的自动换档。它常用于正常的市区或良好的公路条件，只要条件允许，应选择D位。在D位自动变速器换到4档（超速档）时，发动机转速、燃油消耗及噪声水平都会降低。在此位置不能起动发动机。

（5）3位（前进位） 3位是自动前进档位（1~3档），在此位下，变速器可实现1~3档位间的自动换档。在市区交通繁忙的情况下，若采用D位，则汽车在快慢经常变化的驾驶过程中，自动变速器总在3档和4档之间产生循环跳档，也就是说反复换档，易加快自动变速器的磨损。若采用3位行车，则可避免这种现象发生。因此，3位常用于市区交通繁忙的情况。在此位置不能起动发动机。

（6）2位（前进位） 2位在有的车上称为S位，它为强制前进低档位（1~2档），在此位下，变速器只能在1、2档位间自动换档。在该位行驶，车辆上坡时可获得更好的动力性，而当车辆下坡时，变速器可逆向传递动力，实现发动机制动，所以该位常用于颠簸崎岖的道路上或在下坡时要求发动机制动的场合。在此位置不能起动发动机。

（7）1位（前进位） 1位在有的车上称为L位。当变速杆置于1位时，自动变速器将被锁定在1档。在该位行驶，汽车将会获得最大的驱动能力和最强的发动机制动效果。因此，1位常用于上陡坡或在下坡时要求发动机制动的场合。在1位行驶时，自动变速器不会自动换档，高速行车时，不要将变速杆置于1位，因为这种操作会严重损坏自动变速器和发动机。在此位置不能起动发动机。

> **您知道吗？**
>
> 自动变速器汽车变速杆应挂入何位，与汽车的行驶条件有关。通常，在正常的市区或公路条件下，变速杆应挂在D位；在市区交通繁忙的情况下，变速杆应挂在3位；在上大坡或下坡需要发动机制动时，可根据需要使用1位或2位，但1位的爬坡能力最强，发动机制动效果最为显著。

4. 如何选择自动变速器的换档模式？

为了适应不同条件下的经济性和动力性要求，电子控制自动变速器上一般都装有换档模式选择开关。模式选择开关一般提供经济模式、动力模式和雪地模式三种不同模式选择。

(1) 经济模式　自动变速器的经济模式通常为缺省选择，无需按任何键，不论变速杆在什么位置，只要发动机起动，即自动进入经济模式。自动变速器在经济模式下工作时，其计算机控制变速器自动换档时，以省油为优先，可降低燃油消耗和噪声水平。

提示：汽车在一般城市道路、良好的路面行驶时，应选择经济模式，以提高汽车燃油经济性。

(2) 动力模式　自动变速器在动力模式下工作时，计算机控制变速器自动换档时以动力性考虑为优先，发动机可在较高的转速下进行换档，汽车可获得更好的加速性能。进入动力模式时，需要操纵控制开关，图3-21a为赛欧轿车操纵动力模式控制开关的示意图，按下变速杆上的"S"键，则指示灯"S"点亮，此时自动变速器进入动力模式。如果要恢复经济模式，再按下变速杆上的"S"键，指示灯"S"即将熄灭。

提示：汽车在上坡及山路上行驶，或汽车遇到较大的阻力，处于低速大负荷工况下工作时，可选择动力模式，以增强汽车的动力性。

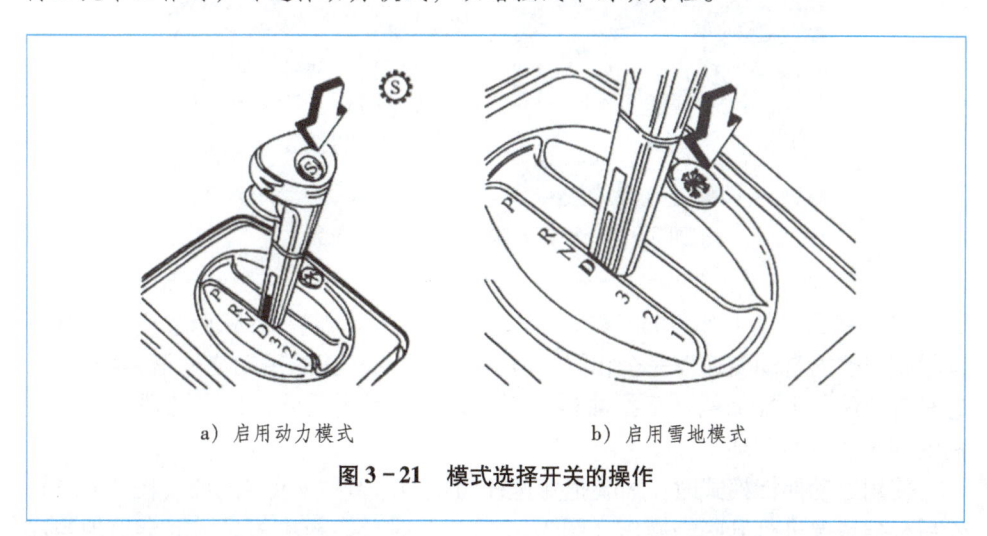

a) 启用动力模式　　　b) 启用雪地模式

图3-21　模式选择开关的操作

(3) 雪地模式　自动变速器在雪地模式下工作时，计算机能控制自动变速器适应汽车在低附着系数路面上的起步,防止驱动轮打滑。进入雪地模式时,需要操纵控制开关,图3-21b为赛欧轿车操纵雪地模式控制开关的示意图,进入雪地模式的方法是:使发动机怠速运转,不要踩制动踏板,将变速杆置于 D 位并按压变速杆旁边的"＊"键,启用键"＊"指示灯将点亮,此时自动变速器进入雪地模式,并关闭了经济模式和动力模式,如果取消雪地模式,自动变速器将自动进入经济模式。

提示:汽车在雨雪等滑溜路面上起步时,一般选择雪地模式。

5. 如何正确使用手自一体变速器?

手自一体变速器属于自动变速器的一种,它具有手动和自动换档功能。手自一体变速器能充分发挥自动变速器操作方便的优势,克服自动变速器经济性稍差的不足,并提高驾驶的乐趣。但很多人买手自一体变速器车辆后,把它当普通自动变速器使用,前进时 D 位到底,根本没用过手动模式,这样其变速器的良好性能不仅发挥不了,而且还会加剧变速器的磨损,缩短其使用寿命。

(1) 手自一体变速器变速杆位置 手自一体变速器变速杆位置因车型不同而异,通常如图3-22所示。手自一体变速器的手动模式有多种标注,多为"M",有的为"S",有的只有"＋、－"号。尽管如此,但它们的手动换档方法基本相同。

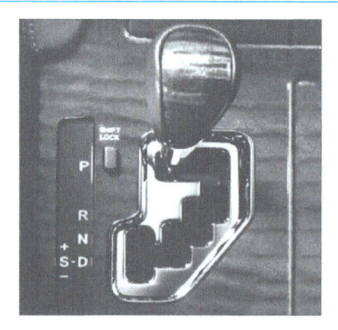

图3-22　手自一体变速器变速杆位置

(2) 手自一体变速器的换档方法 手自一体变速器有 A/M 两种模式,其自动模式与普通自动变速器完全相同,但手动模式与真正的手动变速器换档不同,它只有单纯的上推加档和下推减档,不用离合,其实质就是把自动档计算机控制的加减档改为手动。

使用手动换档模式时,需要把变速杆切换至"M"(或 S)位(图3-23),然后根据情况进行升降档操作(图3-24),此时仪表板中的显示屏会出现当前档位信息(图3-25),使驾驶人知道当前档位,以便换档操作。

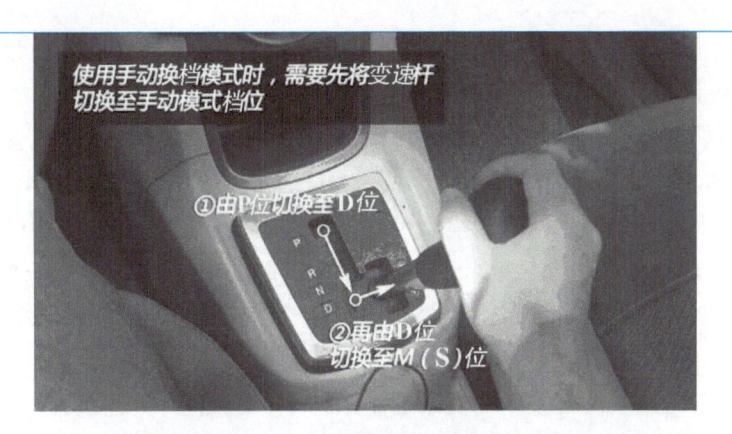

图 3-23　手自一体变速器切换到手动模式

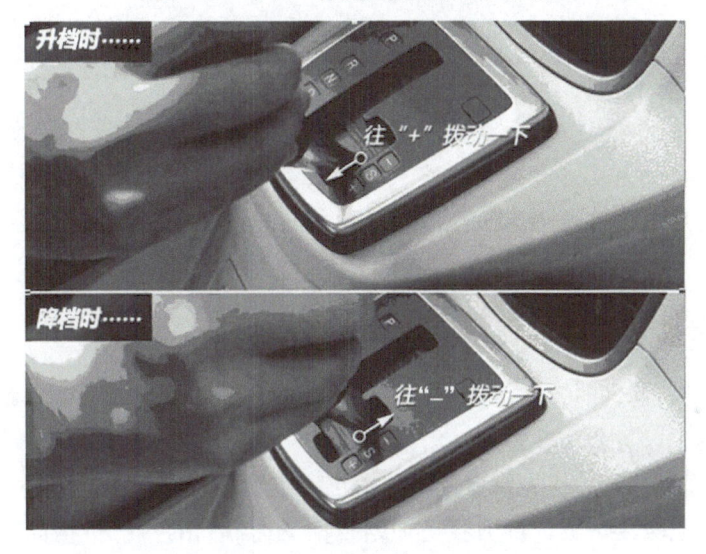

图 3-24　手动模式换档

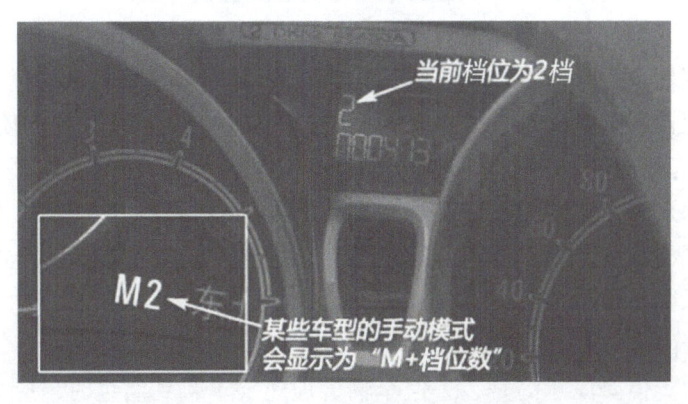

图 3-25　手动模式换档的档位显示

（3）手动模式适用场合　在良好路面、城市道路上，汽车行驶时多用自动模式，也可用手动模式。但在下列场合必须使用手动模式。

1）下长坡行驶。采用手动模式可以利用发动机制动，提高行车安全性。一般是坡度越陡，则档位应选得越低。而 A/MT 的自动模式无发动机制动功能。

2）上大坡行驶。采用手动模式可以根据坡度大小选择合适的档位，坡度越大，则档位选得越低。上坡时，若只使用 A/MT 的自动模式，则变速器会自动加减档换档，寻找合适的档位上坡，这样会加快变速器的磨损，缩短其使用寿命。

3）复杂道路条件行驶。在复杂道路条件下，道路阻力变化莫测，采用手动模式行驶，选择相对低点的档位，可以顺利通过。若使用 A/MT 的自动模式，则变速器为了适应道路阻力的变化，需要不断频繁地变换档位，容易导致变速器磨损加剧。

提示： 对于手自一体变速器汽车，总是使用自动模式操作是不对的，而应根据道路行驶条件适当变换操作模式，如汽车在上坡、下坡，或在复杂路面行驶时，可选择手动模式操作汽车。

6. 自动变速器的使用应注意哪些问题？

1）发动机起动时，应将变速杆置于 P 位或 N 位，同时踩下制动踏板并拉紧驻车制动器，以防意外事故发生。

2）汽车起步时，应先将变速杆移入正确位置后，再踩加速踏板，而且不能踩得过猛，应缓缓踩下，否则容易加剧自动变速器内的执行机构如离合器、制动器的磨损，严重时还有可能造成零部件的事故性损坏。

3）汽车行驶时，除非必要，尽量不要将加速踏板猛踩到底，因为这样会出现立即强制性地换入低档，即"强制低档"，容易使发动机的转速过高，从而造成自动变速器内摩擦件的磨损和 ATF 温度的升高，对自动变速器的使用不利。

4）汽车行驶时，特别是高速行驶时，不能选用 N 位滑行，这很容易烧坏变速器。因为这时变速器输出轴转速很高，而发动机却在怠速运转，ATF 油泵供油不足，润滑状况恶化，易烧坏变速器。有些驾驶人为了节油，而选用 N 位滑行，结果只能是得不偿失。

5）汽车超车时，往往要迅速踩下加速踏板，利用"强制低档"来提高汽车的加速能力。但要注意的是，一但车辆的加速要求得到满足时，应立即松开加速踏板，否则，对自动变速器的油液和摩擦件使用不利。

6）汽车上坡时，应视坡度的大小和坡道的长短选择变速杆位置。当坡度小、坡道短时，可选择 D 位或 3 位。当坡度大、坡道长时，必须选择 1 位或 2 位，若选择 D 位，则容易出现"循环跳档"现象，如在 D 位直接档上坡时，由于驱动力小于坡道阻力，则汽车自动减速降档，而降档后汽车驱动力增加，当其超过坡道阻力时，汽车又自动加速升档，这样就不断地进行降档和升档循环，加速换档执行元件的磨损。

7）汽车下坡时，除踩制动踏板外，同时可利用发动机制动。当车速降至 30km/h 时，可将变速杆置于 1 位或 2 位，使汽车获得最有效的制动。

8）汽车高速行驶时，不允许将变速杆自 D 位拉向 2 位或 1 位，否则会"强制低档"，加快自动变速器内摩擦件的磨损和 ATF 温度的升高。

9）在变速杆换档过程中，不要下踩加速踏板；在车辆未停稳之前，不允许将变速杆从前进位拉向 R 位，也不得将变速杆从 R 位拉向前进位。否则，会造成自动变速器内部离合器和制动器等损坏。

10）汽车被牵引时，应将变速杆置于 N 位，而且车速不得超过 30km/h，每次连续被牵引的距离不得超出 80km。否则，自动变速器内部会因无法润滑而容易损坏。

四、汽车油液的合理选用

1. 什么是爆燃？其危害是什么？

爆燃是汽油机的一种不正常燃烧，它是指发动机混合气点燃后，在火焰传播过程中，位于火焰前锋未燃烧的混合气发生自燃，形成巨大的压力冲击波，产生金属敲击声的一种现象。爆燃能使发动机功率下降，油耗增加，噪声增大，振动强烈，部件磨损加快，发动机使用寿命下降。因此，汽车行驶时应尽量避免或抑制发动机产生爆燃。

> **您知道吗？**
>
> 影响爆燃的因素很多，其中压缩比、汽油抗爆性影响最大。高压缩比发动机的动力性和经济性好，但容易产生爆燃。采用抗爆性好的汽油，可以抑制爆燃，能使发动机采用较高的压缩比，但抗爆性好的汽油价格较高。

2. 汽油牌号的含义是什么？

汽油的牌号用辛烷值表示。辛烷值是表示点燃式发动机燃料抗爆性的一个约定数值。测定辛烷值的标准燃料，由抗爆性很好的异辛烷和抗爆性极差的正庚烷两种烷烃混合而成。其汽油的辛烷值就是汽油与相同抗爆性的标准燃料相比所具有相当于异辛烷的体积百分数。汽油的辛烷值越高，抗爆性越好，发动机越不易爆燃。我国车用汽油、车用乙醇汽油（E10）均按研究法辛烷值（RON）划分。车用汽油（Ⅳ）有 90 号、93 号、97 号 3 个牌号；车用汽油（Ⅴ）有 89 号、92 号、95 号和 98 号 4 个牌号。牌号越大，则辛烷值越高。

> **您知道吗？**
>
> 目前加油站的车用乙醇汽油（E10）是指在汽油组分油中按体积混合比加入10%的变性燃料乙醇后，作为汽油车燃料用的汽油。乙醇的辛烷值较高，汽油中加入乙醇可以提高汽油的辛烷值，同时乙醇作为含氧化合物加入汽油中，可改善燃烧特性，减少一氧化碳和碳氢化合物的排放。

3. 如何选择合适的汽油牌号？

汽油牌号越大，则抗爆性越好，但油价也越高。为保证汽车使用的经济性，在发动机用油不爆燃的前提下，尽量选用较低的汽油牌号。汽油牌号的选择方法如下。

1）根据汽车使用说明书要求选用汽油牌号。汽车发动机的结构条件不同，汽车的抗爆性能就不一样，因而汽油牌号应按说明书要求，以正常运行条件下不发生爆燃为前提选用。

2）根据发动机的爆燃倾向选用汽油牌号。发动机爆燃倾向越严重时，汽油的抗爆性应越好，汽油牌号应选得越高。通常，发动机压缩比越高，其爆燃倾向越严重，应选用高牌号汽油；高原地区空气密度小，发动机工作时，压缩终了的气缸压力和温度较低，发动机不易爆燃，汽油牌号可选低些；炎热夏季高温条件行驶的汽车，其发动机爆燃倾向严重，应选用高牌号汽油。

3）根据经验选用汽油牌号。驾驶人还可以根据用油时的感觉，发动机的运行状况，凭经验选出最适应自驾汽车的汽油牌号。通常，加速时发动机有严重的敲缸声，若选用高一牌号汽油时声音消失，则说明原汽油牌号选低了，应选高一牌号汽油。

4. 柴油牌号的含义是什么？

车用柴油的牌号按凝点划分。凝点是指在规定条件下，柴油冷却到液面不能移动时的最高温度。柴油的凝点越低，说明其低温流动性越好。为使柴油机在低温条件下能可靠工作，其柴油应具有良好的低温流动性。车用柴油（V）有6个牌号，即5号、0号、-10号、-20号、-35号、-50号。柴油牌号越低，说明凝点越低，低温流动性越好，越适用低温使用。

5. 如何选择合适的柴油牌号？

柴油凝点越低，则低温流动性越好，但油价也越高。为保证汽车使用的经济性，在发动机用油低温不失去流动性的前提下，尽量选用较高凝点的柴油。

柴油牌号的选择，通常是根据当地月风险率为10%的最低气温与凝点温度相比确定，所选用的柴油凝点应比当地月风险率为10%的最低气温低4~6℃。据此，各牌号车用柴油适用的范围如下。

5号车用柴油：适用于风险率为10%的最低气温在8℃以上的地区。

0号车用柴油：适用于风险率为10%的最低气温在4℃以上的地区。

-10号车用柴油：适用于风险率为10%的最低气温在-5℃以上的地区。

-20号车用柴油：适用于风险率为10%的最低气温-14℃以上的地区。

-35号车用柴油：适用于风险率为10%的最低气温在-29℃以上的地区。

-50号车用柴油：适用于风险率为10%的最低气温在-44℃以上的地区。

6. 怎样了解机油性能？

发动机润滑油简称机油，它具有润滑、冷却、清净、密封和防蚀的作用。机油分为汽油机机油和柴油机机油两个系列。机油使用性能是根据机油在发动机试验评定中所表现的润滑性、清净分散性、抗氧抗腐性、抗磨性、抗泡沫性等确定其等级。

汽油机机油代号中，第一个字母"S"表示汽油机机油，"GF"表示以汽油为燃料的、具有燃油经济性要求的乘用车发动机机油，其"S"与其后面的字母或"GF"与其后面的数字代表机油的质量等级，如SD、SE、SF、SG、SH、SJ、GF—1、GF—2、GF—3、GF—4等。柴油机机油代号中，第一个字母"C"表示柴油机机油，其"C"与其后面的字母代表机油的质量等级，如CC、CD、CD—Ⅱ、CE、CF—4等。机油级别越靠后或序号越大，则性能越好。

7. 什么是单级机油？什么是多级机油？

单级机油是冬（低温型）、夏（高温型）专用油，它采用含字母W（代表冬季）和不含字母两组黏度系列。低温型黏度等级有 0W、5W、10W、15W、20W、25W 等 6 个低温黏度级号，W 前的数字越小，其低温黏度越小，低温流动性越好，适用的最低气温越低，适用于冬天寒冷地区。高温型黏度等级有 20、30、40、50、60 等 5 个高温运动黏度级号，数字越大，其黏度越大，适用的最高气温越高，适用于温度较高地区。

多级机油是指能够同时满足低温和高温正常润滑要求的、具有多黏度等级的机油。这类机油低温黏度小，100℃运动黏度较高。多级油由低温黏度级号和高温黏度级号组合表示，如 5W-20，在低温使用时，它具有 5W 的黏度级，在 100℃使用时，它又具有 20 的黏度级，多级机油可以四季通用。

> **您知道吗？**
>
> 黏度是液体流动时，其分子之间摩擦阻力的量度。若机油的黏度过大，则机件运动时需克服的阻力大，功率损失增加；若机油的黏度过小，则不能在高温摩擦表面上形成牢固的油膜，使机件不能得到正常的润滑而加大磨损。因此，机油应具有适当的黏度。
>
> 一般机油的黏度随使用温度升高而变小，温度降低而增大。黏温性好的机油，其黏度受温度变化的影响小。

8. 如何认识机油牌号？

机油牌号应包括机油的性能等级、黏度等级和机油的类别。汽油机机油牌号的标记，如 SF10W-30、SE 30。柴油机机油牌号的标记，如 CD10W-30、CC 30。

通用内燃机机油是指能够同时满足汽油机和柴油机使用的机油。通用内燃机机油牌号的标记，如 SJ/CF-4 5W-30 或 CF-4/SJ 5W-30，前者表示其配方首先满足 SJ 汽油机机油的要求，后者表示其配方首先满足 CF-4 柴油机机油的要求，两者均需同时符合 SJ 汽油机机油和 CF-4 柴油机机油的全部质量指标。其牌号标记的 5W-30 反映的是黏度等级，它是一种多级机油。

9. 如何选择机油？

一般是按照汽车使用说明书中的规定，选用机油使用性能等级和黏度等级；或根据发动机结构特性和工作条件要求，先确定机油的使用性能等级，然后依据发动机使用的外部环境温度等条件，选择该使用性能等级中合适的黏度等级。具体选择如下。

（1）机油性能等级的选择

1）汽油机机油可根据发动机工况、使用条件和生产年代来选用其使用性能等级。通常，发动机的最大功率、转矩、转速越大，对机油的使用性能等级要求就越高。汽车使用条件恶劣时，对机油的使用性能等级要求较高，如有下列情况，机油就应提高一个等级。

① 经常处于停停开开使用状态的出租车，易产生低温油泥。

② 长期低温、低速行驶的汽车，易产生低温沉积物。

③ 长期高温、高速行驶的汽车，机油容易氧化变质。

④ 长期在灰尘大的场所行驶的汽车，机油容易污染变质。

⑤ 较新型号汽车，或近年生产的汽车，由于对高使用性能的追求和对低排放污染的控制，要求机油的使用性能等级较高。

2）柴油机机油可根据柴油机的强化程度及运行条件来选用其使用性能等级。柴油机的强化程度越高，柴油机的机械负荷和热负荷越大，机油的工作条件越苛刻，则要求选用的机油使用性能等级就越高。通常，柴油机强化程度一般时，可选用 CC 级柴油机油；强化程度较高时，应选用 CD 级以上的柴油机油。

运行条件可影响机油的工作环境。对运行条件苛刻的柴油车，如林区运材车，高速公路行驶的重负荷卡车，重载矿用汽车等，宜选用更高使用性能等级的柴油机油。

注意：高等级的机油可代替低等级的机油，但经济上不合算，而低等级的机油绝不能代替高等级的机油，这会造成发动机机件损坏。

（2）机油黏度等级的选择　机油的黏度等级主要是根据环境温度来选择，同时还应考虑发动机工况和技术状况对其黏度的要求。为保证发动机高、低温运转时润滑正常，应根据季节、气温来选择机油的黏度等级（表3-2）。为避免冬夏季换油，应尽量选用多级油（表3-2）。另外，发动机重载低速时，机油的黏度应选得大些；发动机轻载高速时，机油的黏度应选得小些；发动机磨损严重时，机油的黏度应选得大些；发动机走合期或新发动机，机油黏度应选得小些。

表 3-2 不同黏度等级机油适用的气温和季节

黏度等级	适用的气温范围/℃	适用的季节
30	0~30	夏季
40	0~40	夏季
50	5~50	夏季
5W-30	-30~30	冬夏季通用
5W-40	-30~40	冬夏季通用
10W-30	-25~30	冬夏季通用
10W-40	-25~40	冬夏季通用
15W-30	-20~30	冬夏季通用
15W-40	-20~40	冬夏季通用
20W-50	-10~50	冬夏季通用

(3) 机油选用实例 我国部分轿车机油的使用性能等级及黏度等级的选用见表 3-3。

表 3-3 我国部分轿车机油规格

汽车公司	车型	使用性能等级	黏度等级
东风雪铁龙	毕加索、爱丽舍	SJ/CF	10W-40
广汽本田	本田雅阁	SL/GF-3	5W-30
上海通用	别克、赛欧	SL/GF-3	5W-30
天津一汽丰田	威驰	SL/GF-3	5W-30
长安福特	嘉年华	SL/GF-3	5W-30
重庆长安	长安铃木	SF	15W-40

10. 什么是汽车制动液？制动液应具有哪些性能？

汽车制动液是指汽车液压制动系统中传递制动压力使车轮制动的工作介质，俗称刹车油。制动液的优劣，直接影响汽车的制动性能。因此，应把制动液视为安全油料，重视制动液的使用。汽车制动液应具有下列性能。

1) 良好的高温抗气阻性。汽车长时间制动会产生大量摩擦热，使制动系统温度升高。如高温抗气阻性好，则在高温时可防止制动液蒸发使制动系管路充有蒸气，产生气阻，引起制动失灵。

2) 适当的黏度。制动液应在较宽的温度范围内保持适当的黏度，这样制动液就具有很好的流动性,能保证迅速传递压力,确保制动系统的安全可靠。

3)良好的橡胶适应性。制动液与系统的橡胶配件接触时,橡胶配件不应产生软化、溶胀、溶解、硬化和紧缩等不良现象,以免制动失灵。

4)良好的抗腐蚀性。制动液长期与铸铁、铜、铝及其他合金制成的制动装置接触,要求制动液对金属不产生腐蚀。

5)良好的稳定性。制动液在长期保存及使用中,当工作环境温度发生变化时,制动液的性质不应发生明显的物理化学变化,不允许生成胶质和油泥沉积物。

6)良好的溶水性。要求制动液吸水后能与水互溶,不产生分离和沉淀,以免在高温时形成水蒸气产生气阻,在低温时形成冰栓,堵塞制动管路。

11. 如何选用汽车制动液?制动液的使用应注意哪些事项?

(1)制动液选用原则

1)按照汽车使用说明书的要求选用汽车制动液。

2)尽量选择合成型制动液。因为合成型制动液具有优良的性能,能满足不同地区、不同季节、不同气候条件、不同工作温度、不同制动负荷、不同汽车制动的要求。

3)尽量选择高质量等级制动液。各等级制动液的主要特性和推荐使用范围见表3-4。

表3-4 汽车制动液的主要特性和推荐使用范围

级 别	制动液的主要特性	推荐使用范围
HZY3	具有良好的高温抗气阻性能和优良的低温性能	相当于DOT3的水平,我国广大地区均可使用
HZY4	具有优良的高温抗气阻性能和良好的低温性能	相当于DOT4的水平,我国广大地区均可使用
HZY5	具有优异的高温抗气阻性能和良好的低温性能	相当于DOT5、DOT5.1的水平,供特殊要求或极高温地区的车辆使用

(2)制动液使用注意事项

1)不同规格的制动液不能混用,否则会因分层而降低制动效能。

2)制动液中不能有水分和矿物油混入,以免制动液的性能变差。

3)制动液装入系统前应进行检查,如发现杂质或白色沉淀等,应过滤后再用。

4）更换制动液时，应将制动系统清洗干净。

12. 发动机冷却液有哪几种？各有何特点？

冷却液是水冷式发动机冷却系统中用于循环带走高温零件热量的冷却介质。现代汽车发动机冷却液是由乙二醇、丙二醇、乙醇等化学物质分别与水按一定比例混合而成，并加入防腐剂、清洁剂、防垢剂和着色剂等添加剂的混合液。冷却液品种有乙二醇-水型、丙二醇-水型、乙醇-水型，其各自特点如下。

乙二醇-水型冷却液具有沸点高、挥发损失小、冰点低（最低能达 -68℃）、热容量大、冷却效率高、流动性好等特点。它可冬季防冻，夏天防沸，全年通用，长期使用，故被称为长效冷却液。

丙二醇-水型冷却液具有沸点高，不易蒸发和着火，对金属腐蚀小等特点。其不足是丙二醇降低冰点的效率低，配制同一冰点的防冻液时，丙二醇的用量比乙二醇、乙醇（酒精）的多，成本较高。因此，这种防冻液用得较少。

乙醇-水型冷却液具有流动性好、散热快、乙醇来源广、配制简单等特点。其不足是易燃，使用不安全；易挥发，而导致冰点升高。

提示：目前汽车发动机用得最多的是乙二醇-水型的冷却液，它按冰点不同可分为 -25号、-30号、-35号、-40号、-45号和 -50号6个牌号。

您知道吗？

冰点是指冷却液开始结冰的温度，是冷却液选择的依据。当今冷却液的冰点一般在 -68℃ ~ -15℃，其冷却液冰点与乙二醇、丙二醇、乙醇所占的比例有关，改变冷却液的成分和所占比例，可得到不同冰点的冷却液。如果环境温度低于冷却液冰点，则汽车长时间停放时，发动机会因冷却液结冰而被冻裂。因此，要求冷却液冰点较低。

13. 如何选用发动机冷却液？冷却液的使用应注意哪些事项？

（1）冷却液的选用原则

1）按照汽车使用说明书的要求选用发动机冷却液。

2）根据当地冬季最低气温选用适当牌号的冷却液，冰点应低于最低气温10℃左右。

（2）冷却液使用注意事项

1）不同厂家、不同类型、不同牌号的发动机冷却液不能混用，以免起化学反应、沉淀或生成气泡，降低使用效果。

2）冷却液可以制成一定冰点的产品直接加注使用，也可以制成浓缩液，由用户加水稀释后使用。稀释时，应使用蒸馏水，切勿使用硬水配制，以免产生沉淀。

3）加注冷却液前，应检查冷却系的密封性，确保无泄漏。冷却液加注不要过满，一般只能加到冷却系统总容量的95%，以免升温后膨胀溢出。

4）在更换冷却液时，应先将冷却系用净水冲洗干净，然后再加入新的冷却液。

5）乙二醇-水型冷却液，只要使用维护得当，可连续使用3～5年，但每年应检测一次冷却液密度，需要时，可视情况加入适量的水。

6）乙二醇是有机溶剂，使用中要注意不得将其洒溅到橡胶制品或油漆表面，更应注意不要接触皮肤，若不慎洒溅上，应立即用清水冲洗以免造成机件腐蚀或皮肤损伤。

7）乙醇-水型冷却液容易挥发，使用中应注意防火，在发动机温度过高时，不要打开散热器盖，也不要让发动机立即熄火，以免因冷却液急剧升温而突然喷出，造成人员损伤或失火。因乙醇和水挥发使液面降低时，应及时添加适量的乙醇和少量的水。

五、汽车轮胎的正确使用

1. 汽车轮胎有哪几种类型？

(1) 有内胎轮胎和无内胎轮胎　汽车广泛使用充气轮胎。充气轮胎按组成结构不同，可分为有内胎轮胎和无内胎轮胎。

1) 有内胎轮胎。这种轮胎在外胎的内部有一个充有压缩空气的内胎。

有内胎轮胎的特点：轮胎强度大，充气压力较高，承载能力较强，便于修理；散热慢，行驶温度高，不适应高速行驶；内胎穿刺后，胎压迅速降低，行驶安全性差。

提示：一般车速低、承载能力大的载货汽车和大型客车广泛使用有内胎轮胎。

2) 无内胎轮胎。这种轮胎内壁涂有一层用特殊配方的厚橡胶制成的气密层，轮胎安装在轮辋上就形成了充气的封闭内腔。

无内胎轮胎的特点：散热快，热量可直接从轮辋散出，轮胎温度低，适应高速行车；行驶安全性好，当轮胎被尖锐物刺穿后，气密层能自动紧裹刺穿物而保持较长时间不漏气，即使将刺穿物拔出，由于气密层的作用，也能暂时保持气压，不至于立即停驶；胎体柔软，缓冲性能好，使用寿命长。

提示：一般轻载、高速，要求舒适性好的轿车广泛使用无内胎轮胎。

(2) 斜交轮胎和子午线轮胎　按胎体帘线排列方向的不同，轮胎可分为斜交轮胎和子午线轮胎。

1) 斜交轮胎。普通斜交轮胎是指胎体帘布层和缓冲层各相邻层帘线交叉且与胎面中心线呈小于90°排列的充气轮胎，如图3-26a所示。帘布层通常由成双数的多层挂胶帘布用橡胶贴合而成；缓冲层位于胎面和帘布层之间，它用胶片和数层挂胶稀帘布制成，其质软富有弹性。

斜交轮胎的特点：胎体坚固，胎侧不易损坏，低速行驶舒适性好，轮胎噪声小，价格较低，滚动阻力大，使用寿命短。

提示：一般低速车辆、农用汽车广泛使用斜交轮胎。

2）子午线轮胎。子午线轮胎是指胎体帘布层帘线与胎面中心线呈90°排列，与帘布层轮胎的子午断面一致的充气轮胎，如图3－26b所示。子午线轮胎帘布层层数一般比普通斜交轮胎减少40%～50%，且无偶数限制，胎体较柔软，而带束层层数较多，极大地提高了胎面的刚度和强度。

子午线轮胎的特点：帘布层数少，滚动阻力小，行车节油；帘线强度利用充分，承载能力大；胎体柔软，缓冲能力好，乘坐舒适；胎面耐磨性好，使用寿命长；接地面积大，附着性能好；能量损失小，行驶温度低，适应高速行车。

提示：一般高速汽车，如轿车、客车、货车都在广泛使用子午线轮胎。

a）斜交轮胎　　　　　　b）子午线轮胎

图3－26　轮胎的帘线排列

1—胎面　　2—缓冲层　　3—帘布层　　4—带束层

您知道吗？

汽车智能轮胎

智能轮胎是指其内装有计算机芯片（图3－27），或将计算机芯片与胎体相连接，能够收集、传输有关自身所处环境的所有信息，并对这些信息作出正确判断和处理的轮胎。智能轮胎的主要功能有以下几点。

①轮胎内压监测。安装在轮胎内的充气压力监测装置，时刻检测胎内气压，一旦发现轮胎充气内压不足，该装置立刻向驾驶人发出警报，提示驾驶人停车检查轮胎或由车载电脑自动作出应急处置。

②轮胎自动充气。装备车载气泵可以及时补充轮胎充气内压。一旦轮胎漏气，轮胎充气内压监测装置将发出警报，车载计算机据此启动车载气泵，车载气泵向轮胎内腔充入气体，使轮胎恢复至合理的充气内压。

③轮胎温度监测。轮胎温度监测系统由两部分组成：植入轮胎胎体内的微型传感器，它负责探测、传输轮胎温度数据；装在汽车驾驶室内的接收器/数据读出器，负责接收、显示数据。汽车行驶时，若轮胎温度过高，则有可能造成胎面破损，监测系统会发出报警，提示驾驶人预防爆胎。

④历程可追溯性记录。历程可追溯性记录是指轮胎在制造、出厂、使用、报废全过程中的每一阶段均形成资料，而且可以随时提档查阅。如果与远程信息系统联接，只要这条轮胎仍在路上使用，在信息网所覆盖的范围就能找到它。具有这种功能的轮胎一旦出现产品质量问题，汽车厂商和轮胎厂商可以很快确定召回范围，提高召回效率。

⑤其他参数监测。例如，监测轮胎的受力、变形等动态力学状况，向汽车自动驾驶系统提供数据，使汽车实现稳定的驾驶状态。

图 3-27　汽车智能轮胎

汽车智能轮胎能自动监控并调节轮胎的行驶温度、气压等参数，使其在不同情况下都能保持最佳的运行状态，提高汽车的使用性能。

2. 如何选配汽车轮胎？

(1) 选配轮胎方法　原则上要按照车辆使用说明书的规定选用轮胎的规格牌号。实际选配时，轮胎的尺寸规格应符合原车的要求；轮胎的速度等级须与车辆最高行驶速度相适应；轮胎的负荷能力要与载质量相适应；轮胎的花纹要与道路条件相适应。轮胎的尺寸规格、速度等级及负荷能力均标记在胎侧，选用时必须认真核对，使轮胎的规格、性能完全符合该车型及运用条件的要求，这是用好轮胎的前提条件。

(2) 选配轮胎注意事项

1) 同一辆车所装的轮胎，其厂牌、花纹应一致，不允许混装不同规格的轮胎。否则，会使轮胎磨损加剧、油耗增加、破坏汽车的操纵稳定性。

2）换用新轮胎时，最好全车成套更换。如不能这样，应尽量避免只换一个轮胎，最少应把一根轴上的轮胎同时更换，不允许在同一轴上装用新旧差异较大的轮胎。由于轿车多是前轮驱动型车，它的前轮既是驱动轮，又是转向轮，其前轮轮胎磨损速度较快。因此，花纹最深的轮胎或新胎应装在前轮上，这样还可使前轮的摆振和侧滑减少，保证行车安全。

3. 轮胎气压过高、过低有何危害？如何处理？

轮胎气压过高或过低，对汽车的使用性能不利。如轮胎气压过低，会使轮胎的滚动阻力加大，汽车动力性变差，汽车油耗上升，同时汽车操纵性也受到影响；如轮胎气压过高，则轮胎与路面的附着性能下降，汽车制动距离延长，易发生侧滑。

轮胎气压过高或过低，会加剧轮胎的磨损，缩短轮胎的使用寿命（图3-28）。胎压过高时，造成胎体应力过大，胎冠中间部分磨损增加，严重时胎冠爆裂；胎压过低时，轮胎的刚度随之下降，造成汽车行驶时胎侧发生强烈弯曲，使胎体产生很大的应力，帘布层受到损害，同时，胎侧弯曲变形时，胎温升高，轮胎胎肩磨损加快，如图3-29所示。

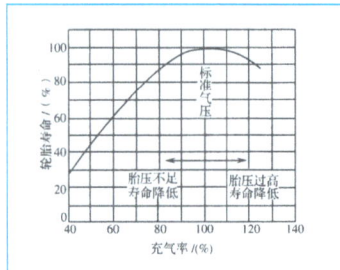

图3-28 胎压与轮胎寿命关系

为保持正常的轮胎气压，应定期检查和调整。检查轮胎气压应在轮胎处于冷态状态下，拧开轮胎气嘴的防尘帽，用胎压表检查轮胎气压（图3-30）。如气压过高，可通过气门芯放掉胎内一些空气；如气压过低，则用压缩空气充气至规定值。轮胎气压规定值标注在轮胎的侧壁上，一般是表示常温条件的最高充气压力。

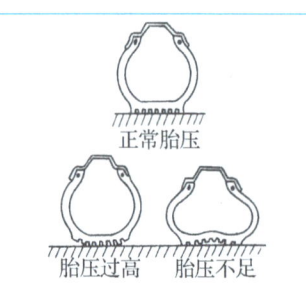

图3-29 轮压状况与轮胎磨损　　**图3-30 检查轮胎气压**

4. 轮胎为什么要定期换位？怎样进行换位？

（1）**轮胎定期换位原因**　由于汽车在行驶过程中，前后轮的载荷、受力及功能不同，因而汽车轮胎的磨损不同，为保持同一台车的轮胎磨损均匀，延长轮胎的使用寿命，并使寿命趋于一致，轮胎应定期换位。轮胎每行驶15000～20000km，应按一定的顺序进行一次换位。

（2）**轮胎换位方法**　普通斜交轮胎常采用交叉换位法（图3-31a）；子午线轮胎宜采用单边换位法（图3-31b）。

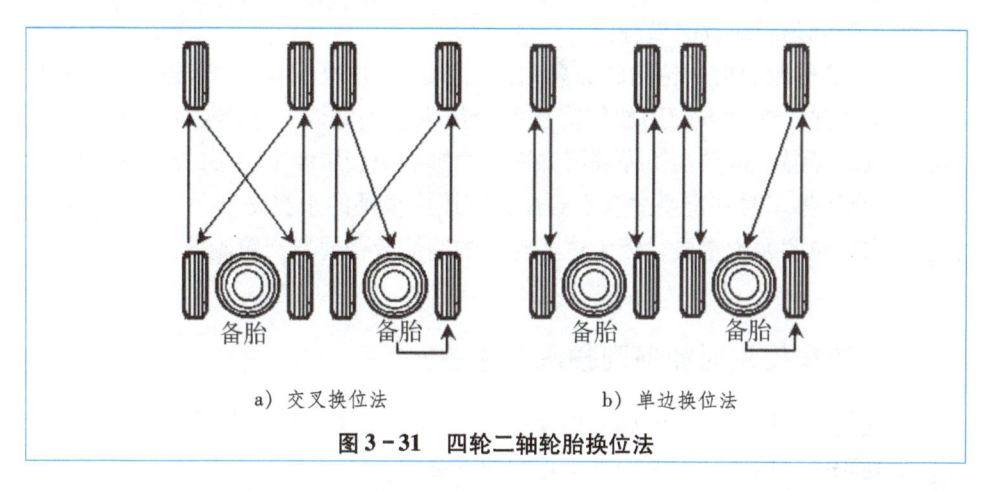

a）交叉换位法　　　　　　b）单边换位法

图3-31　四轮二轴轮胎换位法

提示：子午线轮胎的旋转方向应始终不变，若换位后反向旋转，则会因钢丝帘线反向变形产生振动，导致汽车平顺性变差。因此，一些轿车使用手册均推荐子午线轮胎宜采用单边换位法。

（3）**轮胎换位注意事项**　为达到良好的效果，轮胎换位时应注意下列事项。

1）轮胎换位方法选定后，应按顺序定期换位，只能一用到底，不可改变，否则对轮胎磨损不利。

2）对有方向性花纹的轮胎，换位后不能改变旋转方向。

3）轮胎有异常磨耗时，可在故障排除后提前换位。

4）前后车轮的轮胎帘线层数不同、承载负荷不同时不能随便换位。

5）轮胎换位后，应按所换的胎位要求，重新调整胎压至规定值。

5. 怎样驾驶汽车才能延长轮胎寿命？

在汽车实际运用中，驾驶人不同，其轮胎寿命也不一样，这说明驾驶操作对轮胎寿命有影响。规范驾驶操作，提高驾驶技术，可以延长轮胎的使用寿命。驾驶人应做到如下几点。

1) 起步要平稳，防止起步时车辆窜动，减少轮胎磨损。

2) 尽量少用紧急制动，采用预见性制动。行车时注意观察车流、人流等各种情况，遇事提前减速，这样可大大减少使用紧急制动，从而减少轮胎的磨损。

3) 提倡中速行车。因为高速行驶时，轮胎承受的冲击负荷、离心力、单位时间内接地次数引起的轮胎拉伸、压缩等均增大，易使轮胎损坏。

4) 根据路面条件变化，采取相应对策。路面的好坏对轮胎寿命影响很大，应尽量选择优良路面行驶，若遇有铁路道口和不平路面时应减速行驶，路上遇有石块、锋利物时应及时处理。

5) 注意轮胎温度，轮胎的最高允许工作温度在 80~90℃，若超过这一温度必须停车散热，绝对不能用放气降压的办法来企图降温，这样会适得其反，更不能用泼水降温，这样会使橡胶层骤冷，而影响橡胶层和帘线层的结合强度。

6) 靠边停车时一定要注意不要让胎侧擦撞很硬的水泥路埂，这对子午线轮胎、无内胎轮胎尤为重要，因为这些轮胎的胎侧较普通斜交轮胎薄。

6. 汽车使用时如何呵护汽车轮胎？

合理使用轮胎、呵护轮胎，能减少轮胎磨损速度，防止不正常的磨损和损坏，提高轮胎使用寿命。呵护汽车轮胎的方法如下。

(1) 经常目测检查轮胎　驾驶人应该养成一个良好的习惯，平时出车前，要坚持绕行车辆一圈，看轮胎有无破损、磨损是否正常。若轮胎花纹中嵌入杂物应随时除去，发现问题及时处理可保护轮胎。

(2) 保持合适的轮胎气压　轮胎气压标准是根据轮胎的构造、材料强度、实际负荷以及汽车的操纵稳定性、行驶平顺性、汽车的动力性及经济性的要求确定的，若轮胎气压过高或过低，不仅会破坏汽车的使用性能，还会使轮胎寿命下降。因此，汽车使用时其轮胎气压应符合规定值。

(3) 防止轮胎超载　汽车在使用过程中不得超载，轮胎的负荷不应超过轮胎的额定负荷。超载行驶时，轮胎帘线所受压力增大，易造成帘线折断、松散和帘线脱层，当受到冲击载荷时，会引起爆胎，同时因接地面积增大，会加剧胎肩的磨损。因此，汽车必须按标定的容载量装货或载客，以防超载。同时，要注意货物装载平衡，不得偏载，防止个别轮胎超载。

(4) 轮胎应定期换位　轮胎定期换位可使整车轮胎磨损比较均匀，寿命趋向一致，有利于提高轮胎的使用寿命。

(5) 避免高温暴晒 在夏季禁止将车辆停在烈日下暴晒，否则会引起轮胎早期老化。高温的轮胎应禁止用水泼浇，否则会导致轮胎各部分收缩不均而引起脱胶、变形，加速轮胎的老化，甚至会引起爆胎。

(6) 视情驾驶保护轮胎 行驶时不要给轮胎以强烈冲击，有的驾驶人在路况不佳的路段高速行驶，不注意对沟堑、石块等障碍物的避让；有的驾驶人甚至驾车强行冲上马路和人行道间的路肩，随意拱车，这些均会导致轮胎的钢丝、帘线局部折断，是爆胎的一大隐患。行驶时应尽量避免轮胎接触油污、油渍等化学品，防止胎面发硬变形。

(7) 轮胎漏气后要及时补胎 有的新手由于经验不足，当轮胎漏气处于低气压或瘪胎时仍然长距离行驶，这样会导致轮胎的钢丝和帘线过度扭曲疲劳，橡胶层脱胶，轮胎的强度大大降低。因此，当轮胎漏气后，应停车及时修补轮胎。

(8) 轮胎修补要动平衡 车轮或轮胎修补后，装车前应进行动平衡。使用没经过有效平衡的车轮及轮胎，车辆行驶时会发生抖动，轮胎会出现不规则磨损，会缩短轮胎的使用寿命。

7. 何时需要更换轮胎？

汽车轮胎的好坏将直接关系到车上人员的安全和舒适性。当汽车轮胎磨损接近磨损标记、轮胎破损、轮胎年限到期时，则需要更换轮胎。下面围绕这三方面进行说明。

(1) 胎面磨损接近磨损标记需更换 查看胎冠的磨损量（图3-32a），看其是否超过极限即磨损标记（图3-32b）。任何品牌的轮胎都会在胎面沟槽底部设置一个磨损标记，一般轿车轮胎的磨损标记高度为1.6mm，载重轮胎上的磨损标记高度为2.4mm。当轮胎花纹沟槽深度小于这个深度时，需要及时更换轮胎。

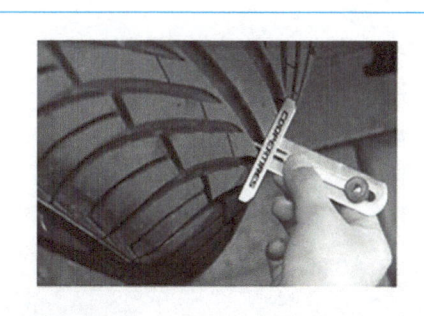

a) 检查磨损　　　　b) 轮胎磨损标记

图3-32　检查胎面磨损

注意： 个别车主认为只要轮胎没破，即使轮胎花纹快磨光了仍可继续用。其实使用这样的旧轮胎是十分危险的，因为轮胎花纹磨光后，轮胎与路面的附着条件变差，制动时制动距离长且易侧滑甩尾，驱动时驱动力小且车轮易滑转而导致方向失去控制，尤其是遇上湿滑路面时，胎面花纹无法将轮胎下方的积水完全排出，更容易导致车辆失控。

(2) 轮胎破损需更换　　在日常用车过程中，轮胎可能会被异物扎穿，或不小心撞到路肩，这些都会导致轮胎受损。轮胎受损的情况包括胎面裂缝、胎面鼓包、胎面橡胶缺失、胎侧刮伤严重、轮胎多次被异物扎穿等。尤其是鼓包，轮胎随时都会有爆裂的危险。只要发现轮胎出现这些受损情况，则要及时更换轮胎。

(3) 轮胎年限到期需更换　　不管您怎么呵护轮胎，轮胎使用时间长了，也会逐渐老化。轮胎的使用年限通常在5年左右，超过这个年限，轮胎就会开始老化。轮胎老化的主要表现就是表面硬化，继而出现龟裂纹。老化的轮胎会失去应有的弹性，继续使用会导致胎面变形，存在爆胎风险。因此，轮胎年限到期后就需更换。

六、经济用车

1. 为什么高档位行车比较省油？

汽车在良好的水平路面以不同档位行驶时的油耗规律，如图 3-33 所示。可以看出，在相同的车速下，汽车档位越高，其油耗越低，越省油。究其原因，主要是汽车在高档位时的负荷率较高，发动机的有效耗油率较低。另外，在高档位时，发动机会在经济转速范围内运转，可以节油；而在低档位运行时，发动机转速较高，运转阻力加大，温度也容易升高，油耗量随之增加。因此，汽车行驶时，只要条件许可，应尽量在高档位行车，这样比较省油。另外，把握最佳换档时机，及时换用高档位，可有效延长高档位运行时间，减少低档位运行时间，从而取得比较好的省油效果。

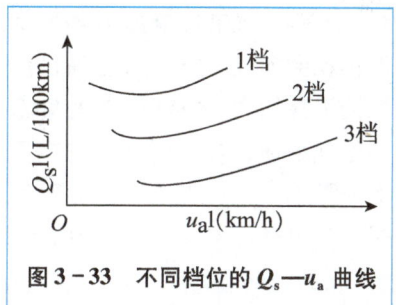

图 3-33 不同档位的 Q_s—u_a 曲线

2. 什么是经济车速？以什么车速行车比较经济？

在一定道路阻力情况下，汽车等速百公里油耗 Q_s 与车速 u_a 的变化关系，如图 3-34 所示。最低百公里油耗对应的车速称为经济车速，经济车速下行车最省油，但经济车速往往偏低，远离常用车速，其运输生产率过低，驾驶人一般不愿意，也不能在这种车速下行车。当车速大于经济车速时，随着车速的增加，其油耗加大，这主要是汽车的空气

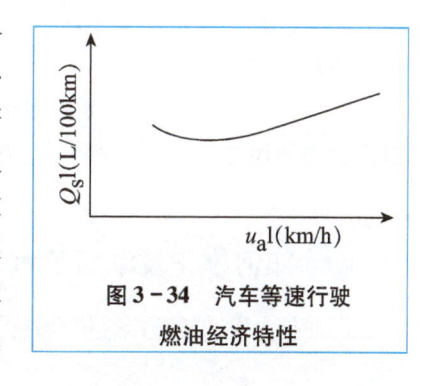

图 3-34 汽车等速行驶燃油经济特性

阻力增大所致。当车速过低时，百公里油耗也有所增加，这主要是汽车负荷率过低引起发动机有效耗油率上升所致。

高速行车时，车速越高，空气阻力与车速的平方关系成比例增大，滚动阻力也有所增大，因此油耗越高。因此，车速过高对省油是不利的。但车速过低时，运输生产率低，运输效率低，对汽车运输的经济效益不利。综合考虑汽车运行的经济性，提倡中速行车。轿车在高速公路行车车速 90～100km/h 比较合适，货车 70～80km/h 比较有利。

3. 汽车油耗为何变大？

汽车在使用过程中，随着行驶里程的增加和汽车使用条件的变化，汽车的燃油消耗会逐渐变大。导致汽车油耗变大的原因主要如下。

(1) 发动机技术状况变差　发动机长时间使用后，气缸磨损严重，气缸密封性变差，气缸压缩压力和燃烧压力下降，发动机热效率会降低，发动机的燃油消耗会加大。发动机燃油供给系统技术状况变差，混合气浓度会失常，导致燃油消耗加大。发动机点火系统不良：如点火装置不完好，发动机会起动困难，则油耗增加；若个别缸火花塞不工作，该缸燃油无法燃烧，则油耗增加；若点火能量不足，点火困难，导致发动机不能正常工作，则油耗增加；若点火不正时，使得燃烧速率下降，则油耗增加。

(2) 底盘技术状况不良　汽车行驶时，若传动系统润滑不良、装配调整不当，则传动系统在传递动力过程中，其功率损失会过大；若车轮轴承间隙过小，油封过紧，前轮定位失准，轮胎气压过低，制动片与制动盘（鼓）间隙过小，则汽车行驶时摩擦阻力损失的功率会过大。这说明底盘技术状况不良时，损失在汽车底盘上的能量就会增加，因而汽车的燃油消耗就会变大。

(3) 驾驶操作不当　驾驶操作永远影响着汽车的燃油消耗，要知道，成吨成吨的燃油都是在驾驶人的脚下流过。在相同条件下，不同的驾驶人，驾驶相同的汽车，其油耗可相差 10%～30%。驾驶操作不当，驾驶水平低下，会导致燃油消耗增加。

(4) 汽车运输管理不佳　用车计划不周，用车时间不妥，行车路线选择不当，货物调运方案欠佳，都会使汽车的燃油消耗增加。

4. 如何维护发动机使汽车更省油？

燃油是由发动机直接燃烧消耗的，因此发动机技术状况是否良好，会直接影响发动机的油耗。在汽车使用过程中，应经常检查发动机技术状况，并进行正确的维护，使其具有良好的技术状况。对发动机进行重点维护或检查的内容主要如下。

1）检查空气滤清器，确保其清洁畅通。空气滤清器变脏会使发动机进气量减小，混合气变浓，使气缸内的燃油得不到充分的燃烧，汽车的燃油消耗增加。车主可以在车辆行驶一段时间之后，或经历过扬尘、沙暴等天气后，自己将空气滤清器拆下，将上面积攒的尘土清理掉，保证进气的畅通。经常保持其清洁畅通，可节油。

2）检查电控燃油喷射系统，确保其工作正常。对于电子控制燃油喷射系统的发动机，当空气流量计（或进气压力传感器）、氧传感器、温度传感器和节气门位置传感器不能准确进行检测时，它们将会向发动机 ECU 传递一个错误的电信号，使 ECU 不能正确地发出喷油脉冲信号，引起喷油量失准，导致油耗增加。因此，当电控燃油喷射系统有故障症状时，应进行及时维护，确保其工作正常。

3）检查点火系统，确保其点火正常。点火是否正时，可在行车时检查。行车中加速时，若汽车乏力，车速提高不快，发动机有沉闷的感觉，则表示点火提前角太小；若加速时，汽车有严重的敲缸声，则表示点火提前角过大；若加速时，汽车有轻微的敲缸声，车速提高快，则表示点火提前角合适。若点火不正时，则应予以调整。

检查火花塞是否经常保持清洁干燥和正常的间隙，电极是否完整无油污、绝缘无破损等，如有损坏，应更换火花塞。检查点火能量，从分电器端拔下中央高压线进行试火，若有强力的火花，则表示点火系统正常。

4）检查气缸压缩压力，确保压力正常。在压力正常范围，气缸压缩压力愈大，发动机做功行程产生有效压力愈大，混合气点火后的燃烧速度愈快，发动机的热效率就愈高，发动机就愈省油。做到定期检查气缸压缩压力，若气缸压力过低，在原厂标准的 75% 以下，则说明气缸、活塞、活塞环、气门等机件磨损严重，导致密封不严，应视需要研磨气门或更换活塞环，以保持合适的气缸压力；若气缸压力过高，高于原厂的标准压力，则说明燃烧室有积炭，使压缩比过大，这样容易导致爆燃，不得不减小点火提前角，同样引起燃油消耗增加，此时应清除积炭，保持燃烧室清洁。

5）调整气门间隙，确保配气正常。气门间隙发生变化，会改变发动机的配气相位，从而影响发动机的油耗。若气门间隙不合适，则会增加发动机油耗。因此，应按原厂标准调整气门间隙。

6）改善润滑条件，确保良好润滑。发动机机油的重要作用就是润滑运动件摩擦表面，减少运动件之间的摩擦力。因此，定期更换机油，选择合适性能、黏度等级的机油，可以改善润滑条件，减少能量消耗，从而节省燃油。

5. 怎样维护底盘使汽车更省油？

汽车底盘的技术状况对汽车油耗具有重要影响，其底盘技术状况可用汽车的滑行性能反映。汽车的滑行距离越长，说明传动系统的传动效率越高，底盘的总体技术状况越好，发动机消耗于底盘上的功率就越小，汽车就越省油。为使汽车更省油，对底盘应进行必要的维护，主要内容如下。

1) 确保传动机件处于正常状态和良好的润滑。底盘传动机件如果工作状态正常，润滑条件良好，则底盘的传动效率高，功率损失少，因而可减少燃油的消耗。底盘传动机件的任何发响和发热，都意味着发动机动力在传递过程中出现了能量传递损失。例如，离合器打滑，使传动效率降低，引起离合器总成发热，这种发热就意味着燃油的损失。变速器、万向传动装置和主减速器等，任何一处有异响或温度过高，都表明是齿轮或轴、轴承在运转中遇到了不应有的阻力，因而要多耗燃油。

改善底盘总成的润滑状况对于减少摩擦损失、提高传动效率具有明显的效果。因此，应使用黏度合适、抗磨性好及黏温性能符合要求的齿轮油，以减少能量损失，降低燃油消耗。

2) 确保轮毂轴承松紧度调整合适。轮毂轴承松紧度对汽车的燃油消耗具有重要影响。如果轮毂轴承过紧，则会增加车轮旋转时的阻力和摩擦损失，使燃油消耗增加；如果轮毂轴承过松，则车轮行驶时就会摇摆，使车轮滚动阻力增加，同时也使制动鼓或制动盘歪斜，易与制动摩擦片相碰擦，增大旋转阻力，降低汽车的滑行性能，燃油消耗也会增加。因此，维护时应调整好轮毂轴承的松紧度，确保其行驶阻力最小。在汽车行驶途中停车时，如感觉轮毂和制动鼓有发热烫手情况，则可能是轮毂轴承间隙调整不合适，需重新进行调整。

3) 确保制动器调整正确。制动器间隙的调整，对汽车燃油消耗的影响较大。如果制动间隙过小，行驶时制动摩擦片与制动鼓或盘仍存在制动阻力，则导致行驶阻力增大而使油耗增加；如果制动间隙过大，则会制动不灵，无法保证行车安全，同时会影响到汽车速度性能的充分发挥，油耗也会增大。因此，制动器的间隙应调整合适，做到既要保证可靠的制动，又要保证在放松制动踏板后，车轮没有拖滞现象。

4) 确保前轮定位符合标准。前轮定位是否符合标准，对燃油消耗也有显著的影响。如果车轮定位不当，车轮在行驶中就会发生摇摆或在滚动中还带有滑移现象，这不仅会加剧轮胎的磨损，而且也会使车轮的行驶阻力增加，燃油消耗增加。因此，当前轮出现摆头现象，轮胎发生异常磨损时，应检查前轮定位值,特别是前束值,并进行必要的调整,确保前轮定位正确。

5) 确保轮胎气压正常。汽车行驶时,如果轮胎气压低于标准,则轮胎的变形量增大,滚动阻力增大,燃油消耗增加。试验表明:当轮胎气压低于标准气压30%时,燃油消耗将增加12%。因此,应经常检查轮胎气压,并确保轮胎气压正常。

6. 为什么在市区行车费油?

在城市道路上,车多、人多、红灯多,经常堵车,车辆常处于开开停停、频繁加速和减速状态,汽车不能连续等速行驶,汽车常处于非经济状态运行,因此比高速公路运行车辆费油。

汽车在交通繁杂、交叉路口多的条件下行驶,汽车制动、停车、起步、加速等工况较多,在这种情况下虽然车速较低,但相对油耗量较大,汽车的燃油经济性较差。

在城市道路,汽车需要经常制动、起步、加速、减速,而这些都是非常费油的。如过多制动会人为地增大发动机功率损耗;另外,制动停车过多会增多起步次数,而汽车起步是需要多供油的,因此油耗会更大。

在市区行车,难免要走拥堵路段,有时遇上交通事故,道路更是拥堵不堪。因此,汽车怠速运转时间较长,燃油消耗严重。

在城市运行条件下,由于交通流量较大、交通条件复杂,汽车百公里油耗与正常值相比,可能增加10%~20%。汽车在市区行车比跑长途每百公里要多消耗2~3L的燃油。

7. 小排量汽车为什么省油?

按照一般定义,小排量车通常是指排量在1.0L左右的"微型汽车",其油耗基本在每百公里5L以下,与排量在1.4L左右的汽车相比,每百公里要省油4L左右。以一般家庭用车每月跑2000km计算,小排量车每年就可省油近千升。

小排量车省油的根本原因是汽车发动机吸入的空气量少,而燃烧的混合气浓度与大排量车是相同的,因此小排量车的供油小。另外,小排量车结构紧凑,空气阻力小;且重量轻,滚动阻力、坡度阻力、加速阻力小,这些阻力都需要消耗燃油来克服,因此可节省大量燃油。

小排量车省油还与发动机的负荷率有关,发动机的经济负荷率为80%~90%。如果是大排量车,则发动机功率较大,汽车在良好路面以常用车速行驶时会远离经济负荷率,便会造成有效耗油率增大,使汽车的燃油经济性变差、费油。但小排量车的发动机功率小，负荷率自然会增大，发动机约在经济负荷率下运转，因而省油。

提示： 为了节约燃油，在动力性足够的前提下，而应选择小排量汽车。

8. 手动变速器汽车为什么比自动变速器汽车省油？

目前，大多数汽车还是采用电控液力自动变速器（AT）。对于相同发动机的车型，手动变速器汽车的油耗一般比自动变速器汽车油耗要低15%～20%。究其原因，主要有如下几点。

(1) **手动变速器汽车传动效率高** 自动变速器在起步、低速、小节气门开度、路面条件比较差的情况下，传递发动机动力都得依赖液力传动，其搅油损失大，传动效率低，行车较费油。而手动变速器汽车传动系统完全采用机械传动，传动效率高，省油。

(2) **手动换档节能** 自动变速器依靠复杂的电控、液控系统工作，消耗大量电能以及机械能，而这些能量则需要燃烧燃油获得，因此费油。而手动变速器汽车换档只需人工操作、手动，因而节能省油。

(3) **手动换档及时省油** 手动变速器汽车可根据路况车速及时地进行换档完成操作，而自动变速器换挡时机往往优先考虑动力输出，并且按一定的程序换档，换档时机较为滞后，会减慢车速的变换，增加油耗。如果是急加速，手动换档可以越档加速，而自动变速器必须一档一档加速上去，所以自动变速器汽车提速慢，要达到相同的目标速度，就必须深踏加速踏板，这就意味着更费油。

(4) **手动变速器车滑行省油** 手动变速器汽车可根据路面情况进行滑行驾驶而省油，而自动变速器汽车不能空档滑行，因为滑行时发动机处于怠速运转，油泵工作效率低，出油量少，不能对变速器进行正常润滑，会导致变速器内离合器和制动器磨损加剧，损坏自动变速器。

提示： 双离合器变速器（DCT）汽车、机械无级变速器（CVT）汽车比液力自动变速器（AT）汽车省油，因为DCT、CVT汽车在正常传递动力时，采用的是机械传动，其传动效率高。

9. 为什么发动机冷却液温度过高、过低都费油？

发动机冷却液温度可以间接反映发动机温度、机油温度、发动机盖内空气温度，它对行车燃油的消耗影响极大。

冷却液温度过高，则发动机温度过高、进气温度过高，将导致发动机产生早燃、爆燃等不正常燃烧，功率下降、油耗增大。冷却液温度过低，则发动机的传热损失增大，燃烧速率下降，导致有效功率下降、油耗增大；同时冷却液温度过低，则发动机温度、进气温度过低，燃油不易挥发，混合气变稀，使燃烧火焰传播速度减慢，导致功率下降、油耗增大；另外，冷却液温度过低，还会使机油黏度过大，润滑性能变差，摩擦阻力增大，油耗增大。

发动机冷却液温度过高或过低，都会使汽车油耗增大，而冷却液温度在80~95℃时油耗较低。因此，在汽车行驶过程中，驾驶人要注意观察发动机冷却液温度表或冷却液温度警告灯，当温度过高或过低时，都必须采取相应措施，确保发动机冷却液温度最佳，以达到省油的目的。

10. 为什么冬天汽车油耗高些？

汽车在低温条件下的冬天行驶，燃油消耗量会增大。试验表明：气温在5℃以下时，将对汽车运行燃油的消耗产生较大的影响，气温每降低10℃，燃油耗量将增大3%~5%。

汽车在冬天使用时油耗量高的主要原因：发动机暖车时间长，耗油量大；高怠速时间长，转速高，耗油量大；发动机工作温度低，散热快，能量损失大，耗油量大；发动机工作温度低，燃油汽化不良，燃烧不完全，热效率低，耗油量大；要保持发动机处于正常工作温度，需要保温，耗油量大；冬天气温低，润滑油黏度大，摩擦损失大，发动机和传动系统的机械效率低，功率损失大，耗油量大。

11. 汽车滑行驾驶为什么省油？

滑行是指汽车利用惯性行驶。汽车滑行时，发动机不工作或在怠速下工作，可以不用油或少用油，因此可以节约燃油。滑行省油的方法有如下几种。

(1) 加速滑行法 加速滑行法是指汽车在高速档上加速至较高的车速后，脱档滑行至较低的车速，然后再挂档加速又脱档滑行的周而复始的方法。

省油机理：加速时，可以提高发动机的负荷率，使发动机的有效耗油率降低，其加速过程的油耗不会增加太多；滑行时，最多只有怠速油耗，若能把握好加速滑行的时机，则以整个加速滑行的行驶里程计算，其油耗显著减少。

(2) 减速滑行法 减速滑行法是指汽车在行驶过程中，前面遇有障碍物、弯道、桥梁、坑洼或到停车站等必须降低车速时，提前减速放松加速踏板，挂入空档,利用汽车惯性进行行驶的方法。

省油机理:充分利用汽车惯性滑行,以滑行代替制动,减少了不必要的制动所消耗的功率和燃油,而且整个滑行行程的油耗为怠速油耗或为零,其省油效果显著。

(3) 坡道滑行法　坡道滑行法是指汽车在下坡时,利用汽车的下坡助力进行行驶的方法。在丘陵山区,利用坡道滑行是省油的有效方法。

省油机理:充分利用汽车的势能,将汽车的势能转化为动能,从而节约能源。

提示:在道路条件许可、车况良好、轻载、驾驶技术较高、长途行驶时,可采用适当的滑行方法省油。但对于自动变速器汽车则不能使用滑行法省油,因为这样很容易烧坏自动变速器。

12. 如何驾驶汽车省油?

正确驾驶汽车可以减少汽车油耗。不同技术水平的驾驶人,在相同条件下驾驶相同汽车,油耗可相差10%~30%。优秀驾驶人,能够在驾驶车辆的各个环节挖掘节油潜力,其操作要领如下。

(1) 减少暖机时间　对于配置电喷发动机的现代轿车,具有良好的起动性能,发动机升温很快。这种发动机冷起动后,暖机时间不要过长,应迅速起步,用低速行驶200m左右后转入正常行驶,以此节约暖机用油。

(2) 正确平稳起步　选用适当的起步档位,如满载或上坡起步用1档,轻载或在良好水平路面起步用2档,比较省油。起步时,要手脚协调,离合器、驻车制动、加速踏板配合得当,应轻踩加速踏板,缓慢起步,逐渐加速,做到起步平稳自然。

(3) 操作脚轻手快　脚轻就是轻踏加速踏板,无论是低档起步,平路行驶,还是路途冲坡,都不能踏死加速踏板,要轻踏缓抬,不使发动机消耗多余动力;手快就是快速换档,操作准确、迅速、及时,以缩短加速和换档操作时间,避免发动机功率的无谓损失,从而降低燃油消耗。

(4) 合理使用档位　汽车行驶时应尽量选择最高档。汽车上短而陡或坡道不长的坡时,可采用高档加速冲坡的方法,利用汽车的惯性直冲坡顶。若坡度较大,冲坡难以为继时,则应及时减档,以免发动机熄火需重新起步而导致油耗增加。汽车在一般道路上,可使用高速档位行驶,但在行驶中深感动力不足时应及时减档,而不应将加速踏板踩到底,以免加大油耗。也不能低速档高速行驶，以免发动机转速过高而导致油耗增加。

(5) 选择中速行车　经济车速运行时油耗最低，但经济车速太低，影响汽车运输效率，不应在这种车速下行车。车速过高时，由于汽车行驶阻力过大，其百公里油耗会随车速的增加而迅速增长，导致行车不经济。因此，应控制汽车速度，选择中速行车。在高速公路上行车时，如果情况允许，时速保持在 90～100km/h，比较省油。

提示：发动机在转速稳定时油耗较低，因此在行驶过程中车速应保持相对稳定，尽量避免急加速、急减速和频繁的制动，以免消耗不必要的燃油。在平坦的路面上，使用定速巡航可以达到省油的目的。

(6) 保持适宜的冷却液温度　发动机冷却液温度度在 80～95℃时油耗较低。因此，在汽车行驶过程中，要采取相应措施，确保发动机冷却液温度最佳，以达到省油的目的。

(7) 合理使用制动　汽车制动消耗的能量都是燃油燃烧的热能转换而来的，如果制动消耗的能量减少，则汽车的燃油消耗可以减少。因此，应尽量采用预见性制动，以滑行代替制动，少用紧急制动。

七、安全、环保、舒适用车

1. 汽车安全行驶的重要条件是什么?

1) 良好的制动性是保证汽车安全行驶的前提。 良好的汽车制动性,可以使汽车行驶时迅速减速直至停车;良好的汽车制动性,可以在下长坡时能维持一定车速;良好的汽车制动性,可保证制动时的方向稳定性,防止制动跑偏、侧滑和转向失灵,能使汽车在制动过程中按预定的轨道行驶;良好的汽车制动性,可在长时间连续制动时制动效能稳定,制动效果好。

汽车是高效运输工具,其高速行驶往往不可避免。为保证汽车安全高效行驶,必须要有良好的制动性能。在紧急情况下,良好的制动性,可以化险为夷,避免交通事故;在正常行驶时,良好的制动性,可以为汽车动力性的充分发挥提供保障作用。

2) 良好的操纵稳定性是保证汽车安全行驶的基础。良好的操纵稳定性能抵抗各种外界干扰保持汽车稳定行驶;良好的操纵稳定性能使汽车确切地响应驾驶人转向指令安全行车。

良好的操纵稳定性不能过分强调降低车速,因为汽车高速行驶是不可避免的。汽车高速行驶时,如汽车操纵性变坏,方向调控失常,则汽车容易发生严重交通事故;如汽车稳定性变坏,则汽车容易产生侧滑、翻车。

良好的汽车操纵稳定性不能过分要求驾驶人,如要求驾驶人时刻双手紧握转向盘;要求驾驶人时刻操作抵抗外界干扰;要求驾驶人通过操作来防止汽车侧滑、翻车等。因为这些要求增加了驾驶人的劳动强度和心理负担,容易造成驾驶人过分紧张和身心疲劳,从而导致交通事故。

由此可见,汽车的操纵稳定性就是高速车辆的生命线。为保证汽车安全行驶,汽车应具有良好的操纵稳定性。

3) 良好的驾驶人素质是保证汽车安全行驶的关键。汽车是由驾驶人操作的,汽车的优良性能也只有通过驾驶人的正确使用才能发挥,汽车行驶过程中的应急处理也只有驾驶人实施,因此,良好的驾驶人素质是保证汽车安全行驶的关键。

2. 汽车制动为什么会跑偏?

在汽车直线行驶、转向盘固定不动的条件下,汽车制动时自动向左或向右偏驶的现象称为制动跑偏。汽车制动跑偏最常见的原因是左、右轮制动力不相等。特别是转向轴左、右车轮制动器制动力不相等。

图 3-35 为左、右转向车轮地面制动力不等的制动跑偏示意图。设汽车左前轮制动器制动力大于右前轮,汽车处于直线行驶时制动,则地面制动力 $F_{1l} > F_{1r}$,因而它们对各自主销形成的力矩不相等,且方向相反,使转向轮具有向左偏转的趋势,虽然转向盘固定不动,但因转向系统各处的间隙及零部件的弹性变形,转向轮将产生向左偏转的角度,使汽车向左制动跑偏。另外,左、右轮制动力不相等还会对汽车质心形成不平衡力矩,使地面对前、后轴分别产生侧向反力 F_{y1} 和 F_{y2},由于主销有后倾,于是侧向力 F_{y1} 也会对转向轮产生一偏转力矩,从而加大了车轮向左的偏转,使制动跑偏更为严重。

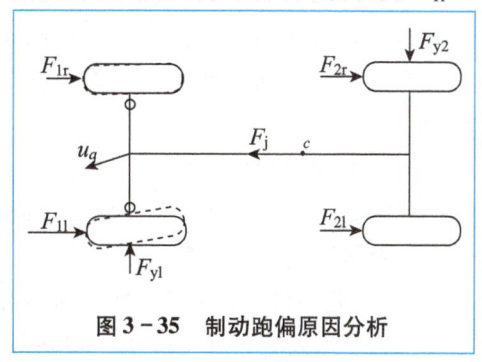

图 3-35 制动跑偏原因分析

左、右车轮制动器制动力不相等主要是制造误差、调整误差以及维护不当造成的。例如,左、右轮制动摩擦片与制动鼓(盘)间隙不同;左、右轮制动摩擦片与制动鼓(盘)接触面积相差过大;左、右轮制动鼓(盘)的尺寸、新旧程度、工作面的表面粗糙度有差异;左、右轮制动摩擦片材质各异、新旧程度不同或安装修复质量不一样;左、右轮制动蹄回位弹簧拉力相差过大;左、右轮胎的新旧程度、磨损程度以及气压不一致;个别轮缸活塞运动不灵活、皮碗发胀、油管堵塞或有空气;个别制动卡钳呆滞、发卡,运动不灵活;个别车轮摩擦片油污、硬化或铆钉外露等都会引起制动跑偏。

汽车制动跑偏使汽车的操控性下降,对汽车的安全行车不利。因此,当汽车存在制动跑偏现象时,应找出引起制动跑偏的具体原因,对制动系统进行必要的维修调整,使左、右轮制动器制动力差值小于规定值,从而消除制动跑偏现象。

3. 汽车制动为什么会侧滑？

制动时汽车某一轴车轮或两轴车轮发生侧向滑动的现象称为制动侧滑。汽车制动侧滑的主要原因如下。

1）车轮抱死拖滑使其丧失抵抗侧向力的能力。制动时若某一轴车轮抱死，则其侧向附着系数极小甚至为零，因而抵抗侧向力的能力极差，一旦遇有侧向力作用，这一轴车轮易产生侧滑。试验表明，一根车轴上，如果只有一个车轮抱死，也不会发生侧滑。

2）侧向力作用是侧滑的根源。汽车行驶时时刻都存在侧向力的作用，如汽车重力沿道路的横向坡度分力、侧向风力、转向行驶的离心力等。若这些力超过车轮与地面的侧向附着力，则车轮就失去了抵抗侧向力的能力从而产生侧滑。当车轮制动抱死拖滑时，在这些侧向力的作用下，车轮更容易产生侧滑。

3）较高的制动初始速度为侧滑提供了有利条件。汽车制动速度高，其制动距离、制动时间长，这为车轮侧滑在时间上提供了条件。若制动速度低，可能还来不及侧滑就已经停车了。

4）轮胎与路面的附着系数小为侧滑提供了可靠条件。轮胎花纹磨光或路面滑溜都会使其附着系数变小。附着系数小，一方面可使车轮制动更容易抱死拖滑而导致侧滑，另一方面会使汽车的制动力小，其制动距离、制动时间增长，这又为车轮侧滑在时间上提供了条件。因而，在附着系数小的路面制动更容易侧滑。

5）制动跑偏可加剧侧滑。汽车制动跑偏，会产生较大的离心力，这为侧滑提供了动力，使侧滑加剧。

汽车制动侧滑会严重威胁汽车的行车安全，因此在湿滑路面行车、在弯道上行车，应降低车速，尽量避免紧急制动，防止车轮抱死拖滑。

提示：汽车装用 ABS，能有效防止汽车制动侧滑，改善汽车制动时的方向稳定性。

4. 什么是发动机制动？如何利用发动机制动？

发动机制动是指利用发动机内摩擦阻力和进排气阻力对汽车驱动轮产生的制动。用发动机制动时，驾驶人放松加速踏板，不脱开发动机的连接，在汽车惯性力作用下，驱动轮通过传动系统迫使发动机高速旋转，这时汽车需克服发动机内摩擦阻力和进排气阻力，消耗汽车行驶的动能从而实现制动。发动机被拖动的转速越高，发动机转动的阻力矩就越大，制动作用就越强。驱动轮反拖发动机时，档位越低，传动系统传动比越大，则发动机转速越高，发动机内阻力矩消耗的能量越多，驱动轮上的制动力就越大，制动效果越显著。因此，利用发动机制动时，变速器挂入 1 档时制动力最大。

　　利用发动机制动不需要安装其他设备，也不需要对发动机做任何改造，因此发动机制动是驾驶人常用的一种方法。

　　汽车下坡时可利用发动机制动，坡度越大则档位应选得越低，以便得到更大的制动力；汽车减速时，可利用发动机制动来提高减速效果。

　　利用发动机制动可减轻行车制动器的负担，避免车轮制动器长时间制动而过热，降低行车制动器温度，可提高汽车制动效能的恒定性，这对于下长坡制动和山区使用的汽车具有重要作用。

　　注意：汽车紧急制动时，不能利用发动机制动。因为紧急制动时，汽车的减速度很大，发动机飞轮产生的惯性力偶矩将大于发动机内阻力矩，会使制动力减少。

> **您知道吗？**
>
> 　　发动机产生的制动动力需经差速器传递，由于差速器具有平均分配转矩的特性，发动机制动力可以平均分配到左、右驱动车轮上，能有效防止汽车制动侧滑、跑偏，这对于在低附着系数路面（如冰雪路面）上的行车制动是非常有利的。

5. 什么是排气制动？如何利用排气制动？

　　排气制动是指利用装在排气管后面的排气节流阀产生的排气阻力对驱动轮进行的制动，它实际上也是一种发动机制动，只不过是制动强度比较大而已。制动时关闭排气节流阀，切断油路、电路，利用发动机急剧增加的排气阻力而增大发动机转动的内阻力矩，从而增大驱动轮的行驶阻力而实现制动。

　　汽车下坡时维持一定车速、汽车减速、汽车紧急制动时，都可使用排气制动。汽车在湿滑路面上利用排气制动可减少侧滑、跑偏，提高汽车制动时的方向稳定性。

　　排气制动功率非常之大，可达发动机有效功率的 80%～90%，因此多用于重型载货汽车或矿用自卸汽车。由于排气制动具有发动机制动的所有优点，对于山区行驶的车辆，排气制动是一种比较理想的辅助制动。

6. 如何提高汽车的制动性？

(1) 加强制动系的技术维护

1) 保持良好的制动器技术状况。车轮制动器是制动力的源泉，若要具有良好的制动效能，须有足够的制动器制动力，则必须及时维护制动器，使其具有良好的技术状况。

2) 保持制动系统其他各装置工作正常。制动系统的供能装置、控制装置、传动装置只有工作正常，才能使制动器及时地产生足够大的制动力。因此，对这些系统也要进行及时的维护。

(2) 正确选择和使用轮胎　道路与轮胎的附着系数限制了最大制动力，在制动初速度相同时，附着系数越大，最大制动力越大，制动距离就越短。

在路面条件一定时，附着系数的大小又取决于轮胎。轮胎的结构，如轮胎花纹、胎面曲率、轮胎直径和宽度等对附着系数都有影响。在良好路面上行驶的轿车，应选用细而浅花纹的宽系列子午线轮胎，同时轮胎气压应符合标准，不能过高。另外，轮胎花纹磨损严重时，应及时更换轮胎。

(3) 合理布局乘员座位　汽车使用时，装载质量发生改变，车上的乘员前后分布不均，会改变汽车的质心位置，从而影响汽车的制动性能。对于轿车和客车，当乘员不能满座时，乘员应尽量靠后坐，以提高汽车制动时的方向稳定性。

(4) 选择合适的制动方法　当汽车遇到紧急情况时，驾驶人应采用紧急制动，急踩制动踏板，可使制动器作用时间缩短，缩短制动距离；汽车在山区或下长坡行驶时，应采用辅助制动，以减轻行车制动器的负荷，保证行车制动器具有良好的制动效能；汽车在紧急制动时，应切断发动机与传动系统的联系（踩离合器），以免减少制动力使制动效果变差；汽车在较滑的路面上制动时，应避免猛踩制动踏板，宜采用点制动，以免因制动力过大而超过附着极限，导致汽车制动侧滑；在可预测的减速或停车时，可采用预见性制动，以保护行车制动器和节约燃油。

7. 如何提高汽车的行驶稳定性？

汽车行驶稳定性包含纵向稳定性和侧向稳定性。纵向稳定性是指汽车上坡或下坡时，汽车抵抗绕后轴或前轴翻车的能力。由于道路条件好，汽车纵向翻车的可能性很小，故汽车行驶稳定性主要是指侧向稳定性。侧向稳定性是指汽车抵抗侧翻和侧滑的能力。由于汽车高速转弯行驶的离心力较大，汽车往往沿离心力所指的侧向翻车和滑移，故侧向稳定性主要是指汽车转弯行驶的稳定性。提高汽车行驶稳定性的措施如下。

（1）**转弯处降速**　转弯越急，车速应越低。在经常行驶的良好干燥路面上，汽车转弯行驶一般能满足侧向稳定性条件，但车速低些，行驶更安全，既不会侧滑，更不会侧翻。

（2）**路滑处降速**　路面越滑，汽车转弯行驶时，在离心力作用下越易产生侧滑，因此路滑处车速应降低。

（3）**尽量使质心降低**　对于越野车和载货车，在装载货物时，要注意质心不能过高，否则会破坏汽车抗侧翻的稳定性条件，从而导致侧向翻车。

8. 行车时驾驶人应有怎样的安全意识？

为保证汽车安全行驶，驾驶人应有正确的安全意识。驾驶人应从思想上高度重视行车安全的意义，要有良好的职业道德和高度的责任心，自觉遵守各项交通规则。汽车安全行驶关系到驾驶人和他人的幸福，要知道：生命是最宝贵的。当面对一起起令人触目惊心的交通事故，人们不禁感叹：人的生命只有一次，当汽车时代来临时，应该好好享受汽车带来的快乐和幸福，更应该爱惜自己和他人的生命！

驾驶人要居安思危，防患于未然。当您驾车畅行之际，危险几乎与您伴行：行人突然冲出，自行车粗心拐弯，前车紧急制动，后车高速尾随，所驾车辆车轮打滑，或瞬间失控，或轮胎爆裂，或撞向路边的护栏，车辆和行人，然后……不可想象。驾驶时，要多想一想可能发生的意外，警钟长鸣，才会保持清醒的头脑，才会时刻小心谨慎、手脚灵敏，才能最大限度地避免危险发生。

9. 怎样提高驾驶技术？

为保证汽车安全行驶，驾驶人应有熟练高超的驾驶技术。熟练的驾驶人在驾驶车辆过程中，能够对车辆的速度、位置、所处的空间以及与周围各种动态或静态物体的间距了如指掌，能够在遇到紧急交通情况时迅速做出正确判断，并采取有效措施，化险为夷，保障汽车的安全行驶。

驾驶人应加强基本功训练，努力锻炼应变能力，灵活掌握操作要领，做到遇事不慌，沉着冷静，操作自如，紧急情况时，能果断迅速处理。通常，紧急情况处理的原则是，先踩制动踏板后打方向，转向盘不能只打不回，以免造成新的危险。

10. 如何适应陌生的车辆？

当驾驶一辆没有驾驶过的车辆或车型时，千万不要过高估计自己的驾驶水平。除了检查陌生车辆各部件的正常状态外，还要有一个熟悉、掌握其驾驶操作的过程。例如，对转向盘转动的灵活度，离合器踏板、制动踏板的自由行程，制动的灵敏度，加速踏板、变速器、喇叭及各部件的操作力度，包括视线等都要有一个适应和调节过程。这个过程需要经过一定的行驶里程，一般是三个步骤：30~50km 为初步了解；300~500km 为基本了解；500~1000km 为熟悉期。经过这三个步骤，方可操纵自如，得心应手，发挥出您的正常驾驶水平。

11. 汽车高速行驶为何不安全？

高速行车是发生交通事故的重要原因，十次车祸九次快，这是公安交通管理部门对实践经验的总结，也是汽车驾驶人公认的教训，它正确反映了车辆事故的客观规律。高速行车不安全的原因主要有以下几点。

(1) **高速行车制动距离长** 车速与制动距离是成平方的关系变化，因此，高速行驶时，必然使制动距离大大延长，使制动非安全区扩大，危险增大，汽车行驶的安全性能下降。

(2) **高速行车冲突点多** 高速行驶的汽车要经常超越正常中速行驶的车辆，如果在公路上车辆流量较大，势必经常处于跟车和加速超车的状态。每超越一辆车，就多出现一次冲突的机会。另外，超越汽车时经常变道，与交会车辆形成冲突的可能性也增多。因此，超速行驶其冲突点多，使得出事故的机会增多。

(3) **高速行车操控性差** 汽车高速行驶时，空气升力大，汽车容易发飘，方向容易失控；汽车高速行驶制动时，后轮容易侧滑，前轮容易失去转向能力。这些都将使得汽车的方向难以控制，使汽车操纵稳定性变差，容易导致安全事故。

(4) **高速行车冲击力大** 汽车肇事在瞬时会表现出较大的冲击力，车速越高，冲击力越大，破坏性就越强。因此，从汽车冲击力来分析，超速行车的事故，造成的破坏程度是非常严重的。

(5) **高速行车视觉差** 车速增高，人眼分辨物体的最小距离增大，视点远移，双眼看到的范围缩小。车速越高，驾驶人越注视远方，视野越窄；车速越高，驾驶人越看不清近处的景物。实验证明：当车速40km/h时，驾驶人注视点在车前约180m，可视范围95°；当车速70km/h时，注视点在车前约360m，可视范围65°；当车速100km/h时，注视点移至车前约600m，可视范围只有40°。因此，高速行驶时，驾驶人的视觉变差而容易引发交通事故。

提示：高速行车对汽车的安全运行非常不利，应杜绝超速行车，这是每一个驾驶人应有的责任。

12. 雨天怎样安全行车？

雨天行车的环境恶劣，其路面湿滑，驾驶人视野变差，行人注意力分散，所以更要重视车况、路况。出车之前，对汽车应进行必要的检查，如检查发动机盖的封闭情况，刮水器和制动器的技术状况等，发现故障要及时排除，确保车况良好。雨天安全行车的方法如下。

(1) 保持良好视野　雨天行车，能见度较低，要谨慎驾驶，及时使用刮水器擦净风窗玻璃上的雨水，并随时擦净风窗玻璃上的霜气，使驾驶人具有良好的视野。

(2) 适当控制车速　雨天行车，路面湿滑，对汽车转向、制动都不利，因此要适当控制车速。在尾随其他车辆行驶时，应降低车速，适当加大与前车的纵向距离，确保行车安全。遇到较薄的水层，不能高速行车，以免出现滑水现象，使汽车的方向不可控制。会车、转弯时，应提前减速，缓慢转动转向盘，靠右侧慢慢通过，能见度在50m以内时，车速不准超过30km/h。

(3) 合理使用制动　雨天行车，路面湿滑，若紧急制动导致车轮抱死，则汽车容易侧滑、转向失灵，方向难以控制。因此，雨天行车时，应尽量少用紧急制动。一般车速较低，可采用预见性制动。必须加大制动强度时，可间断地轻踩制动踏板，随时修正方向，防止汽车出现跑偏和侧滑。转弯时，更不能急踩制动踏板，以防汽车制动时失去转向能力和侧滑甩尾。雨天汽车涉水后，行车时应多踩几次制动踏板，以提高行车制动器温度，蒸发制动器中的水分，恢复制动器的性能。

(4) 谨慎加速超车　雨天行车，应尽量少变更车道，行驶中要随时注意前车的行驶速度和方向，绝不可因前车速度慢而强行超车。尤其是在高速公路上，由于各车道的车速相对较高，驾驶人的视角变窄，加上路面湿滑，强行越线超车时，转动方向易使车轮打滑，进而造成与其他车辆发生碰撞，引发车辆侧翻等意外事故。在较窄路面上应避免超车，以防汽车打滑驶出路面。在良好路面必须加速超车时，应特别谨慎小心，把握超车机会，正确控制转动方向，进行超车。

（5）防止行车撞人　雨天行车，驾驶人必须精神高度集中，随时准备对突发事件做应急处理。在与自行车、行人混行的道路上行驶，驾驶人应关注行人的动态。由于雨中的行人撑伞，骑车人穿雨披，他们的视线、听觉、反应等受到限制，有时还为了赶路、赶车抢道、横穿猛拐，对行驶车辆的注意力分散，往往在车辆临近时惊慌失措而滑倒，使驾驶人措手不及。因此，遇到这种情况时，驾驶人应尽量提前处理，先减速慢行多鸣笛，耐心避让，必要时可选择安全地点停车，切不可急躁地与行人和自行车抢行，防止撞倒行人。

13. 雾天怎样安全行车？

雾天行车，能见度低，视线不清；路面潮湿，制动性能变差。这些对行车安全极为不利，严重时易导致汽车发生碰撞事故。要重视雾天行车的安全，在出车之前，对汽车应进行必要的检查，如检查刮水器、防雾灯、前照灯、示宽灯、制动灯、喇叭、喷洗风窗玻璃装置是否完好无损，制动系统、转向系统是否可靠有效，发现故障要及时排除，确保车况良好。雾天安全行车的方法如下。

（1）正确使用灯光　雾天能见度低，视野差，行车时应根据雾情打开前、后雾灯、尾灯、示宽灯和近光灯，充分利用灯光来提高能见度，增大可视距离，使驾驶人看清前方车辆、行人与路况，也让来车和行人在较远处发现车辆。当能见度小于500m 大于200m 时，必须开启近光灯、示宽灯和尾灯；当能见度小于200m 时，必须开启前、后雾灯、近光灯、示宽灯、尾灯。如果雾太大，应选择安全地点停车，并开灯警示他人。

注意： 雾天行车不要使用远光灯，因为远光灯射出的光线会被雾气漫反射，在车前形成白茫茫一片，使驾驶人反而看不清前方。

（2）严格控制车速　在雾中行车应尽量低速行驶，跟车行驶应有足够的行车间距。当能见度小于500m 大于200m 时，车速不得超过80km/h，与同一车道的纵向行车间距必须在150m 以上；当能见度小于200m 大于100m 时，车速不得超过60km/h，其纵向行车间距应在100m 以上；当能见度小于100m 大于50m 时，车速不得超过40km/h，其纵向行车间距应在50m 以上；当能见度小于50m 时，车速应控制在30km/h 以下；当能见度在5m 以内时，汽车应停驶。

（3）细心谨慎驾驶　雾天行车事故多，因此，在雾天开车，应细心谨慎，始终保持高度的注意力，密切关注路面及周围的环境，正确判断各种车辆的动态。汽车应尽量靠车道的中间行驶，注意小心盯住路中的分道线，不能轧线行驶。视线不好时勤用喇叭，以警告行人和其他车辆，当听到其他车辆喇叭声时，应立刻鸣笛回应，以提示他人。会车时，应按喇叭提醒来车注意，并关闭防雾灯，以免给对方造成眩目感，若对方车速较快，可以主动减速让行，必要时靠边停让。应尽量避免超车，如必须超车，则应选择平直宽阔的路带，在保证安全的原则下超越；超越路边停放的车辆时，要注意道路左侧的交通情况，在确认安全时，适时鸣喇叭，从左侧低速绕过。雾天行车，路面潮湿，在气温低、湿度大时，路面还极易形成薄霜，因此应尽量少用紧急制动，以防制动时汽车方向不可控制而导致交通事故，可采用点制动或预见性制动。

14. 冰雪道路怎样安全行车？

冰雪道路行车时，路面与轮胎之间的附着系数低、附着力小，汽车行驶时抵抗滑动的能力减弱，汽车的制动性、操纵稳定性较差。对于冰雪道路的行车安全要特别重视，在出车之前，应对汽车的制动、转向等安全部件进行必要的检查，确保车况完好。冰雪道路安全行车的方法如下。

(1) **正确起步**　起步时，可以采用比平常高一级的档位，慢抬离合器踏板，轻踩加速踏板，使发动机在不熄火的情况下输出较小动力，以适应冰雪路面汽车起步不滑转，保证汽车平稳起步。

(2) **低速行驶**　在冰雪路面行车，应控制车速，使汽车低速行驶，最高时速不得超过30km/h，以确保安全。应尽量保持均匀的行驶速度，避免车辆剧烈振动，以防汽车失去控制。需要加速时，应缓缓踩下加速踏板，不要加速太急，以防驱动轮滑转，使汽车方向稳定性变差。需要减速时，应换入低速档，充分利用发动机制动进行减速。行车时，应加大行车间距，纵向行车间距一般应在50m以上。

(3) **缓慢转向**　在冰雪路面转向时，要提前缓抬加速踏板平稳减速，适当加大转弯半径，不可急转猛回，以防侧滑，而应匀顺缓慢地转动转向盘，实现平稳转向。

(4) **谨慎会车**　应谨慎对待会车，会车时要提前减速，选择宽平的安全路段，加大两车的侧向间距，靠路段右侧徐徐通过。若相遇地段不易会车，可由一方后退让路，决不可硬挤，右侧处于安全地位的车辆不要争道抢行。

(5) **合理制动**　尽量采用预见性制动，善于利用发动机的阻力制动，灵活地多用驻车制动，合理地少用行车制动，尽量避免紧急制动，以防汽车制动时方向不可控制。若遇紧急情况必须制动时，切不可将制动踏板一脚踩死，而应间歇、缓慢地踩踏制动踏板，并辅以驻车制动。当制动侧滑时，要稍松抬制动踏板，同时要顺着侧滑的方向转动转向盘，以免侧滑加剧。

15. 夜间怎样安全行车？

夜间行车的特点是驾驶人视觉差、易疲劳。因此，驾驶人必须做好夜间出车前的准备工作：按需要适当休息，保证睡眠充足，精力充沛；对汽车进行必要的检查和维护，保证车况良好，灯光有效，制动转向可靠；携带必要的随车工具、常用备用件、应急灯以及紧急停车时的警告标牌，以备急需之用。汽车夜间驾驶应细心观察，准确判断，谨慎操作，其安全行车的方法如下。

(1) 灯光使用　夜间行车，灯光具有照明和信号的双重作用，应根据情况正确使用。

1) 起步时，应先开启近光灯，看清道路后再起步。

2) 行车时，当看不清前方100m处物体时，应开启前照灯。车速在30km/h以内，可使用近光灯，灯光应照出30m以外；车速超过30km/h时，应使用远光灯，灯光应照出100m以外。

3) 在有街灯的路上行驶，可只用近光灯或小灯。

4) 通过有指挥信号的交叉路口，在距交叉路口50~100m的地方减速慢行，变远光灯为近光灯或小灯，转弯的车辆须同时开转向灯。

5) 在雨、雾中行车，应使用防雾灯或近光灯，不宜使用远光灯，以免出现眩目的光幕妨碍视线。

6) 在路旁临时停车时，应开启示宽灯、尾灯，以提醒他人。

(2) 车速控制　夜间道路上的交通流量小，外界干扰少，驾驶人一般比较容易高速行车。但由于夜间驾驶人视觉变差，再加上汽车在亮暗处行驶变动时，眼睛有一个适应过程，因此夜间行车速度应比白天低。即使道路平直、视线较好，也应考虑到夜间对道路两侧照顾不周的弱点，随时警惕突然事件发生，要注意控制车速不要过快。驶经繁华街道时，由于霓虹灯以及其他灯光对驾驶人的视觉有干扰，应低速行车。如遇下雨、下雪和下雾等恶劣天气需低速小心行车。在驶经弯道、坡路、桥梁、狭路及视线不清的地段，更应减速行车，并随时准备制动或停车。

(3) 会车　夜间会车首先要降低车速，选择交会地段，并主动礼让。在距对面来车150m以外，将远光灯改用近光灯，控制车速，使车辆靠道路右侧，保持直线行驶。当对方不改用近光灯时，应立即减速并用连续变换远、近光灯的办法来示意对方。若示意无效，感觉对方灯光刺眼无法辨别路面，则应靠路右侧停车，开小灯停让。

(4) 超车 夜间行车，尽量避免超车。必须超车时，应事先连续变换远、近灯光告知前车，在确实判定可以超越后，进行超车。

(5) 倒车、掉头 夜间行车必须倒车、掉头时，应仔细观察路面情况，注意障碍物及四周的安全界限，并在进退中留有余地。

16. 汽车怎样安全通过桥梁？

公路上的桥梁形式多样，其结构材料不尽相同，承载能力各不一样。因此，汽车通过桥梁时，要根据桥梁的特点，采取正确的驾驶方法，保证汽车安全通过。

汽车上桥前要减速，驶临桥梁时，应看清桥头附近的交通标志，严格遵守限载、限速规定，与前车保持必要的安全间距上桥行驶，在桥上车速要均匀，尽可能避免变速、制动和停车，以免产生动载荷和交通阻塞，确保汽车顺利通过桥梁。

对于过拱桥、吊桥、浮桥、便桥、木桥等时，应提前鸣号、减速，必要时应下车察看确认后才可通过。

17. 汽车怎样安全通过铁道？

穿越铁路前，汽车应先减速，注意有无火车驶来，听从铁路道口管理人员的指挥。如栏杆已经放下，应立即停车；如栏杆虽未放下而指挥人员发出警号时，应根据汽车所处的位置采取措施：若车已进入栏杆内，靠近铁路，则应迅速深踩踏加速踏板通过；若车距铁路尚远，则应停在栏杆之外。

汽车通过无人管理的铁路道口时，要提前换入低速档，减速慢行，察看交通情况，在视线不好的铁路道口还要停车观望，必要时下车观察，确认安全方可通过，真正做到"一停、二看、三通过"。发现有火车马上通过时，不得抢行；火车通过时，汽车起步不要过早，以免发生碰撞事故。

穿越铁路时，应迅速通过，不得在铁路区段内变速、制动、停车；过铁路道口时不得换档，以免熄火或挂不进档而停在道口发生危险。若汽车在铁路道口发生故障，则必须千方百计地设法使汽车立即离开，不得任其停留，以免引起恶性交通事故。

18. 汽车怎样安全通过隧道、涵洞？

进入隧道前，应注意交通标志和文字说明的规定，并严格遵守。汽车提前减速，在距离隧道口约 50m 处开启前照灯和示宽灯，以便及早发现隧道口内的情况。

过单向隧道时，应观察对面有无来车，有通行条件时，开灯缓行通过；若对面有车驶入隧道或有停车信号，应及时在道口靠右侧停车，待来车通过或有放行灯光信号后，再驶入隧道，做到红灯亮停车，绿灯亮通过。过双向隧道时，应靠道路右侧，注意来车交会，并视情开启灯光，一般不宜鸣号。汽车驶出隧道后，应及时关闭车灯，按正常速度行驶。

通过涵洞前，应注意涵洞的高度和宽度，应观察对面有无来车，确认可通行后缓行通过。

19. 汽车排放污染物主要有哪些？各自危害是什么？

汽车排放污染物主要有一氧化碳（CO）、碳氢化合物（HC）、氮氧化物（NO_x）、微粒（PM）、硫化物等。汽油车主要是 CO、HC；柴油车主要是炭烟微粒。

CO 是燃料不完全燃烧的产物，是一种无色无味的有毒气体，它进入人体后极易与血液中的血红蛋白结合。CO 与血红蛋白的亲和力是氧的 300 倍，因此，CO 可使血液携带氧的能力降低而引起缺氧。CO 被人体大量吸入后会使人感觉恶心、头晕及疲劳，严重时会使人窒息死亡。

HC 是各种没有燃烧和没有完全燃烧的碳氢化合物的总称，它能引起光化学反应生成光化学氧化剂，且生成甲醛，形成烟雾，对人的眼、鼻和咽喉黏膜有较强的刺激作用，严重时可致癌。

NO_x 是复杂氮氧化合物的总称，主要包括 NO_2 和 NO。NO 在发动机刚排出时，其毒性较小，但排出之后 NO 在大气中被氧化为剧毒的 NO_2。NO_2 是一种刺激性很强的污染物，它能刺激眼、鼻黏膜，麻痹嗅觉，甚至引起肺气肿；NO_2 还是形成酸雨及光化学烟雾的主要物质之一，对人及植物生长均有不良影响。

微粒是发动机排气中各种固体或液体微粒的总称。微粒往往吸附许多有机污染物、重金属元素和一些致癌物质。因此，微粒炭烟被人体吸入后，易引起心、肺部病变，甚至使人致癌，严重危害人体的健康。

随着汽车保有量的急剧增加，汽车排放污染物对大气的污染已经构成公害，它对部分人群，尤其是对大城市的人群造成了严重的健康威胁，同时它还损害生态环境，污染河流湖泊，危及野生动植物的生存。

20. 使用因素如何影响汽车的排放性能？

（1）**发动机负荷**　汽车行驶时，节气门开度代表着发动机负荷。发动机小负荷时，节气门开度在25%以下，进入气缸的可燃混合气较少，缸内残余废气比例相对较大，使得CO、HC浓度较大，NO_x排放较少；发动机中等负荷时，节气门开度在25%~80%，发动机燃用较稀的经济混合气，燃烧比较充分、完全，废气中CO、HC的浓度均较小，NO_x浓度增加；发动机大负荷时，节气门开度在80%以上，发动机燃用较浓的功率混合气，因空气量不足，使得废气中的CO、HC浓度增大，而NO_x浓度则减少。

（2）**发动机转速**　汽油机怠速是CO、HC排放最为严重的工况，通常作为汽车检测排放的重点工况。随着怠速转速升高，气缸内混合气紊流扰动加强，火焰传播速度加快，汽油燃烧比较完善，CO、HC排放浓度逐渐降低，当转速达到最高转速的65%~75%时，废气中的NO_x排放浓度达到最大值。

（3）**发动机温度**　发动机的热状况对废气中有害成分的浓度有直接影响。当冷却液温度达正常时（85~95℃），由于发动机处于最佳热状态，燃烧正常，HC、CO排放浓度较低。

（4）**发动机技术状况**　发动机燃油供给系统、点火系统、曲柄连杆机构等技术状况的好坏对废气中有害成分的浓度有直接影响。

采用汽油喷射系统可改善发动机动力性和经济性，同时还可减少对大气的污染，但喷油器喷嘴孔细小，使用中容易堵塞，应注意清洗。

空气滤清器堵塞会引起混合气过浓，使废气中的CO、HC成分增加，应注意及时维护。

点火系技术状况不良，点火能量不足时，由于燃烧缺火现象，会使HC的浓度增大。点火时刻调整不当，也会使HC、NO_x浓度增加。

发动机长时间使用后，气缸、活塞磨损严重，气缸密封性下降，会增加曲轴箱窜气量，使HC的排放增加。发动机长时间使用后，燃烧室内易产生积炭，积炭严重时，会使发动机点火不正常、燃烧不正常，或某缸工作不正常，导致排气有害物质增大。

21. 如何改善汽车的排放性能？

（1）使用高品质燃油　这是改善在用车辆排放污染相当重要的途径之一。燃油的品质与汽车发动机的燃烧过程和燃烧效果有着直接的、不可分割的关系。使用高品质汽油后，发动机燃烧质量会有所提高，某些排放指标能得到一定的改善。

（2）加强排放净化装置的维护　现代汽车有诸多排放净化装置，如曲轴箱通风装置、废气再循环装置、燃油蒸发控制系统、催化转化器、微粒捕集器等。若这些排放净化装置存在故障，工作不正常，则直接影响发动机的排放性能，使排放污染物增加。因此，应加强对发动机排放净化装置的检查与维护，确保排放净化装置技术状况良好，以减少排放污染物。

（3）保持发动机具有良好的技术状况　发动机技术状况是否良好，直接影响发动机的排放性能。因而在汽车使用过程中，应经常检查发动机技术状况，并进行正确的维护，使其具有良好的技术状况。例如，保持正常的气缸压缩压力；保持供油系技术状况良好；保持点火系技术状况良好；保持冷却系技术状况良好。

（4）保持底盘具有良好的技术状况　在汽车行驶时，技术状况良好的发动机只有与技术状况良好的底盘相匹配，才能使发动机排放污染物减少。若传动系技术状况不良，则会导致汽车行驶阻力过大，使发动机负荷过大，从而破坏发动机的排放性能；若变速器存在跳档、脱档、换档困难等故障，则汽车行驶时操纵性变坏，会导致发动机负荷、转速大幅度变化，从而使发动机排放污染物增加。

（5）提高驾驶技术　驾驶车辆时，尽量减少发动机的起动次数；避免连续猛踏加速踏板；换档操作应脚轻手快；档位选择合理，节气门开度适当；保持发动机冷却液温度在 80～90℃；避免超速超载等，都有利于减少汽车的排放污染物。

22. 什么是汽车噪声？它有何危害？

噪声是指人们不需要的令人烦躁、讨厌的声音总称。汽车噪声是由多种声源组成的综合性噪声，它主要是指发动机、传动系统、轮胎以及车身扰动空气所发出的响声，其噪声的强度通常与汽车和发动机的结构形式、技术状况和运行条件（车速、载荷、道路等）有关。

汽车噪声分车外噪声和车内噪声两种。车外噪声造成环境公害，车内噪声直接对驾驶人和乘员造成损害。汽车噪声不仅会破坏安静的环境，使人心情不安、烦躁、疲倦和工作效率降低，而且还会损害人体健康，引起某些疾病，如听力下降、噪声性耳聋以及神经系统和血液循环系统疾病。噪声的强度愈大、频率愈高、作用时间愈长、个人耐力愈小，则危害愈严重。据统计，当环境噪声大于45dB时，人会感到明显不适；当噪声达到60~80dB时，会影响睡眠；当噪声超过90dB时，就会对身体产生伤害。而汽车噪声强度一般可达60~90dB，所以汽车噪声是一种环境污染。

汽车是一种移动性噪声源，其噪声影响范围大，干扰时间长，因而受害人员多。另外，车内噪声过大还会影响驾驶人的正常操作而诱发汽车交通事故。

23. 如何降低汽车的噪声？

（1）选择合适的燃油　对于汽油机，选用辛烷值高的燃油，即高牌号汽油，可以防止爆燃，从而减少燃烧噪声及严重的气缸敲击声。对于柴油机，选用十六烷值高的燃油，可以减少着火延迟内形成的可燃混合气数量，减小气缸内燃烧时的压力增长率，从而减少燃烧噪声，防止柴油机工作粗暴。

（2）保持发动机具有良好的技术状况　发动机技术状况不佳时，发动机噪声会加大。因此，在汽车使用过程中，应经常检查并维护发动机，使其具有良好的技术状况。例如，保持运动件配合、传动正常；保持合适的点火提前角或供油提前角；保持冷却系统风扇状况良好；保持润滑系统技术状况良好。

（3）保持底盘具有良好的技术状况　在汽车行驶时，若底盘的技术状况不良，则汽车的噪声会加大。因此，在汽车使用过程中，应经常检查并维护底盘，使其具有良好的技术状况。例如，保持传动系统技术状况良好；保持行驶系统技术状况良好；保持制动器技术状况良好。

（4）保持车体具有良好的密封性　汽车高速行驶时，车身表面出现扰流产生的噪声是不可避免的，但应防止车身噪声对车内的影响。保持车体具有良好的密封性，可以有效降低车身噪声引起的车内噪声，尤其对高速行驶过程中的车身噪声有很好的抑制效果。

（5）正确驾驶汽车　平缓起步；采用中速行车；保持稳定行驶，避免急加速、急减速；尽量采用预见性制动，少用紧急制动；少按喇叭等。

24. 汽车乘坐舒适性为何会变差？

汽车在使用过程中，其技术状况的变化会改变汽车的乘坐舒适性。导致汽车乘坐舒适性变差的主要原因如下。

（1）**发动机不平稳运转**　汽车在长期使用过程中，发动机技术状况变差，没有及时的维修或维修不当，导致发动机运转不平稳，使汽车在行驶时产生振动，使乘坐舒适性变差。

（2）**传动系统动不平衡**　如果传动系统维修调整不当，造成离合器、传动轴、万向节等失去平衡，则传动系统动不平衡。此时，即使路面再平坦无冲击，但汽车行驶时仍然会产生较大振动，导致乘坐舒适性变差。

（3）**轮胎性能变坏**　轮胎具有缓冲、减振和展平的作用，既可以减少因路面不平引起的对车身冲击，又可在很大程度上吸收因路面不平所产生的振动，还可以在不平道路行驶时，通过本身的弹性变形对凹凸不平的路面进行补偿，表现出很强的展平能力。

轮胎与悬架系统共同保证了汽车的乘坐舒适性。汽车更换轮胎时，如果轮胎的类型、结构、扁平率与原装轮胎差异太大，则轮胎与悬架系统的匹配性能变差，会导致乘坐舒适性变差。

现代轿车普遍采用低压轮胎，如果实际使用时，轮胎气压充得过高，则会使轮胎的缓冲性能变坏，导致乘坐舒适性变差。

轮胎因偏磨、翻新或质量不佳，会造成车轮旋转质量不平衡。汽车高速行驶时，不平衡的车轮会引起汽车振动，导致乘坐舒适性和行驶稳定性变差。

（4）**悬架性能变差**　悬架的主要作用是缓和路面不平带来的冲击，衰减路面不平引起的振动，因此，悬架性能对汽车乘坐舒适性的影响最大。悬架性能主要取决于悬架刚度、悬架系统弹性特性、减振器阻尼以及它们之间的匹配。对于轿车来说，在实际使用中影响悬架性能最多的是减振器阻尼。如果减振器在长期使用过程中损坏无阻尼，则振动不能衰减，车身的加速度就会显著加大，汽车的乘坐舒适性就会遭到破坏。

（5）**车室内坐椅性能变化**　乘员承受的振动是通过座椅传递的，因此，车室内座椅性能变化会影响汽车的乘坐舒适性。通常，原车设计的座椅（包括座垫）的软硬程度与悬架弹簧相匹配，以保证乘坐舒适性。但在汽车长期使用过程中，由于客户的要求，车室内装饰时，座椅座垫可能更换，使得座椅比原配更柔软或更坚硬，这样会导致汽车的乘坐舒适性变差。

25. 如何提高汽车的乘坐舒适性？

(1) 消除汽车引起的振动　加强对发动机的维护，保证发动机具有良好的技术状况，使发动机工作时平稳运转，可避免发动机振动引起的不适。

加强对传动系统的维护，保证离合器、传动轴、万向节等传动部件的动平衡，使汽车高速行驶时，能平稳传递动力。

对各车轮进行必要的动平衡。通过动平衡消除轮胎的动不平衡现象，从而提高汽车高速行驶的乘坐舒适性。

(2) 加强对悬架系统的维护　加强对减振器及钢板弹簧的维护，以防减振器失效及弹簧片生锈降低弹性元件的作用，提高汽车行驶的乘坐舒适性。

(3) 采用合适的轮胎及气压　尽量采用汽车制造厂推荐的轮胎及气压。为了提高汽车行驶的乘坐舒适性，采用轮胎断面宽、空气容量大的轮胎，并相应降低轮胎气压。必要时，还可改变轮胎结构型式，采用径向弹性大的胎体，如采用子午线轮胎。

注意：切记不要采用翻新或质量不佳的轮胎，另外轮胎偏磨或严重磨损时，应及时更换轮胎。

(4) 配置合适的座垫　好的座垫具有一定的缓冲和减振作用，它可使人—座椅系统的固有频率避开人体最敏感的频率范围，且尽量又不与车身的固有频率重合，以免共振。为了提高座椅的舒适性，对于较硬悬架的汽车，可采用较软的座垫；对于较软悬架的汽车，可采用较硬的座垫。

(5) 提高驾驶技术　驾驶人的驾驶技术直接影响汽车行驶的乘坐舒适性。如驾驶人随心所欲地驾驶，忽快忽慢地行车，突然转向，猛地制动，急按喇叭等，都会给乘员带来不适、疲劳，甚至晕车的感觉。

车速对乘坐舒适性的影响很大，车速越高，车身在不平路面行驶时受到的动载荷越大，乘坐的舒适性就会下降。因此，驾驶人应保持适当的车速，路面越恶劣，车速越不能过高。

注意：在不平度路面行驶汽车，往往有一个共振车速，驾驶时必须使常用车速远离共振车速。

八、特殊条件用车

1. 严寒季节汽车起动为何困难？

严寒季节（气温低于-15℃），发动机冷起动比较困难。低温起动困难的主要原因如下。

(1) **发动机曲轴转动阻力矩增大** 气温较低时，发动机机油的黏度增大，机油流动性变差，润滑条件恶化，摩擦力矩大大增加。这样会增大曲轴转动阻力矩，导致发动机起动转速下降，使汽油机燃油汽化不良，使柴油机压缩终了的压力和温度较低，从而造成发动机起动困难。

(2) **燃油雾化性变差** 对于汽油机，气温降低时，汽油的黏度和相对密度增大，使得汽油的流动性变差，表面张力变大，蒸发、雾化不良。同时，低温时由于机件吸热作用大，因而汽油难以吸热蒸发，大部分汽油以液态进入气缸，据试验知，汽油机在气温为-12~0℃时起动，只有4%~12%的汽油蒸发而形成可燃混合气。这些表明：汽油机低温起动时，因燃油雾化性变差，其实际混合气过稀，故导致发动机难以起动。

对于柴油机，柴油的黏度会随气温的降低而增加。在低温条件下，柴油的黏度过大，会造成柴油雾化不良，使其燃烧过程变坏。当温度进一步降低时，柴油中的石蜡沉淀析出，使柴油的流动性逐渐丧失。同时，低温还使缸内压缩终了的温度降低。这些都可导致发动机难以起动。

(3) **蓄电池工作能力下降** 在低温条件下，蓄电池的电解液黏度较大，向极板的渗透能力下降，内阻增加；同时，低温起动时曲轴转动阻力矩较大，起动电流很大，使得蓄电池的端电压明显减小，导致蓄电池的输出功率下降。低温起动时，本需要起动功率大，然而蓄电池的输出功率反而下降（图3-36）。当气温降到一定程度时，蓄电池满足不了起动时必需的功率要求，使起动机无力拖动发动机或不能达到最低的起动转速。另外，低温起动时需要更强的点火能量，然而蓄电池端电压的降低也会使火花塞的跳火能量减小，不能满足起动要求，导致发动机低温起动困难。

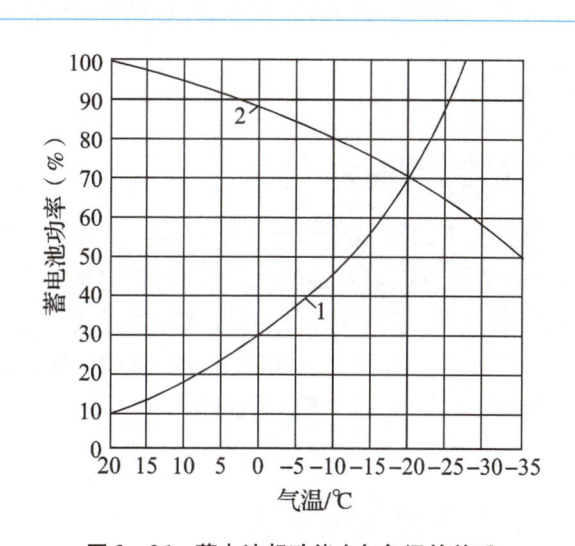

图 3-36 蓄电池起动能力与气温的关系

1—必需的起动功率（%）　2—蓄电池供给的最大功率（%）

2. 严寒季节汽车总成磨损为何严重？

汽车在严寒季节使用时，各主要总成的磨损均较大，尤其是发动机和汽车传动系的磨损更为明显。

(1) **发动机磨损**　汽车在低温条件下使用时，发动机起动时润滑条件差，摩擦力大，磨损严重。另外，低温时燃烧过程产生的水蒸气易凝结在气缸壁上，与燃烧产生的氧化物，如氧化硫反应生成酸性物质，对缸壁腐蚀，会加剧气缸磨损。试验表明，在发动机使用周期中，50%的气缸磨损发生在起动过程，而冬季起动磨损占总起动磨损的60%~70%，在气温-18℃时起动发动机的气缸磨损量相当于汽车正常行驶210km的磨损量。图3-37反映了每1000km发动机气缸磨损量与气缸壁温度的变化关系，其温度越低，气缸磨损越严重。

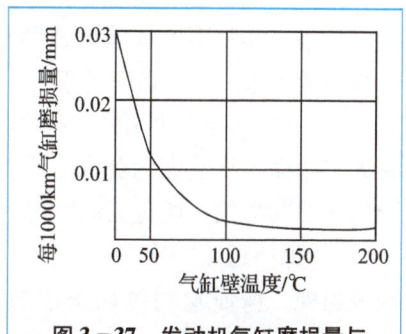

图 3-37 发动机气缸磨损量与气缸壁温度的关系

(2) **传动系统总成磨损**　在低温条件下，传动系润滑油黏度较大，使传动系总成在起步后较长一段时间内运动阻力相应增大，会导致传动系统零件磨损加剧。同时低温条件下，油温升速很慢，齿轮和轴承得不到充分润滑，也会使零件磨损增大。试验表明，传动系统润滑油温度 -5℃时的磨损量是温度为35℃时磨损量的10~12倍。

3. 严寒季节怎样合理起动汽车？

在严寒季节低温状态下，很多车辆起动不顺利。正确的应对方法是，车辆一次起动的时间最好控制在5s以内，即拧钥匙或是按起动开关不要持续时间过长。如果起动3次均未成功，应当停几分钟后再继续起动，这样不至于损坏蓄电池。遇到特别寒冷的天气，可把蓄电池卸下放在室内保暖，清晨起动时再装上。这样虽然有些麻烦，却可保证车辆顺利起动。

4. 严寒季节怎样驾驶汽车？

严寒季节，温度低，轮胎较硬，路面较滑，行驶条件变坏。为保证行车安全，应正确合理地驾驶汽车，主要注意事项如下：

1）起步要柔和缓慢。冬季开车，驾驶手动变速器车辆时，起步一定要柔和缓慢，做到"慢抬离合轻踩加速踏板"，这样做一方面是为了让发动机在未达到正常运转温度时负载尽量小，另一方面也是让轮胎在没热起来还处于较硬的状态下有一个渐热的过程，对发动机、轮胎及行车安全都有好处。对于驾驶自动变速器车辆，轻踩加速踏板起步也是较好的。若起步时驱动轮滑转，不能起步，则需提高汽车对路面的附着力，可在路面上垫草、木板或树枝，或加装防滑链条。

2）低速预热车辆。由于寒冷冬季气温低，润滑油会因黏度增加而不易流动，冷车起步后应慢慢驾驶预热各系统，使各总成润滑油温度正常，减少摩擦损失功率，其间不可猛踏加速踏板，更不要让发动机的转速过高，待汽车逐渐走热后方可进入正常行车速度。这样即安全，又省油，亦能延长车辆使用寿命。

3）选择合适的档位。冬季驾车要勤换档，档位过低过高都易使车辆失控，在冰雪路面上行驶尤为如此。在湿滑路面上起步以及在中低速行驶时，最好选择高一档的档位以避免驱动力过大造成打滑。

4）保持适当的冷却液温度。在低温条件的行车过程中，要控制好发动机冷却液温度，保证发动机在正常的热状态下工作，提高汽车行驶的经济性和动力性。

5）掌握必要的驾驶技巧。在有冰雪或湿滑的路面行车，要尽量保持匀速行驶，切忌猛踩加速踏板、急制动，以免汽车行驶侧滑而失去方向稳定性。轻踩加速踏板，提前缓慢减速是冬季行车安全的原则。在冰雪路面上行车尽可能保持直线行走，不要频繁换道。在乡间道路行车时，最好选择沿着车辙行驶，尽量选择在路中间行车。冬季行车转弯要特别注意避开弯道内的积雪和结冰，无法避开时一定要提早减档减速缓慢通过。车速降下来后，应采取转大弯、走缓弯的办法，不可急转方向，更不可在急弯中制动或挂空档。

注意：严寒季节行车，要经常利用空调的除霜功能对风窗玻璃除雾，利用后窗电阻丝对后车窗玻璃除雾，以保证驾驶安全；临时停车，不要将发动机熄火，以避免低温频繁起动，减少发动机的起动磨损。

5. 严寒季节怎样停放汽车？

在条件许可的情况下，最好将车辆停放在室内或地下停车场。若只能停在户外，也应选择朝阳、避风、平坦、干燥的地点停放。

停车时车头最好背对风向，这样可以减少风雪对汽车散热器和发动机的危害。此外，冬季风大，为避免高空坠物砸伤爱车，最好将车停在开阔的空地上。

晚上回家停车时，应将车门打开 2~3min 后再关，以降低车内的温度，使车内外温差较小，避免早晨开车时风窗玻璃结霜。

注意：低温、雪天车停室外时，不要停放在有积水的地方，以免晚上积水冻结，将车胎与路面冻在一起。这样，在起动车辆时会使轮胎胎面变形，甚至直接撕裂轮胎。

6. 炎热季节怎样防止发动机过热？

炎热季节高温条件，发动机容易过热。发动机过热后，充气系数减小，容易产生早燃、爆燃，使发动机功率下降、油耗增加、磨损加剧。因此，炎热季节应采取下列措施防止发动机过热。

（1）**加强对冷却系统维护** 检查散热器是否有破损，及时清除散热器片间嵌入的杂物；认真检查节温器、水泵、风扇的工作性能，损坏的应及时修复，同时注意调整好风扇传动带的张紧度；检查冷却液量是否充足，必要时加注冷却液；必要时应检查并清除散热器、缸体、缸盖水套内的水垢，以提高冷却效果，清除水垢时，应根据铝合金气缸盖水套与铸铁气缸盖水套，选配不同的除垢剂。

(2) **控制冷却液温度** 行车时应保持适当的冷却液温度，如 80～90℃。当冷却液温度超过 100℃时，应在阴凉处停车降温，让发动机怠速运转，并掀开发动机舱盖以利散热，但不可向发动机泼冷水，以防机体炸裂。

7. 炎热季节怎样防止轮胎爆胎？

汽车在炎热的高温条件下使用时，轮胎散热慢，胎内温度升高而使气压增大；同时，高温使得橡胶老化速度加快，强度降低，易引起轮胎爆破。轮胎爆破对安全行车不利，使用中应防止爆胎，其主要措施如下。

(1) **保持规定的轮胎气压** 轮胎气压过高或过低均会降低轮胎的使用寿命。轮胎气压越高，越易爆胎。

(2) **禁止超速行车** 车速过高时，轮胎的弹性迟滞损失加大，轮胎温度增加，易引起爆胎。因此，长距离行车时，车速不宜过高，不能超过轮胎的规定车速。

(3) **严禁超载** 高温条件下，轮胎胎体强度下降，如果超载行驶，容易产生胎面脱胶和胎体爆破。因此，高温条件使用时应严禁汽车超载。

(4) **勤查胎温** 在行车中应经常检查轮胎温度，如发现轮胎温度过高（胎面部分烫手），既不能放气，也不能泼冷水，而应降低行车速度或在阴凉地点停歇使胎温降下来。

(5) **轮胎定期换位** 车上各轮胎的负荷、工作状况、散热条件时有差异，若各轮胎长期这样工作，则各轮胎会磨损不均，会造成个别轮胎早爆。因此，应加强轮胎的定期换位工作，防止轮胎早爆，保证各轮胎的使用寿命接近。

8. 炎热季节怎样防止发动机爆燃？

汽车在炎热的高温条件下工作时，发动机易发生爆燃，而爆燃会使发动机功率下降、油耗增加、磨损加剧，因此应防止爆燃。使用中防止爆燃的可供选择的主要措施如下。

1) 选用高牌号汽油，高牌号汽油抗爆性好。
2) 加强冷却系统的维护，提高冷却能力，使发动机处于正常工作温度，温度过高容易爆燃。
3) 避免汽车长时间超载、大负荷工作。
4) 加强空气滤清器、汽油滤清器的维护，确保可燃混合气浓度正常。
5) 必要时清除发动机燃烧室、活塞顶部、气门等部位的积炭，提高散热性，消除炽热点。

9. 高原山区行车为何安全性较差？

高原山区路况复杂，坡路较多，道路条件较差。汽车在高原山区行驶时，制动器使用频繁，制动性变差。下长坡时，常需进行长时间连续制动，使制动器工作温度明显上升，常达到300℃以上，有时甚至高达600~700℃。由于制动器具有热衰退现象，因此高温时制动器的摩擦系数将明显下降，导致汽车制动力减少，制动效能变差。另外，山区道路弯多，汽车在转弯行驶制动时，容易出现后轴侧滑、前轮失去转向能力，会导致行车不安全。

液压制动系统的汽车在高原、山区使用时，制动系统的工作温度升高还会使制动液在制动管路中蒸发而产生气阻，导致制动性能下降或制动失效。

气压制动系统的汽车在高原、山区使用时，因制动频繁，需要更多的压缩空气。然而，由于高原、山区空气稀薄，空气压缩机的效率降低，泵气量减少，也使得制动效能受到很大影响。

汽车在山区行驶，弯多、坡陡，道路条件差，振动冲击大，制动强度大，且汽车经常在大负荷条件下工作，润滑条件恶化，易加剧汽车机件的损坏。当转向系统、行驶系统部件损坏时，会造成重大的事故。

10. 怎样改善高原山区汽车的制动性？

高原山区行车安全性较差，对制动性要求较高。使用中改善汽车制动性的方法如下。

（1）采用正确制动方法

1）下坡制动。山区行驶的车辆下长坡时，为避免车轮制动器长时间工作而发生过热，造成制动效果降低，常用发动机制动和辅助制动器制动。

坡度较小时需要的制动力较小，采用发动机制动效果较好；坡度较大时需要的制动力较大，可采用辅助制动器制动，一般山区汽车都装有辅助制动器，它有电涡流、液体涡流和发动机排气制动等几种，排气制动居多。

2）紧急制动。山区行驶车辆在紧急制动时，可使主制动器和排气制动同时制动，其制动距离短、方向稳定性好。因为其排气制动的制动力大，同时还能将制动力平均分配到左右驱动轮。

（2）对制动鼓淋水降温　山区使用的汽车，很多安装有制动鼓淋水降温装置。它主要由储水器、储水器开关、淋水头等组成。为防止制动器过热，在汽车下长坡前，可开始对制动鼓外表面淋水冷却降温；也可以在制动过程中，不断地对制动鼓淋水降温，以防制动器温度过高而使摩擦片烧蚀。采用制动鼓淋水降温的方法虽然很好，但缺水地区或水用完后则无法使用。

(3) **防止制动系统气阻**　液压制动系统汽车，在山区行车时，由于制动频繁，制动温度高，制动管路易发生气阻现象，导致制动失灵。防止制动系统气阻最有效的方法是采用不易挥发的合成型制动液。

提示：合成型制动液具有制动压力传递快、制动效果好、性能稳定、沸点较高、不易挥发变稠和吸湿性小等优点，在山区的汽车上使用能会发挥其重要作用。

11. 高原山区条件怎样驾驶汽车？

驾驶人要了解和掌握高原山区地形复杂、路窄、弯多，需经常上坡、下坡、转弯的特点，能根据实际情况采取相应的驾驶技术操纵汽车，确保行车安全。

(1) **上坡应选择合适档位**　上坡前，根据坡道的长短、坡度的大小，选择合适的档位，提前换档，使汽车具有足够的爬坡能力。上坡中，若车速下降，发动机声音变得沉闷，说明发动机乏力，应迅速换入低一级档位，以免发动机负荷过大而出现过热现象。

(2) **下坡应正确使用制动**　下坡时禁止发动机熄火空档滑行。汽车下长坡时，需要持续不断地制动以控制汽车的行驶车速。如果长期使用主制动器，则制动器温度会过高而影响汽车的制动效能。可视情况采用发动机制动，或采用辅助制动器制动。若制动器温度仍然过高，则应对制动鼓淋水降温或停车降温。

(3) **选择适当车速**　在高原和山区使用的汽车，应适当降低车速，采用中速行车，这样有利于制动，可减少使用制动的次数，从而减少制动器的发热和失效，保证行车安全。转弯更应降低车速，以防止汽车在离心力作用下产生危险的侧滑。

(4) **湿滑路面谨慎驾驶**　在高原和山区的雨、雪、冰等湿滑路面行车时，严禁紧急制动，以防制动时车轮突然抱死导致前轮失去转向能力、后轮出现严重侧滑。在湿滑路面驱动行驶时，不应急踩加速踏板，以防驱动轮滑转导致严重侧滑。

(5) **防止轮胎爆裂**　山区的道路等级低，制动、转向、换档次数明显增加，轮胎磨损较快；当轮胎传递动力较大或速度过高时，轮胎表面温度较高，橡胶强度变差。这些为行车时轮胎爆裂而引发事故提高了条件。因此，应防止轮胎爆裂，要注意保持轮胎压力不超过规定值，同时注意轮胎的工作温度不能过高，必要时应更换轮胎。

九、应急情况用车

1. 汽车制动失灵怎么办？

汽车在行驶中，当一脚或连续几脚踩制动踏板时，制动踏板均被踏到底，但没有制动效果，或气压制动时一脚踩下去无制动效果，即属制动失灵（图3-38）。

汽车在高速公路上行驶，如果制动失灵，则应马上向紧急停车道变道，车辆进入紧急停车道后，可以将变速器抢挂低档，然后将发动机熄火，这样可利用发动机的制动作用使车速快速下降，当车速低于30km/h后再用驻车制动将汽车停住。如果是自动变速器汽车，则应稳住转向盘，并将自动变速器变速杆置于L位，再慢慢收油，让汽车慢慢地自行降速，最后用驻车制动将汽车停住。

图3-38 汽车制动失灵

汽车在普通的平坦道路上行驶，如果制动失灵，则驾驶人应把稳转向盘，保持对车辆行走方向的控制，以便躲避碰撞，并迅速将变速器档位换入1档，依靠发动机的阻力作用降低车速，然后再拉紧驻车制动（注意：如用力过大会崩断驻车制动拉索），且不断地用喇叭、灯光警示，使汽车急速停靠公路旁。

汽车在下坡过程中，如果制动失灵，首先抢挂低档利用发动机制动和驻车制动，若仍无法控制车速，汽车面临下滑、翻车或碰撞危险时，驾驶人应果断地利用道路上的路坎、行道树、栏栅、挡护板、草堆、土堆等天然障碍物，给汽车造成阻力，以消耗汽车的惯性力，迫使汽车减速停车。在山区情况紧急时，可将汽车靠向山边一侧，利用车厢侧面与山崖的擦碰，强制汽车减速停车，避免恶性事故发生。注意：不减速就直接向周围障碍物冲去是极其危险的，因为高速剧烈的乱撞会直接损坏车辆并容易引起强烈反弹使乘员受到严重伤害；不要将建筑物、其他车辆作为碰停的目标，以免造成更大的事故；选择应急擦滞停车时，应避开油箱或加油口一侧，以免引起火灾。

在进入弯道或转弯之前制动失灵时，驾驶人应先控制住方向并快速地抢入低档，利用发动机制动，可视情况决定是否利用驻车制动。进入弯道前，可配合使用驻车制动将车速降下来；进入弯道后，如果是急转弯行车，则不要拉紧驻车制动，否则会造成车辆甩尾，从而导致更大的车祸。

2. 汽车转向失灵怎么办？

驾驶车辆打方向时，突然感到打转向盘的感觉变空、变轻了，方向控制无效了，这就是转向失灵（图3-39）。

汽车在行驶中转向突然失灵，应立即踏下制动踏板，控制车速，尽可能安全平稳地将车辆停靠路边。如果情况尚可，应采取缓踩制动踏板的方法使车辆慢慢停住。当车辆转向失灵，行驶方向偏离，事故已经无可避免时，应紧急制动，尽快减速，极力缩短停车距离，减轻撞车力度。注意：高速制动太急时，容易导致汽车侧滑甚至翻车。

图3-39 汽车转向失灵

如果车辆在险恶的弯道行驶时发生转向失灵，车辆往往会冲出路面导致撞车或翻车。此刻您一定要临危不惧，使出特招以求脱险。此时，驾驶人应一边紧急制动，一边紧紧抓住转向盘，同时让身体后仰，紧贴着背垫，随着车体翻滚，一定要避免身体在车舱里滚动，以免撞伤。如果车辆从高空下坠，这时您的意识若还能起作用，则应在下坠过程中，看清下坠方向的地理情况，以便落地后采取适当的脱离措施。当看到汽车即将坠到地面时，应缩头弓背，双手抓紧车上固定物体，做好受冲击准备。若来得及调整身体姿势，可让腿部朝着坠地方向，保护头部，避免受致命创伤。

汽车转向失灵是很危险的，但在一定程度上它是可预防的。在转向失灵前一般会有前兆，如方向摇摆、跑偏、有异常响声、转向盘的自由行程突然增大、打方向沉重等。遇到这些情况应停车检修。在对转向机构检修后，驾驶人应做有心人，要认真检查转向机构，如检查横直拉杆、球头、转向臂连接处等关键部位的紧固和连接情况以及开口销的装配情况，开口销拆卸后要更换，不可重复使用。另外，驾驶人在出车前要检查转向操纵机构是否正常，在驾驶中应尽量避免打死方向。

3. 汽车行驶爆胎怎么办？

汽车在行驶中，轮胎发出爆破声（图3-40），车辆向发生爆胎的一侧跑偏、转向。此时，驾驶人要松开加速踏板，紧握转向盘，控制车辆直线行驶，并轻踩制动踏板或利用车辆的自然阻力使车辆靠边停下。注意：不要采取紧急制动，否则会导致车辆加剧跑偏、自行转向，尤其是在弯道上爆胎更是如此。

如果是前轮爆胎，则危险较大，因为这样会大大地影响驾驶人对转向盘的控制。此时，驾驶人应尽可能地轻踩制动踏板，

图3-40 汽车爆胎

避免爆破胎轮产生更大的制动力而脱离轮辋，使车头部分承受太大的应力，同时驾驶人应双手紧握转向盘，在汽车大幅度偏左或偏右时，立即进行矫正。

如果是后轮爆胎，汽车的尾部就会摇摆不定，颠簸不已。此时，驾驶人应双手紧握转向盘，保持汽车直线行驶。同时，轻踩制动踏板，不仅可降低车速，而且还可使汽车的重心前移，使完好的前轮胎受力，减轻爆破的后轮胎所承受的负荷。

汽车行驶爆胎容易引发恶性事故，驾驶人应预防爆胎。通常，轮胎爆胎的原因很多，如气压不足易使轮胎侧壁弯曲折断而发生爆胎；气压过高或者汽车超载，轮胎的缺陷处（如以前损伤的部位）容易导致爆胎；在天气炎热的夏天或长时间高速行驶产生驻波现象，使轮胎温度过高而导致爆胎；锐利的石头和其他物品刺破轮胎可引发爆胎；轮胎本身有缺陷或老化易引发爆胎。因此，驾驶人应定期检查轮胎，常测胎压，保持轮胎气压在标准范围内；及时清理轮胎沟槽里的异物；更换有裂纹或有很深损伤的轮胎；严禁超载；杜绝超速行驶。

4. 汽车行驶侧滑怎么办？

汽车在行驶中突然出现侧向滑移现象，说明汽车行驶侧滑，通常，高速行驶的汽车以出现甩尾或后轴侧滑（图3-41）居多。汽车行驶侧滑的原因很多，有驾驶原因、使用条件原因和汽车本身故障原因。主要是汽车在附着力很小的

冰面、泥泞路面行驶；采取紧急制动、突然加速、减速，或者猛打方向；在弯道、坡道、不平整路面或者越过路拱速度太快；汽车同轴左右轮制动间隙不一致或制动不均匀；汽车前后轮制动间隙调整不当或制动力分配不合理、轮胎花纹磨平以及在湿滑路面行车等。

汽车侧滑后，应根据产生侧滑的原因采取相应的措施。如果是制动造成的侧滑，应立即停止制动，同时把转向盘转向后轮侧滑的一侧，打方向时不能过急，否则汽车可能向相反的方向滑动；如果是加速造成的侧滑，应立即轻抬加速踏板，使驱动力变小以消除驱动轮滑转引起的侧滑，同时用转向盘控制方向消除侧滑对方向的影响；如果是转弯时离心力过大造成的侧滑，则应轻抬加速踏板，降低车速，同时迅速将转向盘向侧滑一侧转动，打方向时要顾及道路条件及转动幅度，以免车辆冲出路面。如果是路滑造成的侧滑，则应轻抬加速踏板，降低车速，同时用转向盘修正方向。

图3-41 汽车后轴侧滑

侧滑往往是严重车祸的前奏。为了防止侧滑，车速必须放慢，根据路面的条件不能超过规定的行车速度。在溜滑路面行驶时每次起动、停车、转弯都必须缓慢，以避免侧滑。在湿滑路面或转弯行车时，或侧滑发生后，应尽量避免紧急制动，必要时可采用点制动或发动机制动。

5. 汽车行驶突然熄火怎么办？

汽车在运行中，有时会因驾驶人操作失误或车辆的技术故障等原因，导致发动机突然熄火而又无法起动（图3-42），使汽车不能继续行驶。如不采取有效的应急措施，轻则引起交通堵塞，重则可导致交通事故。

图3-42 汽车行驶突然熄火

（1）**在铁路道口铁轨上突然熄火**
汽车驶到铁路道口铁轨上突然熄火而无法起动时，应立即设法使汽车迅速离开轨道，以免火车与汽车相撞。可采取以下几种紧急措施。

1）起动机驱车离轨。将汽车迅速挂入1档，并松开离合器踏板，起动发动机，利用起动机驱动车辆离开铁路轨道。

2) 人力推车离轨。如起动机驱车不动，可将汽车迅速挂入空档，并放松驻车制动，驾驶人可下车推车离轨。如推不动，赶紧呼唤求救，请人协助将车推离铁路道口。

3) 他车拖车离轨。将汽车挂入空档，并放松驻车制动，请求车前或车后汽车，把车拖出铁路道口。

注意：用上述方法仍不能使汽车迅速脱离险区时，应设法以最明显的标志或电讯手段通知火车，以便火车提前制动停车，避免险情发生。

(2) 在高速公路上突然熄火　当汽车在高速公路或汽车专用公路上突然熄火而无法起动时，应利用汽车的行驶惯性驶离主车道，将车停到紧急停车带或路边，并在车后设立警告标志，夜间应同时开启示宽灯。

在多车道高速公路的内侧车道上突然熄火时，如果外侧车道后面没有来车，可打开右转向灯，利用汽车的惯性驶离内侧车道，经外侧车道将车停在路肩上。若外侧车道后面有其他车辆，在打开右转向灯的同时，应反复轻踏制动踏板（在制动器起作用之前，抬起制动踏板），使制动灯产生信号尽早通知本车道内的后车，使其减速，防止后车追尾。

(3) 在一般道路上突然熄火　当汽车在一般道路上突然熄火而无法起动时，若周围环境允许，应利用惯性将汽车停到路边；若周围环境不允许或汽车突然不动而停在道路中间，应设法将车推至路边，以免堵塞交通。如果无法移动车辆，应在车后设立警告标志，夜间应同时开启示宽灯。

6. 汽车行驶"开锅"怎么办？

汽车行驶时，驾驶人如果发现汽车冷却液温度非常高（冷却液温度表红线处）或者发动机冒白烟（图3-43），则说明汽车"开锅"了。发现"开锅"后应及时靠路边停车处理。

(1) 停车怠速运转　停车后让发动机怠速运转一段时间，继续让散热器里的冷却液对发动机进行散热，使发动机高速运转产生的大量热量及时散发。

注意：开锅后若立即熄火，则冷却液不能流动，局部温度更高，会对发动机产生损害。

图3-43　汽车行驶开锅

(2) **打开发动机舱盖检查** 查看散热器表面，散热片是否倾倒过多，是否脏污，或有树叶、昆虫或其他东西堵塞散热片；观察散热器风扇转动是否正常，现代汽车多为电动双速风扇，其高低速取决于冷却液温度，如富康轿车在冷却液升温过程中，当温度高于97℃时，风扇以低速运转，当温度达到101℃时，风扇以高速运转，既然开锅，则风扇应高速运转为正常。如果发动机确实过热，而散热器风扇不转或转速过低，则应打电话找维修店救援。

(3) **停机检查冷却液量** 首先检查储液罐，如果它是空的，那很有可能冷却液量不足；再打开散热器盖检查散热器中的冷却液量是否充足。

注意：刚停车时散热器中的冷却液是滚烫的，故打开散热器盖时要特别小心，以免烫伤。

如果看不见冷却液，那就说明其冷却液量过少，可加入适量的冷水进行救急处理。如果冷却液量很充足，那说明发动机内部有故障，应等待发动机冷却液温度降低后，立即将汽车开到就近的维修店检修，或打电话找维修店救援。

7. 汽车如何涉水行驶？

在暴雨天气，汽车有时可能会碰到涉水行驶的情况（图3-44）。

图3-44 汽车涉水行驶

(1) **涉水前的准备**

1）汽车涉水前，应认真估计水的深度。对于轿车而言，如果水深能淹没排气消声器出口时，则一般不宜通过，只能绕道行驶。

2）看看有无类似的车辆已经通过，如有，则涉水是可行的。

3）选择好涉水路线。前面汽车涉水通过后，其行车路线应没问题，可作为本车的通过路线。

4）决定涉水后，应关好车门防止进水。

(2) **涉水驾驶**

1）涉水时，应挂低速档，使汽车平稳地驶入水中，避免猛踩加速踏板或高速行车，以防水花溅入发动机而熄火。

2）行驶中要稳住加速踏板，保持汽车有足够而稳定的动力，一气通过，尽量避免中途停车、换档，防止发动机熄火。

3）行进中要看远顾近，尽量注视远处的固定目标，双手握住转向盘控制行驶路线。不能注视水流或浪花，以免晃乱视线产生错觉，使车辆偏离正常的涉水路线而发生意外。

4）多车涉水时，应做到有序通过。最后待前车通过后，后车再下水，这样可防前车因故障停车而迫使后车也停在水中，导致进退两难。

(3) 涉水后的处理　起动发动机，让发动机空转数分钟后，达到正常温度，烘干发动机上面的水和潮气。确认汽车技术状况良好后，先用低速行驶一段路程，并进行多次点制动，让制动片与制动鼓或盘摩擦产生热能，以烘干和蒸发掉制动器中残留的水分，确保制动性能良好。

十、常见故障处理

1. 机油压力指示灯点亮怎么办？

（1）**机油压力指示灯点亮状况**　通常在发动机发动起来之前，仪表板上的所有警告灯都会亮起来，等到发动机起动后，这些警告红灯就会相继熄灭，而机油压力指示灯往往是最后一个熄灭。

机油压力警告指示灯是以机油壶作为标志（图3-45），假如发动机起动一段时间后，红色的机油指示灯还亮着，或者行车途中该灯突然亮起来，应立即将发动机熄火停车检查，待故障排除后方可行驶，否则，会损坏发动机。

（2）**机油压力指示灯点亮的原因**　机油压力指示灯点亮的主要原因是机油压力太低甚至根本没有压力。具体原因说明如下。

1）机油油量不足，使机油泵的泵油量减少或因进空气而泵不上油，致使机油压力下降。

2）发动机温度过高，容易使机油变稀，从配合间隙中大量流失而导致机油压力下降。

3）当机油泵零部件损坏或因磨损、装配等问题出现间隙过大时，将会造成机油泵不出油或出油不足，导致机油压力下降。

图3-45　机油压力指示灯点亮

4）曲轴轴颈与大、小瓦之间的配合间隙不当，过紧会使机油压力升高，过松会使机油压力降低。

5）机油滤清器、吸油盘堵塞会使供油量减少，导致机油压力下降。

6）回油阀损坏或失灵。若主油道回油阀弹簧疲劳软化或调整不当，阀座与钢珠的配合面磨损或被脏物卡住而关闭不严时，回油量便明显地增加，主油道的油压也随之下降。

7)机油选用不当。如果用错或机油牌号选用不当,发动机运转时会因机油黏度太低而加大泄漏量,导致机油压力下降。

8)机油管路中有漏油、堵塞现象。

9)电路器件故障。例如,机油压力传感器失效,或油压报警控制电路及指示装置失效,导致错误报警。

(3) 机油压力指示灯点亮后的应急处理　在行车过程中,一旦机油压力指示灯点亮,应及时采取以下措施。

1)首先打开危险警告灯,换空档,滑行到路边停车,发动机熄火。

2)打开发动机舱盖,抽出机油尺,检查机油量。如果机油量不足,设法补充后再上路。脱险之后,应该静下心来考虑一下机油量不足的原因,是长时间没有加换过机油,还是突发的漏油或者是发动机已经有吃机油的毛病?在找到问题的原因后,为了爱车的"健康",您就得纠正以往的疏忽,养成开车前检查机油量以及定期给爱车进行维护的好习惯。要注意,如果是漏机油的毛病,要尽快到修理厂检修。

3)如果机油量正常,则检查机油黏度是否过小。用拇指和食指沾少许机油,两指拉开,两指间应有2~3mm的油丝,否则机油黏度过小。若机油黏度过小,有条件时可更换机油试车。

4)如果机油量正常且机油黏度合适,但只要发动机一起动,机油压力指示灯仍然会一直点亮,则表示发动机内部出毛病了,如机油泵故障、机油油道堵塞、轴承磨损过度、机油滤清器堵塞、机油限压阀、机油压力指示灯控制电路故障等,应立即送修理厂检修。

2. 冷却液温度指示灯点亮怎么办?

(1) 冷却液温度指示灯点亮状况　冷却液温度指示灯是以温度计作为标志(图3-46),假如行车途中该红色指示灯突然亮起来,说明发动机过热,应立即将发动机熄火停车检查,待故障排除后方可行驶,否则,容易损坏发动机。

(2) 冷却液温度指示灯点亮的原因

当冷却液温度超过一定限度时,冷却液温度指示灯点亮,以警示驾驶人注意。具体原因说明如下。

1)冷却液量不足,冷却效率降低,导

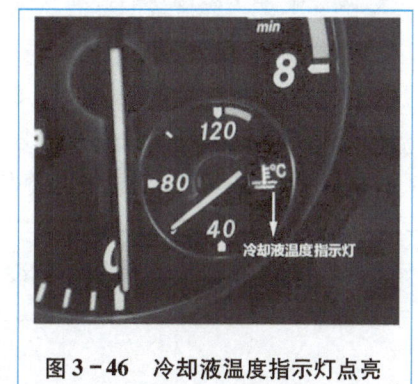

图3-46　冷却液温度指示灯点亮

致冷却液温度过高。

2）散热器风扇电机或电机温控开关出现故障，使风扇不转或转速过低，导致冷却液温度过高。

3）节温器失效、卡死，使冷却液大循环受阻，散热能力下降，导致冷却液温度过高。

4）冷却液泵堵塞、损坏，或吸水能力低、压力不足，使冷却液完全不循环或循环量过小，导致冷却液温度过高。

5）散热器内芯管结垢过多，或散热片倾倒过多，使散热器散热效率下降，导致冷却液温度过高。

6）缸体内水套结垢过多，使缸体传热效率低，冷却液带走的热量少，导致冷却液温度过高。

7）气缸垫烧穿，或缸盖出现裂缝，使高温气体进入冷却系统，导致冷却液温度过高。

8）发动机负荷过大，如夏天高温时开着空调满载长时间爬坡行驶等，导致冷却液温度过高。

9）电路器件故障，如冷却液温度传感器失效，或冷却液温度报警控制电路及指示装置失效，导致错误报警。

（3）冷却液温度指示灯点亮后的应急处理　　在行车过程中，一旦冷却液温度指示灯点亮，应及时采取以下措施。

1）确定发动机负荷是否过大。将空调关掉，打开暖风，让发动机部分的热量经由暖气管道吹散，发动机的冷却液温度因而得以降低。接下来是换到空档，稍踩下加速踏板把转速加到中速，以增加发动机冷却液流通速度，使散热器散热效率提高。假如在几分钟内红灯熄灭，那就表示发动机只有轻微过热，只是冷却系统的工作负荷过大，机件并没有问题，发动机也不至于受到太大的损伤。此时，应关掉空调，减轻发动机负荷，可继续行驶。但如果发动机冷却液温度还是降不下来，红灯依旧亮着，则采取下一步骤。

2）靠路边停车处理。停车后，发动机怠速运转，掀起发动机舱盖，检查散热器是否正常，观察散热器风扇是否正常转动。若不正常，等待发动机冷却液温度降低后，就近送入维修店修复。若正常，则采取下一步骤。

3）停机检查冷却液量。若冷却液量不足，则说明发动机过热、冷却液温度指示灯点亮的原因在此，应及时补充冷却液。如果冷却液量很充足，则说明发动机内部有故障，应等待发动机冷却液温度降低后，立即将汽车开到就近的维修店检修。

提示：冷却液量不足若是简单的外漏引起，如散热器、管接头处渗漏，则车主可立即拧紧夹子排除故障，加满冷却液即可。

3. 蓄电池充电指示灯点亮怎么办？

（1）蓄电池充电指示灯点亮状况　蓄电池充电指示灯是以蓄电池的形状符号作为标志（图3-47），假如行车途中发动机并没有熄火，还在正常运转，而您看到蓄电池标志的红灯点亮，说明发电机没有向蓄电池充电，应立即停车检查。如果您不去理会它，后果是很严重的。因为您接着会发现前照灯不亮了，转向灯不闪了，收音机也不响了，最后连发动机都自动熄火了。

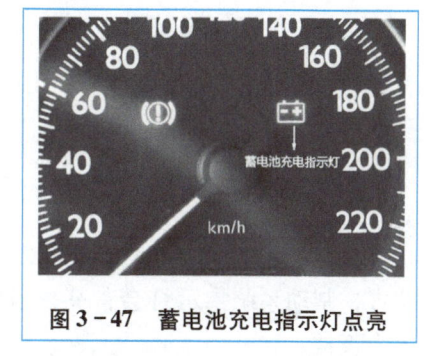

图3-47　蓄电池充电指示灯点亮

（2）蓄电池充电指示灯点亮的原因　一般情况下，只要发动机正常运转，发电机会向蓄电池充电，而不充电时，蓄电池充电指示灯点亮，以警示驾驶人注意。具体点亮原因说明如下。

1）发电机转速不够快，发不出足够的充电电压，导致不充电。

2）发电机故障导致不发电，因而不充电。

3）充电电路存在故障，使发电机发出的电无法充进蓄电池。

（3）蓄电池充电指示灯点亮后的应急处理　在行车过程中，一旦蓄电池充电指示灯点亮，应及时采取以下措施。

1）先把汽车靠路边停下，把发动机熄火，同时关掉车上所有的电器和用灯，以减少蓄电池电力的消耗。

2）打开发动机舱盖，检查发电机传动带，看是否松了、断了，或者是磨得亮亮的，一副打滑的样子。如果是传动带松了，上紧即可，然后起动发动机，这时充电指示灯如果熄灭，那就表示故障排除了。如果传动带断了或者是老化打滑了，那只有换新带了，当然您车上要有备用传动带才行。如果发电机传动带问题解决了，充电指示灯仍亮着，则进行下一步骤。

3）检查发电机上的线束接头，看是否松了造成接触不良。现在大部分轿车用的发电机都是交流发电机，而且电压调整器都装在发电机壳体里面。如果您的车有独立的充电电压调整器，那么还需检查该调整器上线束接头的状况。同时也要检查与发电机连接的线束，看看线束有无折损？绝缘外皮有没有破损？必要时可以截肢，把快折断的那截电线剪断，绑接后再用电工胶布缠紧来应急。如果这样做，充电指示灯还亮着，则进行下一步骤。

4）检查蓄电池接线柱，如果发现它松动了，或呈现被腐蚀的样子，那么把接线柱桩头内外清洁一番，再拧紧看有没有效果。通常蓄电池接线柱桩头松动会造成接触不良、电阻增大、桩头发热。在您解决了蓄电池接线柱问题之后，发现仍不管用，充电指示灯还是亮着，那么故障原因就在发电机，只有进厂检修了。所幸这时汽车还可以发动，也可以开一阵子，主要看蓄电池剩下的电量还有多少，是否一发现充电指示灯亮就停车检查了。

注意：一个充满电的好蓄电池，不开前照灯及其他电器，大概会维持汽车行驶 3h 左右；如果夜间行车需开灯，那么大概只能维持 30min。

4. 制动系统指示灯点亮怎么办？

（1）制动系统指示灯点亮状况　如果拉起驻车制动杆并且点火开关转到 ON 位置，制动系统指示灯会常亮，当驻车制动杆完全放下时，制动系统指示灯熄灭为正常。

制动系统指示灯是以鼓式车轮制动器制动的强调符号作为标志（图 3-48），假如行车途中驻车制动杆完全放下时，若看到制动系统指示红灯长期点亮，说明制动储液罐中的制动液不足，应立即停车检查。

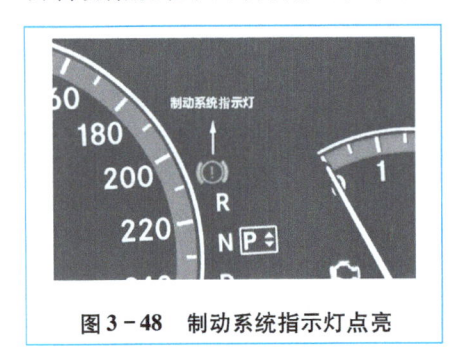

（2）制动系统指示灯点亮的原因　当制动液不足、驻车制动杆没有完全放松时，制动系统指示灯点亮，以警示驾驶人注意，就可避免此类事情的发生。制动液渗漏、驻车制动杆没完全放松以及制动系统指示灯报警电路存在故障都可导致制动系统指示灯点亮。

图 3-48　制动系统指示灯点亮

（3）制动系统指示灯点亮后的应急处理　在行车过程中，一旦制动系统指示灯点亮，应及时采取以下措施。

1）小心地将车停在路边。

2）打开发动机舱盖，检查制动液罐。看制动液液面是否是在最低线下方。如果在下方，说明制动液量不足，此时添加建议使用的制动液到 MAX 记号处，再将驻车制动杆完全放松并起动发动机，如果制动系统指示灯熄灭，说明故障是制动液不足引起的。

3）如果制动液量充足，且制动系统指示灯持续亮着不熄灭，可进行制动操作。如果制动效果尚可，同时判断行驶还安全，则可能是指示灯控制电路有问题，应小心地驾驶到附近维修站进行检修。

4）如果发现渗漏，或是制动系统指示灯持续亮着不熄灭且制动无法正常作用时，应设法将车辆拖到最近的维修站进行检修。

5. ABS 指示灯点亮怎么办？

ABS 指示灯以制动器加 ABS 的符号作为标志（图 3-49），是一种黄色的警告灯。

如果 ABS 指示灯亮起后不熄灭或在行车过程中亮起，则说明您的车 ABS 工作不正常，应引起重视，制动操作时应考虑这点。但遇到 ABS 指示灯亮起后，不必过于紧张，因为汽车的常规制动系统还是正常的，车辆可以继续行驶，只是制动性能已不具备 ABS 功能而已，建议尽快检修。

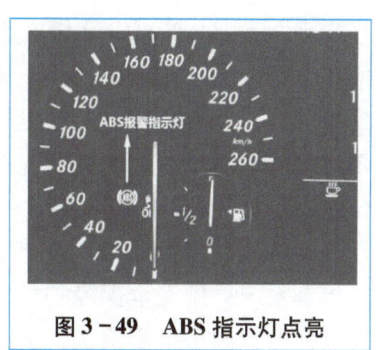

汽车行驶时，如果 ABS 指示灯和制动系统指示灯同时亮起，这说明不仅是 ABS 有故障，而且常规制动系统也存在问题。当您遇到这种情况时，应进行制动操作，看是否有制动效果，如果有，请尽快将汽车就近送入维修站检修；如果没有制动效果，应停驶，尽快请维修站人员解决。

图 3-49 ABS 指示灯点亮

注意：ABS 指示灯点亮的汽车，行驶制动时方向稳定性差；制动系统指示灯点亮的汽车制动效果差，驾驶这样的汽车比较危险，必须立刻进厂检修！

6. 电子稳定系统（ESP）指示灯点亮怎么办？

电子稳定系统（ESP）指示灯以转向时的稳定符号作为标志（图 3-50），是一种红色的警告灯。行驶过程中若该灯闪亮说明 ESP 处于工作状态，可能是车轮出现侧滑或起步时转矩过大造成轮胎打滑。若行驶过程中 ESP 指示灯常亮表示 ESP 功能关闭或 ESP 存在故障。由于 ESP 是与 ABS 协同工作的，所以当 ABS 出现故障时，ESP 指示灯也会亮起。

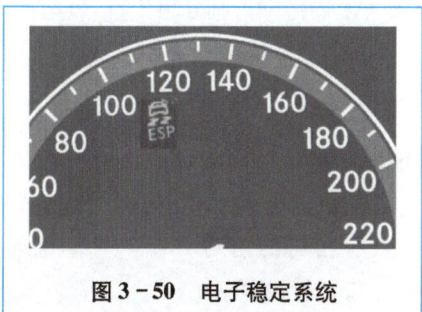

当您驾驶汽车时，如果发现 ESP 指示

图 3-50 电子稳定系统（ESP）指示灯点亮

灯亮起后不熄灭，先看看是否关闭了ESP，如果您关闭了ESP，ESP指示灯点亮是正常的，此时可以开启ESP功能，正常时ESP指示灯应熄灭。如果是开启状态，ESP指示灯点亮，说明ESP确实存在故障，也可能是ABS故障引起的，此时您不必过于紧张，车辆可以继续行驶，只是汽车不具备ESP的功能、操纵稳定性变差而已，但驾驶操作要作相应的调整，建议尽快送入维修站检修。

7. 发动机控制系统指示灯点亮怎么办？

现在大部分新型电喷轿车都设置发动机控制系统指示灯，它以发动机外形的符号作为标志（图3-51），是一种黄色的警告灯。行驶过程中发动机控制系统指示灯如果常亮，则发动机可能存在电控系统故障、排放控制系统故障。

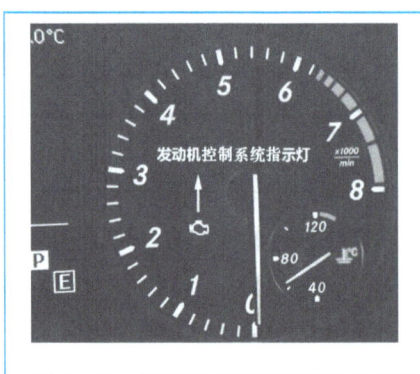

发动机控制系统指示灯点亮时，发动机控制系统采用安全保障功能，启用后备控制回路，调用备用参数，进入简易控制运行机制，使车辆可以继续行驶。尽管发动机仍然可以运行，但发动机不能工作在最佳状态，使得发动机的动力性、经济性、运转平稳性恶化。因此，行车当中，不论发动机控制系统指示灯是一直亮着还是持续闪亮，都要尽快送往维修站检修。

图3-51 发动机控制系统指示灯点亮

8. 制动摩擦片磨损指示灯点亮怎么办？

制动摩擦片磨损指示灯是一种黄色的警告灯（图3-52），它用来警示制动摩擦片的磨损状况。汽车在正常行驶时，如果制动摩擦片磨损过度，则其指示灯点亮。

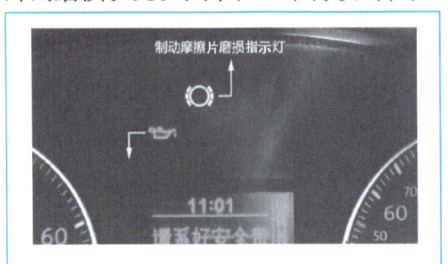

当制动摩擦片磨损指示灯点亮时，应立即将车辆送入维修站更换摩擦片。

注意：摩擦片更换时，应对一根车轴两边车轮的摩擦片同时更换，以保证两边车轮有相同的制动力，使汽车制动时的方向稳定性较好。

图3-52 制动摩擦片磨损指示灯闪亮

9. 风窗洗涤液指示灯点亮怎么办？

风窗洗涤液指示灯是一种黄色的警告灯（图3-53），它用来警示风窗洗涤液的液量。汽车在正常行驶时，如果风窗玻璃洗涤液容器中的液面高度太低，则其指示灯点亮。

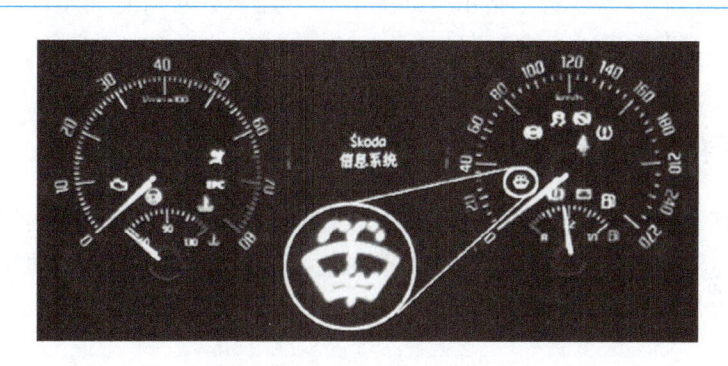

图3-53 风窗洗涤液指示灯闪亮

当风窗洗涤液指示灯点亮时，车主可以自己给洗涤器罐加适量的风窗洗涤液，风窗洗涤液由带有石蜡溶剂的风窗玻璃洗涤剂和水混合而成。

注意：在冬天加注风窗洗涤液时，要加入防冻添加剂，以防其低温结冰。如果没有防冻添加剂，也可以使用酒精代替，但酒精含量不可大于15%（质量系数）。

10. 安全气囊指示灯点亮怎么办？

安全气囊指示灯是一种黄色的警告灯（图3-54），它用来警示安全气囊系统的工作状态。汽车在正常行驶时，如果安全气囊系统有故障，则其指示灯点亮。

当安全气囊指示灯点亮时，应立即送入维修站检修。

图3-54 安全气囊指示灯点亮

11. 车门开启状态指示灯点亮怎么办？

车门开启状态指示灯是一种黄色的警告灯（图3-55），它用来警示车门是否关好。只要有车门处于开启状态，或是没有关紧，这个灯就会一直亮着，等到所有车门都关紧后，才会熄灭。

只要看到车门开启状态指示灯还亮着，一定要查看所有的车门是否关严，直到指示灯熄灭之后，才能上路。

12. 燃油存量指示灯点亮怎么办？

燃油存量指示灯是一种黄色的警告灯（图3-56），它用来警示油箱最后油量的多少。汽车在正常行驶时，如果燃油存量指示灯闪亮，表示油快用完了，如果不马上加油，发动机就会熄火。

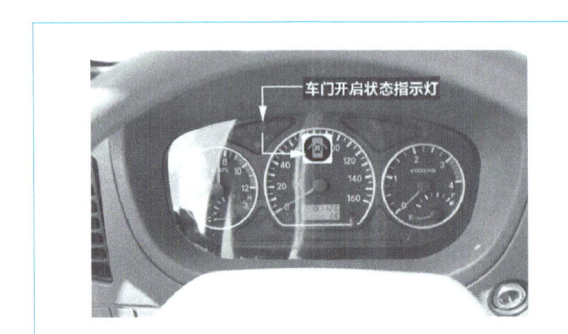

图3-55 车门开启状态指示灯闪亮

图3-56 燃油存量指示灯点亮

当油箱油量低过1/4时就要加油，指示灯亮时要立即找就近的加油站加油，否则，汽车容易抛锚。

13. 汽车转向沉重如何处理？

（1）**故障现象** 装有动力转向的汽车，本来转向应是很轻便的，但在汽车行驶中却感到转向困难、转向沉重。

（2）**故障诊断** 目前轿车大多数采用液压助力转向，当液压助力转向系统失效或助力不足时，就会转向沉重。主要诊断如下。

1) 动力转向液罐液面低于规定要求，使得动力转向油泵输出压力过低，导致助力不足。

2）动力转向泵传动带张紧力不足，传动带打滑，使得动力转向油泵不输出压力油，导致助力不足。

3）各油管接头处密封不良，有泄漏现象，同时转向液压回路中渗入了空气，这些都会导致液压助力不足，使转向沉重。

4）油管变形、油路堵塞，导致转向液压缸无助力作用，使转向沉重。

5）动力转向泵损坏，无助力转向的动力源或助力不足，导致转向沉重。

6）转向控制阀、动力液压缸内部泄漏，使助力不足，导致转向沉重。

(3) 故障处理

1）检查转向轮胎的气压是否正常，因为其轮胎气压过低时转向较沉重，应按规定气压充气。

2）检查转向液压系统各油管接头是否泄漏，检查油管有无损坏、变形或裂纹。一旦发现油管有缺陷应予以更换；若油管接头泄漏，应予以拧紧，必要时更换油管重接。

3）检查动力转向液罐内的油液质量和液面高度。若油液变质则应重新更换规定油液；若液面低于规定高度，则应找出油液液面过低的原因，重新加油使液面达到规定的液面高度。

4）检查油路中是否渗入空气，若发现动力转向液罐中的油液有气泡时，说明油路中有空气渗入，此时应检查空气渗入系统内的原因，检查油管接头松动、油管裂纹、密封件损坏、动力转向液罐液面过低等情况并排除故障，然后对液压系统进行排气操作，最后加注动力转向液至规定的液面高度。

5）检查动力转向泵传动带的张紧程度，察看传动带是否打滑或有无损坏。发现问题应按规定调整传动带紧度或更换新带。

6）就车重检。起动发动机，将转向盘向左、向右极限位置来回转动，若转向轻便，说明故障通过上述步骤已经排除；若左、右转向仍然沉重，则关闭发动机，进行下一步检查。

7）检查转向传动机构。转动转向盘，查看与转向柱轴相关的元件是否转动灵活，查看转向万向节、各传动杆件球头连接部位是否过紧，如果正常，则故障可能在动力转向泵、动力液压缸、转向控制阀、机械转向器，这就需要送入维修厂检修。

14. 汽车制动失效如何处理？

(1) 故障现象 汽车行驶时，踩下制动踏板，汽车无制动迹象，连踩数次制动踏板，也不能迅速减速和停车。

(2) 故障诊断　目前轿车几乎都采用液压制动系统，对这种汽车制动失效的故障诊断分析如下。

1) 踩制动踏板时，如果无连接感，则说明制动踏板至制动主缸的连接部位脱落，它不能传递制动踏板的制动力，这样就导致制动失灵。

2) 连续踩几下制动踏板，如果踏板不升高，同时又感到无阻力，则可能是制动管路破裂，使得制动系统内无制动液，导致制动失灵。

3) 踩制动踏板时，如果踏板不升高，稍有阻力感，则可能是制动主缸无制动液或制动液严重不足；如果有阻力较强感，但踏板位置保持不住，有明显的下沉现象，则可能是制动轮缸皮碗破裂或制动管路有严重泄漏，这些都会导致制动失灵。

(3) 故障处理　当汽车在行驶途中出现制动失灵时，应采取前面所说的紧急驾驶措施迫使汽车靠路边停车。如果在野外或不便维修时，驾驶人可采取应急的处理措施，恢复或部分恢复汽车制动性能，尽快将汽车开回宿地或汽车维修站，应急处理方法如下。

1) 检查制动踏板的连接。下车后，打开发动机舱盖，检查制动踏板至主缸之间的连接，如果发现连接部位脱开，则利用车上的工具设法连接上，故障即可解除。若连接正常，则进行下一步检查。

2) 检查制动液罐的制动液量。找到制动液罐，如图3-57所示，察看制动液面是否位于制动液罐的上限（MAX）与下限（MIN）刻线之间，如果制动液位低于下限位置，制动液量显著减少，则应查找使制动液量减少的原因并处理之，进行下一步检查。

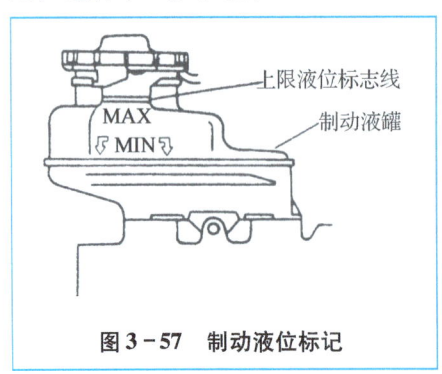

图3-57　制动液位标记

3) 检查处理制动液泄漏部位。制动液量减少必然是泄漏，其泄漏有两种可能：一是制动软管破裂，二是制动轮缸泄漏。

在发动机舱内找到位于制动液罐下面的制动主缸，检查从制动主缸到各车轮内侧的制动轮缸之间的制动软管是否有泄漏。泄漏时，可用电工胶布条以半叠包扎法裹严，然后用结实且较细的绳子，在包扎好的布条上紧密排列缠绕1~2层，最后用润滑油或肥皂水涂抹，检验不泄漏后即可使用。

在车轮的内侧找到制动轮缸，如果车轮内侧有漏出的制动液痕迹，说明制动轮缸泄漏。制动轮缸泄漏时，可在泄漏的制动轮缸软管接头处用牙膏皮、铜皮或铁皮做成垫片，将油管堵死，再旋紧紧固螺母；制动轮缸软管折断时，可用钳子夹扁折断处，再卷边压紧。这样可防止向制动液罐添加制动液后再泄漏，当然该车轮的制动器就不会产生制动力了。

4）向制动液罐添加制动液。若无备用制动液，不得已可补加自制代用的制动液，如向制动液罐添加部分酒精予以补充。若酒精也找不到时，也可以加入适量的肥皂水，进行短时间补充，制动液补加后，应排出制动系统内的空气后再行驶。

注意：经过上述应急处理后，制动性能肯定降低了，为保证行车安全，应随时启用驻车制动配合，只能低速行驶到汽车维修站。在城市行驶或检修方便的条件下，不需驾驶人自行处理，通知维修站检修即可。

15. 轮胎异常磨损如何处理？

（1）胎肩快速磨损

1）故障现象。胎冠两肩磨损过快，如图 3-58 所示。

2）故障诊断。轮胎气压过低使胎冠接地印迹增宽，并且由于轮胎中部弯曲略向外拱起，因此招致胎冠两肩着地，引起两肩磨损加快，同时当高速行车时，还会引起胎面裂口，长时间行驶导致胎肩快速磨损。

3）故障处理。应补足轮胎气压，使其符合标准。

（2）胎冠中部快速磨损

1）故障现象。胎冠中部早期磨损，如图 3-58 所示。

2）故障诊断。轮胎气压过高将增加单位接地面积的负荷，加速胎冠中部的磨耗。此外，由于帘布层帘线承受过大的拉伸应力，导致轮胎的早期损坏。

3）故障处理。轮胎气压过高，应调整轮胎气压至标准值。

（3）胎冠羽片状磨损

1）故障现象。胎冠由外侧向里侧或由里侧向外侧呈羽片状（锯齿形）磨损，如图 3-58 所示。

2）故障诊断。这样的磨损与前束调整不当有关。所以多发生在转向车轮。若左右车轮胎冠上羽片的尖部指向汽车纵向中心线，则说明前束过大；若羽片的尖部背离汽车纵向中心线，则说明车轮存在负前束。

3）故障处理。轿车悬架杆系的变形或接头的松旷，会改变车轮前束的大小。对于过大或过小的前束，均应排除故障后加以调整，建议送入维修厂修复故障部件，并将车轮前束调至标准值。

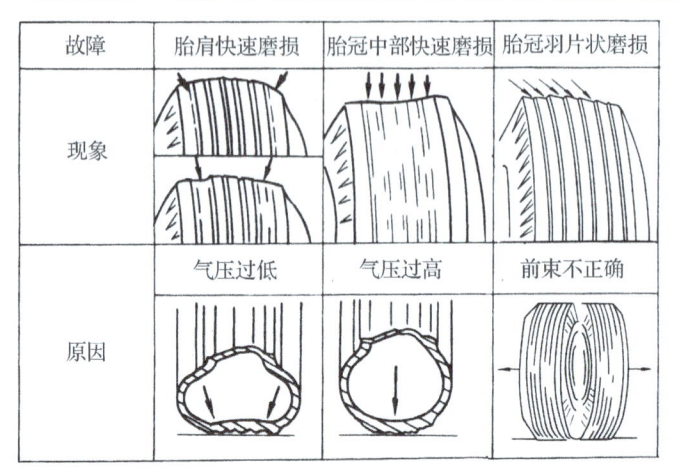

图3-58 轮胎磨损异常故障

（4）胎冠外侧或内侧磨损

1) 故障现象。轮胎外侧或内侧磨损过快，如图3-59a所示。

2) 故障诊断。轮胎外侧或内侧的过快磨损与车轮的外倾角大小有关。若胎冠外侧偏磨损，说明车轮外倾角过大；若胎冠内侧偏磨损，说明车轮外倾角过小。

3) 故障处理。轿车悬架杆系的变形、车身基础件的变形，会改变车轮外倾角的大小。建议送入维修厂查找车轮外倾角不正常的原因，并排除其故障使车轮外倾角为正常。

（5）轮胎局部斑点磨损

1) 故障现象。轮胎胎面局部出现磨光的斑点即秃点（图3-59b）。

2) 故障诊断。这种磨损与车轮的动不平衡状况有关。当车轮动不平衡时，车轮的振动引起轮胎的定向磨损，导致斑点磨损。

3) 故障处理。斑点磨损的车轮处于动不平衡状况，建议送入维修站进行车轮动平衡处理。

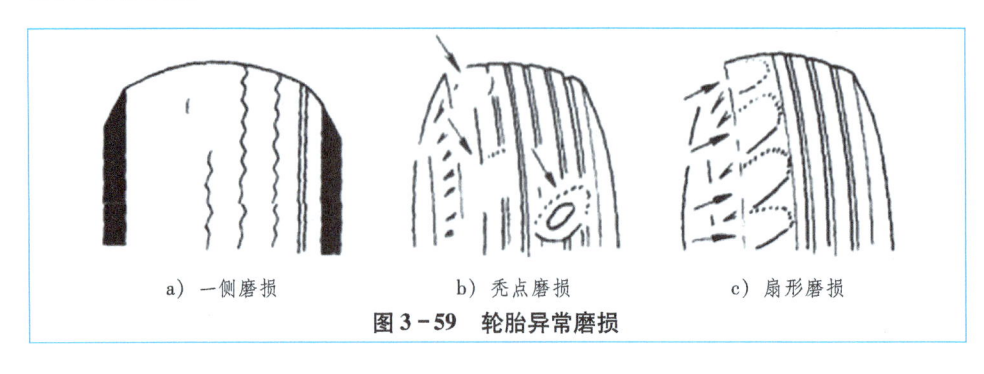

a) 一侧磨损　　b) 秃点磨损　　c) 扇形磨损

图3-59 轮胎异常磨损

（6）轮胎扇形磨损

1) 故障现象。轮胎胎冠上一侧产生扇形磨损，如图3-59c所示。

2) 故障诊断。轮胎长期处于某一位置行驶而不换位或悬架位置不当，容易引起轮胎的扇形磨损。

3) 故障处理。建议定期进行轮胎换位并检查排除悬架变形故障。

（7）个别轮胎磨损过大

1) 故障现象。同车上的其他轮胎磨损较小，而单个轮胎出现严重磨损。

2) 故障诊断。单个车轮严重磨损的原因与该轮胎的悬架、车轮定位、轮毂轴承间隙、车轮平衡及轮辋的变形情况有关，也与车轮长期不换位有关。若单个轮胎胎冠一侧的磨损过大，则说明该车轮外倾角不符合标准。若车轮外倾角过大，则轮胎胎冠外侧早期磨损，若车轮外倾角过小，则胎冠内侧磨损过大。

3) 故障处理。检查该车轮的轮毂轴承间隙，如过大应加以调整或更换轮毂轴承；查看该车轮轮辋是否变形，如变形应更换轮辋。建议定期进行轮胎换位，如果换位后经过一段时间的行驶，在原位的轮胎磨损总是严重些，则需送入维修站检修。

16. 汽车乘坐舒适性不良如何处理？

（1）故障现象　汽车在凸凹不平的路面行车时，车身产生的振动不能迅速衰减，或汽车在高速行车时振动严重，使乘坐的舒适性能受到破坏。

（2）故障诊断

1) 减振器不良或损坏，使减振性能不良或丧失，导致汽车乘坐不舒适。

2) 悬架弹簧损坏，使汽车的缓冲性能大幅度下降，导致汽车乘坐不舒适。

3) 轮胎气压不正常，使其轮胎展平能力减弱，缓冲和减振性能下降，导致汽车乘坐不舒适。

4) 车轮动不平衡现象严重，使汽车振动过大，导致汽车乘坐不舒适。

5) 轮胎磨损过甚或磨损不均，可使汽车轮胎高速行驶时失去动平衡而引起振动，导致汽车乘坐不舒适。

（3）故障处理

1) 检查轮胎的磨损及充气情况。若轮胎磨损不均，或轮胎严重磨损，则建议更换轮胎；若轮胎气压过高或过低，则应将轮胎气压充至规定值。

2) 检查车轮是否变形。目检车轮变形明显时，应更换车轮轮辋；建议对车轮进行动平衡检查，难以平衡时，应更换车轮。

3）检查减振器。悬架的减振器多为不可拆卸式，系一次性部件，目检时，若减振器存在弯曲或严重的凹陷或刺孔，说明减振器损坏。正常情况下，只有在减振器泄漏严重并在外套能看到减振器油滴，车辆遇到路面冲击而车轮回跳过度时，才可确诊减振器损坏。

4）检查悬架弹簧及其连接杆件。目检弹簧是否有折断或损伤缺陷，查看悬架杆件连接处橡胶衬套是否老化或损坏，其连接部位间隙是否过大。存在问题时，建议送入维修站检修。

十一、汽车理赔

1. 什么是车险理赔？

车险理赔是指保险汽车在发生风险事故后，保险人依据保险合同的约定对被保险人提出的索赔请求进行处理的行为。汽车事故损失有的属于保险责任，有的属于非保险责任，即使属于保险责任，因多种因素制约，被保险人的损失不一定等于保险人的赔偿额，所以说，汽车保险理赔涉及保险合同双方的权利与义务的实现，是保险经营中的一项重要内容。

2. 车险理赔的原则是什么？

车险理赔涉及面广，情况复杂。为确保工作快捷与高效，在车险理赔时，保险公司应遵循三个基本原则。

（1）坚持实事求是原则　在现场查勘、事故车辆修复定损以及赔案处理方面，要尊重客观事实，以事实为依据，以条款为准则，做到恰当的赔付补偿。

（2）重合同、守信用原则　保险合同条款复杂，专业性强，对于一般的投保人或被保险人不易理解和掌握，所以保险人在处理赔案时，必须加强法制观念，履行其应尽的义务和责任，严格按条款办事，该赔的一定要赔，而且要按照赔偿标准及规定赔足，不属于保险责任范围的损失不滥赔，同时还要向被保险人讲明道理，拒赔部分要讲事实、重证据。

（3）坚决贯彻"主动、迅速、准确、合理"的八字原则　主动是指主动热情受理案件，积极主动展开调查，了解和勘查现场，对事故进行科学分析，确定保险责任，对前来索赔的客户要热情接待，多替保户着想，急保户所急，在最大限度内维护保户利益。它体现了公司对理赔的重视程度。迅速是指迅速查勘、迅速定损、迅速赔偿。它体现了公司理赔的效率。准确是指准确认定责任，准确核定损失程度，准确核定赔付金额，保证双方权益，杜绝差错，避免"同样案子不同公司尺度不一样，同一公司不同理赔员标准不一样，同一理赔员不同时间标准不一样"。它体现了公司理赔的公平。合理是指实事求是，重合同、坚持条款，结合案情，合理理赔，它体现了公司理赔的信用。保险公司做好车险理赔，既是提高被保险人满意度的良机，也是扩大公司车险业务的基石。

3. 汽车出险后保户如何报案？

保险车辆出险后，保户报案的方法、内容如下。

1) 投保车辆出险后，保户应立即向事故发生地交通管理部门报案，并及时向保险公司报案。除不可抗拒力外，一般应在 48h 内报案。如果保险车辆被盗窃、被抢劫或被抢夺，应及时向当地公安部门和投保公司报案，并登报声明。

2) 报案方式：直接拨打投保公司 24h 服务电话，或到保险公司直接报案。

3) 报案需告知的内容：保险单证号码、被保险人名称、车牌号码，事故发生的时间、地点。

注意： 保险公司报案的服务热线，在受理报案的过程中都会有电话录音，报案时要如实反映事故的真实状况；在报案的同时要保留事故的第一现场。这些都是日后索赔的重要依据。

4. 车险理赔流程是怎样的？

保险汽车发生风险事故后，被保险人向保险公司报案，对于属保险责任范围内的风险事故，保险公司就会在其承担的范围内进行理赔。其理赔的一般流程是受理案件、现场查勘、损失确定、赔款理算、赔付结案。

（1）**受理案件** 被保险人在发生风险事故后，及时向承保的保险公司报案。保险公司在受理报案后，应向被保险人提供《机动车辆保险出险通知书》和《索赔须知》，并指导客户填写《机动车辆保险出险通知书》及告知索赔程序，同时应核实其保单信息，根据报案人对风险事故的描述，初步确定是否属于承保的风险责任，对于符合保险合同中的承保范围内的案件，保险公司业务人员进行立案登记，正式确定案件，统一编号并对其进行程序管理，对于明显不符合保险合同承保范围的，在出险通知书和机动车立案登记簿上签注："因××不予立案"，并向被保险人做出书面通知和必要的解释。

受理案件后，及时调度定损人员进行现场查勘与核定损失。

（2）**现场查勘** 现场查勘是指用科学的方法与现代化技术手段，对交通事故现场进行实地验证和查询，将所得的结果完整而准确记录下来的工作过程。现场查勘是查明事故真相的根本措施，是分析事故原因与确定责任的基本依据。现场查勘的主要内容是查明（或核实）出险时间、出险地点、出险车辆情况、驾驶人情况、事故原因、协助施救与受损财产、损失程度。在客观事实的基础上形成现场查勘记录报告，如有可能应力争由被保险人或驾驶人对形成的现场查勘记录确认签字。

（3）**损失确定** 根据保险合同的规定和现场查勘的实际损失记录，在尊重客观事实的基础上，确定保险责任，然后对事故损失进行定损及赔款计算工作。

损失确定包括车辆损失、人身伤亡相关费用、其他财产损失。车辆损失由车辆的修理工时费，更换配件的项目与配件的价格、施救费用等组成，涉及人身伤亡的案件还应核定人身损害赔偿的相关项目与内容。涉及其他财产损失，还应核定其他财产损失的金额。这是一个定责与定损的过程，理赔人员在客观事实的基础上核定该事故损失的程度与金额，通过核损后并以此损失的金额进行赔款理算，是赔款理算的依据。

（4）**赔款理算** 赔款理算是保险公司按照保险合同的约定与相关法律的规定，并根据保险事故的实际情况，依照损失确定的金额，核定和计算应向被保险人赔付金额的过程。理赔人员应本着认真负责的态度做好理算工作，准确计算出应赔付的金额，确保被保险人能得到应有的赔偿，同时维护保险公司的利益。在理算过程中，首先要对收集的单证核实其真实性、合法性和合理性，然后在其保险合同承保的各个险种下计算出赔偿的金额，正确缮制赔款计算书。赔款理算应做到项目齐全，计算准确，再送交核赔人员。在完成核赔与审批手续后，转入赔付结案程序。

（5）**赔付结案** 赔款理算完成并经过充分核赔审查无误后，理赔人员根据核赔的审批金额，填发《赔款通知书》及赔款收据，保险公司财会部门依赔款通知向被保险人支付赔款，被保险人在领取赔款手续完成后，保险人要对所有与案件理赔相关的单证进行整理、装订、登记、归档，做到一案一卷。至此，理赔案件结案完成。

5. 车险理赔顺序是怎样的？

交通事故后，理赔顺序应当遵循先强制后商业的赔偿顺序。先由保险公司在交强险责任限额范围内予以赔偿。超过责任限额部分，如果车主已经投保了商业保险，则保险公司按照商业保险合同内容进行理赔，超出商业险的部分由个人承担；如果车主没有投保商业三责险，则交强险赔偿以外的剩余部分在事故责任范围内由车主承担。

6. 汽车异地出险如何索赔？

一般来讲，异地出险，可按如下程序进行索赔。

1）出险后报案。同时向交警和保险公司报案。
2）等候现场处理。保险公司会及时派遣当地分公司的查勘人员赶至事故现场，进行查勘处理。
3）提出索赔请求。
4）配合保险公司做事故勘查。
5）事故结案。
6）提交索赔材料。如不涉及人员伤亡，一般所需理赔单证有索赔申请书、驾驶证、行驶证、交通事故证明、交通事故赔偿调解书、法院判决书（如有诉讼）、修车发票、施救费及相关配用票据原件、赔款收据及身份证。
7）赔案审核。
8）领取赔款。

提示：如果购买车险时选择了一家专业的车险代理公司，那么所有理赔的事务可交由对方全程代办。

7. 汽车出险后怎样快速处理？

车辆出险后，事故有大有小，情节有重有轻。根据出险的实际情况，可以选择合适的快速处理方法，下面有几种方法经常使用。

（1）自行协商　自行协商一般是针对小额案件或简易案件，未造成人身伤亡，当事人对事实及成因无争议，双方都无其他违规驾驶的情形。针对此种情形，可以即行撤离现场，恢复交通，自行协商处理损害赔偿事宜。

出险后，自行协商的方法是，先将车撤离现场移至不妨碍交通的地点协商，再在《交通事故自行协商记录单》上记录交通事故情况和协议内容，签字后各持一份。如果当事人要向保险公司申请理赔，当事人还要向自行协商处理保险专用电话报备，并在事故发生后24h内一起驾车到保险事故车辆拆检定损中心进行事故确认，再到保险公司办理保险理赔。

自行协商的好处是省时省力，但下列情形不适用自行协商：当事人对交通事故事实及成因有争议;造成道路、建筑物、供电、通信等公共设施或者其他设施损毁;机动车无号牌、无检验合格标志;驾驶人无有效机动车驾驶证;驾驶人饮酒、服用国家管制的精神药品或者麻醉药品;当事人不能自行移动车辆;车辆单方发生交通事故;责任方车辆未投保且不能当场给付赔偿金。

注意:自行协商处理应尽可能地通过手机拍照等留下现场证据;协商责任应以书面形式,双方当事人应签字确认;在处理过程中,双方应相互查验证件及保险信息,并各自留下联系电话,以便事后处理。

(2) 报警处理 报警处理就是交通事故发生后,立即向交通管理部门报案,当事人需保留事故现场,等待交警赶往现场,对现场勘查取证,对当事人进行调查核实,进行事故责任判定等。这种方法责任判定较准确,证据可存,发生矛盾可通过交警有效解决,保险公司对责任判定认同度较高。但该法等待时间较长,过错方还有可能得到交警部门的相应处罚,增加不必要的经济损失。

提示:当事人是否选择报警处理,需视事故情况而定,如果难于把握,最好同时向保险公司报案,在保险公司指导下,进行报警处理。

(3) 保险查勘 保险查勘,即出险后及时向保险公司报案,并要求和等待保险查勘人员到现场进行查勘。这种方法可以较快地得到保险公司的支援和服务,处理事故和保险理赔比较全面,可以得到更快捷的理赔。但现场查勘需客户耐心等待查勘人员,等待时间长,同时要求保险查勘,也需要其他方法的同时配合处理,方能得到较全面的解决。

提示:最保守和有效的方法就是及时向保险公司报案,无论选择何种处理方法,都可以通过向保险公司求助,在保险公司工作人员的指导下展开事故处理工作。

(4) 客户私了 客户私了也是处理交通事故的一种常用方法。双方损失非常小,为了简便处理,可以选择双方私了处理,对双方都有利。客户选择对小额事故进行私了,既省钱也省力。这种方法简便、省时、省力、省钱、省油,不会因为小事故而耽误时间,无需为理赔而来回折腾,下年度保费可更低廉等。但风险是需防范当事人双方后悔,进行"秋后算账",最好签订书面协议,留下私了证据,确保无后患。

提示:客户一旦私了,则无法得到保险公司赔偿,相当于当事人双方选择了放弃向保险公司索赔的权利。因此,在当事人双方选择私了前需谨慎判断,做出正确且最合理的选择。